算法之美

指导工作与生活的算法
Algorithms to Live By

[美] 布莱恩·克里斯汀（Brian Christian） _著
汤姆·格里菲思（Tom Griffiths）

万 慧 胡小锐 _译

中信出版集团·北京

图书在版编目（CIP）数据

算法之美 /（美）布莱恩·克里斯汀，（美）汤姆·格里菲思著；万慧，胡小锐译. -- 北京：中信出版社，2018.5（2025.1重印）
书名原文：Algorithms to Live By
ISBN 978-7-5086-8688-2

Ⅰ. ①算… Ⅱ. ①布… ②汤… ③万… ④胡… Ⅲ. ①计算机算法－应用－经济学－通俗读物 Ⅳ. ① F0-39

中国版本图书馆 CIP 数据核字（2018）第 039429 号

Algorithms to Live By
Copyright © 2016 by Brian Christian and Tom Griffiths
Simplified Chinese translation copyright © 2018 by CITIC Press Corporation
ALL RIGHTS RESERVED
本书仅限中国大陆地区发行销售

算法之美

著　者：[美] 布莱恩·克里斯汀　汤姆·格里菲思
译　者：万　慧　胡小锐
出版发行：中信出版集团股份有限公司
　　　　（北京市朝阳区东三环北路 27 号嘉铭中心　邮编　100020）
承 印 者：北京通州皇家印刷厂

开　　本：880mm×1230mm　1/32　　印　张：11.75　　字　数：240 千字
版　　次：2018 年 5 月第 1 版　　　　印　次：2025 年 1 月第15次印刷
京权图字：01-2017-0143
书　　号：ISBN 978-7-5086-8688-2
定　　价：59.00 元

版权所有·侵权必究
如有印刷、装订问题，本公司负责调换。
服务热线：400-600-8099
投稿邮箱：author@citicpub.com

目 录

序 言 VII

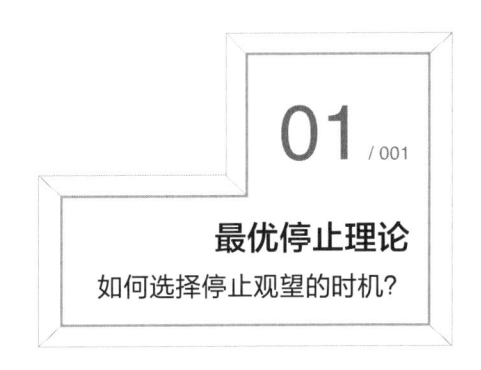

01 / 001
最优停止理论
如何选择停止观望的时机？

秘书问题 004

37% 从何而来？ 007

情场上的出手时机 012

掌握候选对象的完整信息 015

卖房子的时机 019

最优停车位置 023

见好就收的时机 027

随时准备停止 031

02 /035

探索与利用
要最新的还是要最好的?

什么是探索与利用　038

如何利用剩余时间?　041

赢留输变　044

基廷斯指数　045

遗憾与乐观　052

网上"土匪"　056

试验中的临床试验　059

不安分的世界　065

探索——孜孜不倦　069

走出探索和利用的两难困境　071

03 /075

排序
建立秩序

排序狂潮　078

排序带来的苦恼　081

大 O 符号：衡量最坏情况的标准　082

平方时间：冒泡排序与插入排序　085

打破平方时间的魔咒：分治算法　087

超越比较法：比对数更好的算法　090

排序是搜索的准备工作　094

排序与体育　097

发牢骚的权利：噪声与健壮性　102

杀戮排序：啄食顺序与优势等级　105

以竞争取代争斗　108

II

04 / 113

缓 存
忘了它吧

分级存储器体系　117

缓存清理与未卜先知　120

重整图书馆藏书　124

本地需求　126

家庭生活中的"高速缓存"　130

归档与堆存　132

遗忘曲线　136

经验暴政　139

05 / 143

时间调度理论
要事先行

安排时间是一门科学　146

处理时限　148

把事情做好　151

找出问题所在　154

优先级反转和优先约束　156

减速带　159

放弃所有：抢占和不确定性　162

抢占并不是随意的：关联转换　164

颠簸状态　166

中断合并　170

06 / 175
贝叶斯法则
预测未来

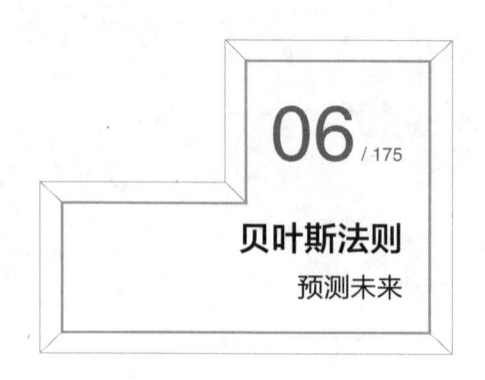

贝叶斯牧师的倒推理　178

拉普拉斯定理　181

贝叶斯法则与先验信念　183

哥白尼原则　185

贝叶斯与哥白尼　187

真实世界的先验……　189

他们的预测规则　191

小数据与思维　197

我们的预测体现出我们自己　199

机械复制时代的先验　201

07 / 203
过度拟合
不要想太多

反对复杂性案例　207

数据崇拜　211

过度拟合无处不在　212

检测过度拟合：交叉验证　216

如何应对过度拟合：惩罚复杂性　218

启发法　220

人类进化中的过度拟合　222

何时应该想得更少？　226

08 / 229

松弛
顺其自然

最优化的难度 233

定义的难度 235

放松吧 236

无数灰色地带：持续的松弛 239

只是一张超速罚单：拉格朗日松弛算法 242

学会松弛 245

09 / 249

随机性
何时应用随机？

抽样 252

随机算法 255

抽样的优势 260

三部分的权衡 264

山、谷和陷阱 266

局部最大值之外 269

模拟退火算法 270

随机性、进化和创造力 273

10 / 281

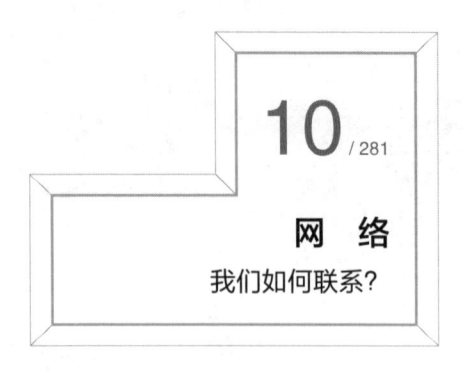

网　络
我们如何联系？

分组交换　285

信息确认　288

指数退避算法：宽恕的算法　293

流量控制和拥塞避免　297

反馈语：语言学的流量控制　302

缓存膨胀：这就是延时，傻瓜　304

迟到不如永远不到　309

11 / 315

博弈论
别人的想法

递归　318

达到均衡　322

占优策略，无论好坏　325

公地悲剧　328

机制设计：改变游戏　331

机制设计的演变　334

信息瀑布：泡沫的悲剧理性　339

你自己的计算　345

结语 _ 计算善意　351

序　言

假设你想租房子，正在旧金山四处寻找房源。旧金山可能是整个美国最难找房子的城市了。由于技术产业的蓬勃发展，再加上城市区划法律严格限制建造新住房，旧金山的房租已经与纽约不相上下，甚至比纽约还高。房源清单列出来几分钟，房子就会被人们一抢而空。通常情况下，只有第一个把定金支票塞到房东手里的人，才能拿到房子的钥匙。

理论上讲，认真调查、仔细斟酌是理性消费者的一大特征，但是旧金山的残酷市场并没有为他们留有权衡考虑的机会。在购物中心或者网上购物时，人们可以反复权衡再做出决定，但是将要入住旧金山的租客没有这个特权，他们必须迅速做出决定：要么舍弃其他所有可能的选择，就选定当前正在看的这套房子，要么掉头就走，再也不要回头。

简单起见，我们姑且假设，你唯一关心的就是尽最大可能增加挑中最理想公寓的机会。你的目标是把"看过的好房子被人挑走"与"还有好房子没来得及看"这两种遗憾的发生概率降至最低。于是，你立刻发现自己陷入了两难境地：如果没有衡量的标准，如何判断一套公寓是否是最合适的呢？如果你不先看一些公寓（这些公寓将被你放弃），又如何确定衡量标准？你收集的信息越多，越能在最合适的机会出现时准确地认出它，但是你已经与最合适的机会失之交臂的可能性也越高。

那么，到底该怎么办？如果收集信息的行为会危及结果，那么怎样才能在掌握足够多信息的基础上做出明智决定呢？这个令人极其为难的情境近乎于一个悖论。

在被问及此类问题时，大多数人凭直觉给出的回答可能大致如此：这需要在继续挑选与立刻下手之间达成某种平衡。也就是说，你必须先看足够多的房子，确定一个标准，然后接受符合这个标准的房子。事实上，平衡概念正是解决这类问题的关键。但是，大多数人根本无法确定这个平衡点在哪里。好消息是，这个平衡点已经被找出来了。

答案就是37%。

如果你希望选中最合适公寓的可能性达到最大，那么在看前37%的房子时不要做出任何决定（如果你准备花一个月的时间挑选房子，那么在前11天不要做出决定）。这段时间你是在为制定标准做准备，因此看房子时把银行卡放在家里吧。但是，过了这个时间点之后，你就要做好随时签约的准备（包括准备好定金等），一旦你对某套房子的满意程度超过之前看过的所有房子，就立刻下手。在继续挑选与立刻下手之间做出的这种妥协，并不仅仅是一种直觉，而是已经得到证明的最优解。

我们知道这个答案，是因为找房子问题属于数学上被称作"最优

引 言
算法人生

停止"（optimal stopping）的一类问题。37%法则明确了解决这些问题的一系列简单步骤（计算机科学称之为"算法"）。事实证明，找房子仅仅是最优停止问题在日常生活中的表现形式之一。在面临一连串选择时如何做出决定的难题，经常会改头换面，以不同的形式出现在我们的生活当中。在驶入停车位之前，需要绕整个停车场多少圈？在商业风险中何时套现脱身？在买房子或者停车时，何时是结束观望、做出决定的最佳时机？

在约会这个更加令人头疼的问题上，人们也经常要面对这样的难题。最优停止理论是一夫一妻婚姻制度催生的科学。

每天，人们都要面临最优停止问题的困扰（当然，诗人更愿意追逐的话题肯定是求婚带来的烦恼，而不是停车时的两难境地），有时甚至会因此而痛苦不堪。不过，我们大可不必如此，因为这类问题至少可以通过数学方法来解决。借助并不繁复的算法，我们不仅可以解决找房子的问题，生活中遭遇的所有最优停止问题都可以被妥善处理。

从本质上讲，我们身边经常出现因为租房子、停车、求婚而感到苦恼的人，这些人其实就是在自寻烦恼。他们需要的不是治疗师，而是一种算法。治疗师告诉他们要在冲动与多虑之间找到一个正确的、舒服的平衡点。

算法告诉他们这个平衡点就是37%。

※—※—※

由于我们生活在有限的时间和空间之中，因此所有人都会面临一

算法之美
ALGORITHMS TO LIVE BY

系列特定的问题，诸如在一天或者十年里，哪些事必须做，哪些事应当放手？如何在尝试新的体验与从事自己喜爱的活动中取得平衡，才能生活得惬意自在、心满意足？

这些问题看起来似乎都是人类特有的，其实不然。半个多世纪以来，计算机科学家苦苦思考的问题（有很多已经得到妥善解决）与这些日常难题在本质上并无区别。例如，处理器在执行用户请求时应该如何分配自己的"注意力"，才能降低费用、节省时间？在什么情况下应该在不同任务之间来回切换？刚开始应该接受多少任务量？如何利用有限的存储资源取得最佳效果？应该收集更多数据，还是根据已收集的数据采取行动？对人类而言，如何把握今天可能不是一件易事，但是我们身边的计算机可以轻轻松松地把握每一毫秒。显然，计算机有很多值得我们借鉴的地方。

将算法与人类生活相提并论似乎是一件很奇怪的事。在很多人看来，"算法"这个词意味着神秘莫测的谋划与操作，与大数据、大政府、大企业有密切的联系，正在逐渐变成现代社会基础架构中一个越来越重要的部分。其实，算法指的就是解决问题的一系列步骤，其含义远不限于计算机，存在的历史也远远长于计算机。在计算机开始使用算法之前，人类早就将算法应用到生活当中了。

"算法"（algorithm）一词得名于波斯数学家花拉子密。公元9世纪，这位数学家写过一本书，讨论用纸笔解决数学问题的技巧。[书名为"al-Jabr wa'l-Muqabala"，其中的"al-jabr"就是后来"algebra"（代数）这个词的前身。] 不过，最早的数学算法早于花拉子密。在巴格达附近出土的4 000年前的苏美尔人泥板文献上，就刻有一幅长除

引　言
算法人生

法示意图。

但是，算法不仅限于数学。在按照食谱介绍烤面包时，食谱上的所有步骤就是一个算法。按照图样编织毛衣时，这份图样就是一个算法。使用鹿角的末端连续精确地敲打，使石器形成锋利的刃的过程（这是制作精密石器的一个关键步骤），也遵循着一个算法。从石器时代开始，算法就已经是人类生活的一部分了。

※—※—※

本书将探讨人类事务算法设计这个概念，以帮助人们更好地处理日常生活中遇到的难题。将计算机科学的研究方法应用于日常生活，可以在多个层面上产生深远的影响。首先，它可以提供切实有效的建议，帮助我们解决具体问题。例如，最优停止理论可以告诉我们何时应该小心观察，何时应该果断行动；探索–利用平衡理论教会我们如何在尝试新事物与因循守旧之间找到平衡点；排序理论可以帮我们判断出是否需要以及如何整理办公室；缓存理论可以帮助我们合理地填充橱柜；日程安排理论则可以提供合理安排时间的高招。

其次，计算机科学还为我们理解这些领域的深层次运行规则提供了一套语汇。卡尔·萨根指出："与其说科学是大量知识的汇总，不如说它是一种思考方式。"即使生活中的某些情况非常复杂，我们无法进行严格的数值分析，找不到任何现成的答案，我们也可以考虑这些问题的简单化表现形式，从而得出某些直觉和概念，帮助我们理解其中的关键环节并取得进展。

从更广泛的意义上看，借助计算机科学，我们可以了解人类思想的本质和理性的意义，学会回答如何度过一生这个最古老的问题。把认知视为一种解决周围环境所造成的问题（从本质上看，都是一些计算问题）的手段，并认真地加以研究，就有可能彻底改变我们对人类理性的理解。

认为研究计算机内部运行机制能够帮助我们学会思考与决策、判断某个事物是否可信、选择行为方式的观点，在很多人看来，不仅把问题过于简单化了，而且具有误导性。即使计算机科学告诉我们应该如何思考、应该采取哪些行动，我们愿意接受吗？读一读讲人工智能和机器人的科幻小说就会发现，那样的生活似乎都不是我们所向往的。

之所以如此，部分原因是我们把计算机看成了机械呆板的确定性系统——这些机器借助严谨的演绎逻辑，通过穷举所有可选方案，无论花费多少时间、问题难度如何，它都可以给出完全正确的答案。事实上，在阿兰·图灵当时的想象中，计算机就应该是这样。这位第一个设想出计算机的人通过类比的方式给出了计算的定义，而类比的原型就是认真钻研的人类数学家——他们通过长长的计算步骤，最终得出绝对正确的答案。

因此，当人们发现现代计算机处理难题的方式与他们对计算机的认识并不一致的时候，他们也许会大吃一惊。当然，简单的算术对现代计算机而言没有任何难度。目前，计算机科学面临的最难解决的问题其实是人机对话、修复破损文件、下围棋取胜，这些问题都具有规则不明确、所需信息不全，或者需要考虑无数种可能性才可以找出正确答案的特点。研究人员已经开发出各种算法，使计算机在解决难度

引 言
算法人生

极大的问题时不需要完全依赖穷举计算。要解决这些来自现实世界的任务，就必须正确处理好可能性问题，利用粗略估算，在时间与精确度之间做出某种妥协。

随着计算机处理现实任务的能力不断增强，计算机算法不仅对于人类自己的生活具有借鉴意义，同时还为人们理解人类认知提供了一个更好的比较标准。在过去的一二十年里，行为经济学对人类进行了非常具体的研究，结果发现，人类是不理性的，很容易犯错误，而问题的源头在很大程度上就是大脑这个古怪而独特的硬件。这种自我贬低的认识越来越普遍，却无法解释某些令人困惑的问题。例如，在完成包括想象、语言、因果推理在内的大量认知任务时，4岁儿童的能力仍然超过成本高昂的超级计算机，这到底是什么原因？

从计算机科学为日常问题提供的解决方案可以看出，人类思维具有另外一种特点——人生充满了难以解决的问题。人经常犯错误，虽然这可以说明人类大脑容易出错，但是也表明这些问题具有难以解决的本质特点。通过算法来思考我们周围的世界，了解我们所面临问题的基本结构以及计算机给出的解决方案的特性，可以帮助我们真实地了解我们自己，更好地理解我们所犯的那些错误。

事实上，人类需要不断面对计算机科学所研究的一些高难度问题，在不确定性及时间有限、信息不全、情况瞬息万变等不利因素的干扰下做出决定。针对一些问题，即使最前沿的计算机科学也没能开发出永远不会犯错误的有效算法，有的情形似乎是任何算法都无法解决的。

不过，尽管有的现实问题异常复杂，人们还没有开发出完善的算法，但是一代代计算机科学家一直在与这些难题斗争，并且在这个过程中得出了深刻而独到的见解。这些来之不易的真知灼见与我们对理性的直觉认识并不一致，与数学家对周围世界的精确描述也迥然不同——数学家一心想要把这个世界变成整齐划一的线条。计算机科学告诉我们：不要总是考虑所有的可选方案；不必每次都追求最佳结果；偶尔犯点儿错误；放下包袱，轻装前进；有的事情可以暂时放一放；相信自己的本能，不要过多思考；放松自己；采用抛硬币的方式；要体谅，但是不能忘记；忠于自我。

用计算机科学的智慧指引自己的人生之路，这似乎是一条不错的建议。毕竟，与大多数建议不同的是，这条建议有据可依。

※—※—※

当初，算法设计在各学科的夹缝中找到了立足之地，它是数学与工程技术糅合而成的怪异混合体。现在，为人类设计算法的工作也面临相同的境遇——找不到一个现成的归属学科。今天的算法设计不仅需要借助计算机科学、数学和工程技术，还需要得到统计学、运筹学等相关领域的帮助。此外，我们不仅需要考虑计算机算法设计与人类思维活动之间的关系，还需要认真研究认知学、心理学、经济学等学科。

本书作者都有跨学科工作与研究的经历。布莱恩学习的是计算机科学和哲学，研究生阶段学习的是英语，毕业之后从事的是与这三个学科都相关的工作。汤姆学的是心理学和统计学，在加州大学伯克利分校从教期间，他主要研究人类认知与计算之间的关系。但是，人类

引 言
算法人生

算法设计涉及多个领域，任何人都不可能是所有领域的专家。因此，在探索研究方便人类生活的算法时，我们还与过去 50 年最著名的算法专家进行了交流，询问这些全世界最聪明的人，他们的研究对他们自己的生活（包括寻觅配偶、收拾衣帽鞋袜）到底产生了什么样的影响？

接下来，我们就将开始引领大家游览这个神秘的领域。首先，我们将讨论计算机与人类大脑都需要面对的巨大挑战：如何应对有限空间、有限时间、有限注意力、未知的未知事物、不完整的信息与不可预见的未来给我们造成的麻烦，如何镇定自若、充满自信地面对这些麻烦，如何与其他人一起，共同面对这些麻烦，我们将讨论这些难题的基本数学结构，了解计算机解决大多数难题的设计原理（有时，这些设计甚至与我们的想象背道而驰）。此外，我们还将了解人脑的工作原理，了解人脑在解决相同类型问题、应对相同限制条件时有哪些独特且密切相关的处理方式。最终，我们不仅将得到有助于解决身边问题的一系列具体建议，学会在面临最复杂人类困境时有助于我们看清其脉络结构的新方法，还可以清醒地认识到人与计算机深度融合过程中的痛苦与艰辛。此外，我们还会有一些意义更加深刻的收获：一套描述周围世界的全新语汇以及一个从全新角度了解自己的机会。

01

最优停止理论

如何选择停止观望的时机?

约翰尼斯·开普勒　　　所有的基督徒都会在结婚请柬的最前面郑重宣布,他们走进婚姻的殿堂是遵从上帝的特别安排。但是,我要站在哲学的角度,详细地探讨这个问题……

简·奥斯汀,《爱玛》　　如果你觉得马丁先生是最优秀的人选,如果你觉得与他相处最为融洽,那么你还犹豫什么呢?

对于在中学时代就建立了恋爱关系的大一新生而言,感恩节就是一个严峻的考验:因为回家度过短短4天的假期之后,很多恋人就劳燕分飞了。大学辅导员把这个普遍现象称作"放弃火鸡"。

大一新生布莱恩就面临着这个问题。他中学时的女友在另外一所大学,天各一方的两个人不仅需要解决空间距离造成的麻烦,还需要认真思考一个问题:他们两人之间的感情到底有多深?他们从来没有考虑过这个具有哲学深度的问题。由于没有类似的感情可以参考,他们无从回答这个问题。于是,焦虑不安的布莱恩找到辅导员,向她寻求帮助。辅导员知道这是新生经常遭遇的一个典型难题,所以她用一种极其冷淡的语气给出了自己的建议:"先收集一些数据吧。"

显而易见，在连续性单配偶的生活方式中，人们不可避免地会遇到一个非常重要的问题：接触多少人之后，才可以确定自己的理想伴侣？如果在收集数据的过程中与自己的"真命天子"失之交臂，那该怎么办？这似乎成了感情问题上无解的"第22条军规"。

我们知道，这个令大一新生忧心忡忡、牢骚满腹的"第22条军规"其实就是数学界的"最优停止问题"，它的答案其实很简单，就是37%。

当然，前提条件是你愿意在爱情问题上做出各种假设。

秘书问题

在所有最优停止问题中，最大的难点不在于选择哪一种可选方案，而是确定自己需要考虑多少种可选方案。这些问题往往会引发不同的后果，不仅陷入爱河的人和需要租房的人必须慎重考虑，司机、房主、入室行窃者等也常常面临同样的抉择。

"37%法则"[①] 源于所谓的"秘书问题"——最优停止问题中最著名的一类难题。秘书问题的情境与我们前面考虑过的租房难题十分相似。假设一堆人申请一个秘书岗位，而你是面试官，你的目标是从这堆申请人中遴选出最佳人选。你不知道如何给每一名申请人评分，但是可以轻松地判断哪一名申请人更加优秀。（用数学语言来表述，就是说你只能看到序数，即申请人相互比较的排名，但是无法看到基

[①] 正文加粗字体在本书中指的是算法。

01
最优停止理论

数,即在一般性评分标准下的得分。)你按照随机顺序,每次面试一名申请人。你随时可以决定将这份工作交给其中一人,而对方只能接受,于是面试工作就此结束。但是,一旦你否决其中一名申请人,就不能改变主意再回头选择他。

普遍认为,秘书问题第一次出现在出版物中是在1960年2月,那一期的《科学美国人》杂志在马丁·伽德纳最喜欢的栏目——"趣味数学"专栏中刊登了几个难题,其中之一就是秘书问题,不过当时没有明确地提到"秘书"这个词。但是,这个问题到底从何而来,这是一个非常神秘的谜。除了一些推测以外,初期的调查没有任何确凿的结论。随后,我们风尘仆仆地赶到斯坦福大学,查阅伽德纳的文书档案。伽德纳在20世纪中期留下来的那一盒盒书信,出乎意料地把我们的调查变成了侦探工作。阅读书信有点儿像偷听别人打电话,你只能听到通话一方所说的话,因此需要推断另一方到底说了什么。从这些回信看,大约50年前,伽德纳本人似乎正在调查秘书问题的来源。但是,看完这些书信,我们更是一头雾水了。

哈佛大学数学家弗雷德里克·莫斯特勒回忆说,1955年,他听同事安德烈·格里森提到过这个问题,而格里森又是从其他人那里听说的。阿尔伯塔大学的里奥·莫泽在信中说,他曾经在波音公司R.E.加斯克尔的"笔记"中看到过这个问题,而加斯克尔本人则说他是从一位同事那里听说这个问题的。罗格斯大学的罗杰·平克汉姆称,他是1955年从杜克大学数学家J.舍恩菲尔德那里第一次听说秘书问题的,他还说:"我记得,他说他是从密歇根大学的某个人那里听说的。"

几乎可以肯定,"密歇根大学的某个人"其实就是梅里尔·弗拉德。

算法之美

ALGORITHMS TO LIVE BY

尽管在数学界以外几乎没有人知道弗拉德，但是他对计算机科学的影响很难被忽略。他把"旅行商问题"（我们将在第 8 章深入讨论）变成了一个广为人知的内容，还设计了"囚徒的困境"（参见第 11 章），甚至"软件"（software）一词也可能是他造出来的。1958 年，他成了已知的第一个发现 37% 法则的人，同时他宣称，他从 1949 年就开始考虑这个问题了。但是，在说到最初来源时，弗拉德本人提到了另外几名数学家。

秘书问题是一个近乎完美的数学难题：问题本身表述简单，解题难度非常高，答案简洁明了，而影响力又足以让人产生浓厚的兴趣。因此，通过人们的口口相传，这个问题以燎原之势在 20 世纪 50 年代的数学界迅速蔓延开来。1960 年，在伽德纳专栏的推波助澜之下，它又大大地激发了普通大众的想象力。至 20 世纪 80 年代，秘书问题已经变成了一个研究分支，无数人撰文讨论这个问题及与其相关的变体。

至于这个问题是如何与秘书产生联系的，这是一个非常有意思的过程——每种文化的社会偏爱都会对社会的形式系统产生影响。例如，在我们的心中国际象棋是中世纪欧洲人的象征，但是实际上国际象棋起源于 8 世纪的印度。15 世纪，粗暴的"欧洲化"过程把沙阿（即国王）变成了王，维齐尔（即高官）变成了王后，而大象则成了基督教主教的形象。最优停止问题同样有多种不同化身，每种化身都是当时关注热点的某种反映。19 世纪，最优停止问题的典型形式是巴洛克彩票和女性挑选求婚者的行为；20 世纪初，常见的表现形式是驾车度假的人挑选宾馆、男性选择约会对象；在官僚作风盛行、男性占主导

01
最优停止理论

地位的20世纪中叶,最典型的最优停止问题是讨论男性老板如何挑选女性助手的问题。第一次明确提出"秘书问题"的是发表于1964年的一篇论文,自此之后,这个名称就再也没有发生变化。

37%从何而来?

在选择秘书时,遴选程序停止过早或者过晚都会导致不理想的结果。停止过早,最优秀的申请人还没有得到亮相的机会;停止过晚,就说明你在为一位根本不存在的更优秀的申请人保留这份工作。要取得最理想的结果,显然需要在两者之间找到最合适的平衡点,在甄选时既不可迟迟不决,又不可草草收手。

如果找到最优秀申请人是你追求的唯一目标,那么在整个面试过程中,只要不是已有申请人当中的最优秀人选,你都不会接受。但是,仅仅达到"目前最佳"这个条件,还不足以说服面试官。比如说,第一名申请人毫无疑问就符合这个条件。一般而言,我们有理由相信,随着面试程序不断进行下去,出现"目前最佳"申请人的概率将不断下降。例如,第二名申请人是截至目前最优秀申请人的可能性是50%,第五名的可能性只有1/5,第六名的可能性只有1/6,以此类推。因此,随着面试工作的深入,目前为止最优秀申请人一旦出现,必然会令人眼前一亮(别忘了,根据定义,这名申请人比之前所有申请人都更加优秀),不过,这种可能性在不断降低。

所以说,看到第一个目前最优秀申请人就欣然接受(也就是说,面试第一名申请人之后就结束面试程序),显然是过于草率了。在一共有100名申请人时，也不能因为第二名申请人比第一名申请人更优秀就迫不及待地选择他，因为这种做法同样有些操之过急。那么，我们到底该怎么办？

凭直觉，我们可以找到几种应对的办法。例如，当第三次（或者第四次）出现胜过前面所有的申请人时，就把工作机会交给他。或者，在连续多个申请人都不理想的情况下，一旦出现一名目前为止最优秀的人选，就毫不犹豫地接受他。

但是，事实证明，所有这些相对来说似乎有道理的策略都算不上是最明智的做法。事实上，效果最佳的做法是接受所谓的"**摸清情况再行动准则**"（look-then-leap rule）：事先设定一个"观察"期，在这段时间里，无论人选多么优秀，都不要接受他（也就是说，你的任务就是考察目标，收集数据）。"观察"期结束之后，就进入了"行动"期。此时，一旦出现令之前最优秀申请人相形见绌的人选，就立即出手，再也不要犹豫了。

考虑申请人数极少时的秘书问题，"摸清情况再行动准则"就会自动显露出来。如果只有一名申请人，这个问题就非常简单——接受她的申请！如果有两名申请人，无论你如何选择，你成功选到优秀人选的概率都是50%。你可以接受第一名申请人（此时，她是半程最优秀申请人），或者拒绝她，而拒绝第一名申请人就意味着接受第二名申请人（她也是半程最优秀申请人）。

如果有第三名申请人，情况就一下子变得有意思了。如果随机选择一名申请人，得到理想结果的概率是1/3，也就是33%。有两名申请人时，我们没有办法取得比碰运气更好的结果。那么，在有三名申

01
最优停止理论

请人时，会怎么样？事实证明，我们可以取得更理想的结果，而其中的关键就在第二场面试。在面试第一名申请人时，我们没有任何信息——她肯定是目前最优秀的申请人。在面试第三名申请人时，我们没有任何能动性——我们只能将工作机会交给这名申请人，因为我们已经拒绝了其他人的申请。但是，在面试第二名申请人时，我们既掌握了一些信息，又有一定的能动性——我们知道她与第一名申请人相比孰优孰劣，同时我们既可以接受她，也可以拒绝她。如果她比第一名申请人优秀，我们接受她，反之就拒绝她，那么会产生什么样的结果？事实上，在有三名申请人时，这是最理想的方案。令人吃惊的是，在有三名申请人时采用这个方法，与有两名申请人时选择半程最优秀人选的方法相比，效果不相上下。①

在有4名申请人时，穷举所有可能的情况之后就会发现，我们仍然应该在面试第二名申请人时采取行动；如果一共有5名申请人，我们应该等到面试第三名申请人时才采取行动。

随着申请人数不断增加，观察与行动之间的分界线正好处在全部

---

① 采用这个方案，最优秀申请人落选与得不到面试机会的概率分别是33%和16%。具体来说，三名申请人正好有6种可能的排序，即1-2-3、1-3-2、2-1-3、2-3-1、3-1-2和3-2-1。如果考察第一名申请人并选择比她优秀的那名申请人，这个方案会在3种情况下（2-1-3、2-3-1、3-1-2）取得成功，在另外三种情况下将得到不理想效果，其中两种情况（1-2-3、1-3-2）会导致过度挑剔的问题，一种情况（3-2-1）会导致挑选不够充分的问题。

申请人 37% 的位置，从而得出了 37% 法则：在考察前 37%[①] 的申请人时，不要接受任何人的申请；然后，只要任何一名申请人比前面所有人选都优秀，就要毫不犹豫地选择他。

表 1-1 挑选秘书的最优方案

申请人总数	划入观察期的人数	选中最优秀人选的概率
3	1（33.33%）	50%
4	1（25%）	45.83%
5	2（40%）	43.33%
6	2（33.33%）	42.78%
7	2（28.57%）	41.43%
8	3（37.5%）	40.98%
9	3（33.33%）	40.59%
10	3（30%）	39.87%
20	7（35%）	38.42%
30	11（36.67%）	37.86%
40	15（37.5%）	37.57%
50	18（36%）	37.43%
100	37（37%）	37.10%
1 000	369（36.9%）	36.81%

---

① 事实上，应该是略低于 37%。准确地说，考察申请人的数学最优比例是 $1/e$，其中 e 是复利计算中经常出现的数学常数，等于 2.71828……。但是，如果你记不住 e 的 12 个小数位，也无须着急。只要这个比例在 35% 与 40% 之间，取得最理想结果的可能性就非常接近于最高值。

01
最优停止理论

事实证明，利用这种最优方案，我们选中最优秀申请人的概率为37%。方案本身与出现理想结果的概率正好相等，这是这类问题表现出来的令人奇怪的数学对称性。上表列出了申请人数不同时的秘书问题最优解决方案。从中可以看出，随着申请人数不断增加，取得理想结果的概率（以及从观察期切换到行动期的时间点）在37%左右。

采用最理想的方案也会有63%的失败率，这是一个令人警醒的事实。在面对秘书问题时，即使我们采取了最理想的行动方案，在大多数情况下也会遭遇失败，也就是说，大多数情况下我们都无法选中所有人选当中最优秀的那名申请人。对于把爱情视为寻觅"真命天子"的人来说，这确实是一个坏消息。不过，也不完全都是坏消息。直觉告诉我们，随着申请人数的不断增加，选中最优秀申请人的可能性将稳步下降。例如，如果采用随机选择的方式，在申请人总数为100时，我们得到理想结果的可能性是1%，在总人数为100万时，可能性就会降到0.000 1%。但是，令人意想不到的是，秘书问题的计算结果不会发生变化。如果采用最优停止理论，在100人当中选中最优秀申请人的可能性是37%。而总人数是100万时，无论你相信与否，你得到理想结果的可能性仍然是37%。因此，申请人总数越多，最优算法理论就越有价值。的确，在大多数情况下，大海捞针都会无功而返，但是，无论"海洋"多么辽阔，最优停止理论都是最理想的工具。

算法之美
ALGORITHMS TO LIVE BY

情场上的出手时机

托马斯·马尔萨斯　　两性之间的情欲几乎不会随着时代的变迁而发生改变。在代数学上，我们可以称之为给定量。

芭芭拉·布什　　夺走我的初吻的男人后来成了我的丈夫。我把这些告诉孩子们时，他们的反应十分强烈。

卡内基-梅隆大学的运筹学教授迈克尔·特里克也曾经为寻觅真爱而苦恼，当时他还是一名研究生。他回忆说："我突然想起来，人们研究过这个问题，这不就是秘书问题吗？我身边有一个空缺，现在有若干人提出了申请，而我的目标就是从中选出最优秀的申请者。"于是，他进行了量化分析。他不知道他一辈子可以结识多少名女性，但是37%法则有一定的灵活性，既可以表示申请者的人数，也可以表示遴选过程持续的时间。假设遴选过程从18岁开始，至40岁结束，那么根据37%法则，在26.1岁时他就应该结束观察期，随时果断出手。碰巧的是，当时的特里克正好处于这个年龄。因此，当他发现某一名女性比之前所有约会对象都优秀的时候，他知道机会来了，于是他果断行动。他说："我不知道她会不会是完美的妻子（模型的各种假设都无法帮助我做出这个判断），但是毫无疑问，她符合算法为这个步骤开出的所有条件。于是，我向她求婚了。"

"结果，她拒绝了我的求婚。"

01
最优停止理论

至少从17世纪开始，爱情问题就已经让数学家头疼了。现代人知道约翰尼斯·开普勒这个名字，或许是因为他发现行星轨道是椭圆形的，此外他还是"哥白尼革命"的重要成员，与伽利略、牛顿等人一起，颠覆了人类对自己在宇宙中所处位置的认知。不过，开普勒也不是不食人间烟火。1611年，在他的第一任妻子离世后，渴盼重建家庭的开普勒开始了漫长而艰苦的求爱经历，前后一共交往了11名女性。在前4名交往对象中，开普勒最喜欢第4个（"因为她身材高挑，英姿飒爽"），但是他没有就此打住。开普勒回忆说："如果不是爱情和理智把第5名女性强推给我，我应该已经安定下来了。但是，这名女性对我的爱，她的谦恭忠诚、勤俭持家以及她对继子继女的爱，一下子征服了我。"

他接着说道："不过，我仍然我行我素，继续与其他女性交往。"

亲朋好友继续为开普勒牵线搭桥，开普勒也没有拒绝，不过兴致不是很高，因为他的心仍然被第5名交往对象占据着。在一共交往了11名女性之后，开普勒决定收手了。他回忆说："就在我准备前往雷根斯堡的时候，我回过头来去找第5名交往对象并向她求婚，结果她同意了。"于是，开普勒和苏珊娜·罗伊特林格举行了婚礼。除了第一次婚姻留给他的几个孩子之外，开普勒和罗伊特林格又生了6个孩子。据说，开普勒之后的家庭生活十分幸福美满。

开普勒和特里克在寻觅爱情上的亲身经历告诉我们（两者的结局正好相反），秘书问题把情况想得过于简单了。在经典的秘书问题中，申请者肯定希望得到那份工作，像特里克那样遭遇拒绝的情况绝不会发生。此外，申请者一旦被否决之后，就不可以"复活"，因此开普勒采取的策略是行不通的。

在秘书问题首次被提出后的几十年时间里,人们研究了各种各样的情境,并结合不同的条件提出了若干最优停止策略。例如,针对可能遭到拒绝的问题,他们提出了一个简单明了的数学答案:尽早向多名对象伸出橄榄枝。假如遭到拒绝的可能性是50%,那么得出37%法则的那个数学分析过程就会告诉你,遴选过程完成1/4后就应该随时准备求婚了。如果遭到拒绝,那么在发现下一个最佳人选时要再次求婚,直到求婚成功为止。运用这个策略,获得成功(即向所有人选中的最佳人选求婚并被接纳)的总概率仍然可以达到25%。根据自己的标准寻觅爱情本身就有难度,再加上遭到拒绝这个不利条件,25%的成功概率可以算是一个还不错的结果了。

开普勒把自己没有及时出手的原因归咎于"不安现状、心存疑虑"。他在一封信中向自己的知己好友哀叹:"难道非得四处碰壁,所有欲望都落空之后,我的心才会平静下来,接受命运的摆布吗?"在这种情况下,最优停止理论同样可以起到一定的安慰作用。事实证明,不安现状和心存疑虑并不是道德沦丧或者心理退化的标志,而是在合适情境下捕捉二次机会的最有效策略的一个组成部分。如果可以复活之前被放弃的人选,最优算法就会对我们所熟悉的摸清情况再行动准则做一个小的调整:推迟表态时间,制订备用计划。

例如,我们假设即时求婚肯定会被接受,而迟滞求婚则有一半的可能遭到拒绝。根据数学分析,我们在观察前61%的人选时都不应该表态,等到剩余39%的人选中出现目前最优秀人选时再出手。如果考

01
最优停止理论

察完了所有人选之后仍然没有找到合适对象（开普勒当时就面临这种情况），就回过头，在你淘汰的人选当中选择最优秀的那个。在这种情况下，策略与结果之间再次表现出对称性，在允许二次选择这个条件下，你最终选中最优秀人选的概率仍然是61%。

正因为现实与经典秘书问题有所不同，所以开普勒最终还是找到了自己的幸福。事实上，经典问题发生的那个小变化也没有导致特里克愿望落空。在遭到拒绝之后，特里克读完大学并在德国找了一份工作。特里克回忆说："我在酒吧里遇到一位漂亮的姑娘，我们一见钟情，三周后就同居了。后来，我邀请她去美国'暂住一段时间'。"姑娘接受了邀请。6年后，他们举行了婚礼。

掌握候选对象的完整信息

经典秘书问题的前提条件是，即时表态一定会被接受，而迟滞表态肯定会遭到拒绝，但是我们在前面讨论的第一组变量（拒绝与复活）则颠覆了这个前提。在这种情况下，最有效的应对办法没有任何变化，仍然是：不要急于表态，观察一段时间后及时出手。

不过，秘书问题的一个更重要的前提，可能会引起我们的异议。在秘书问题中，除了可以相互比较之外，我们对这些申请者一无所知。对于优秀人员应该具有哪些特点，我们无法参考任何客观标准或者已有标准，而且在比较这些申请者时，我们只能知道孰优孰劣，但是无法了解彼此之间的确切差距。正因为如此，"观望"阶段是不可避免的。在前期阶段，我们冒着与优秀人选失之交臂的危险，不断调整我们的期望值与权衡标准。数学家把这种最优停止问题称作"无信息博弈"。

这种情境可能与大多数寻租公寓、寻觅伴侣和招聘秘书的情况有天壤之别。假设我们可以参考某种客观标准。例如，安排所有秘书参加打字考试，然后像美国高考（SAT）、研究生入学考试（GRE）或者法学院入学考试（LSAT）那样按照百分制统计成绩。也就是说，根据得分，我们可以知道每名申请者的打字水平在所有人选中的位置。如果申请者得了 51 分，则表示她的打字水平略高于平均水平，如果得了 75 分，则表示她的水平高于 3/4 的申请者，以此类推。

假设所有申请者可以代表全体人口样本，而且所有数据没有受到任何倾向性或者自选择的影响。同时，假设打字速度是我们判断申请者是否合适的唯一条件。此时，情况就完全不同了，因为我们拥有数学家所谓的"全信息"。1966 年的那篇秘书问题研讨会论文指出："不需要根据积累的经验设定判断标准。有时，我们可以立刻做出一个有益的选择。"换言之，即使得 95 分的申请者第一个接受评判，我们也可以信心满满地立刻与她签约。当然，前提是我们认为所有申请者中没有得 96 分的。

问题来了。如果我们的目标是找到最适合这份工作的优秀人选，那么我们仍然需要小心斟酌，因为其余的申请者当中可能还有更加优秀的人选。不过，既然我们掌握了全信息，就可以直接计算这种可能性到底有多大。例如，下一个申请者得到 96 分或者更高分的可能性一定是 1/20。因此，是否立刻停止的决定取决于还剩下多少申请者没有接受面试。全信息的意义在于我们无须观望就可以直接出手。此

01
最优停止理论

时，我们可以运用**阈值准则**，一旦发现某位申请者的分数高于某个值，就立刻接受她,而不需要先考察一批候选人并确定阈值。但是,我们需要密切关注可供选择的人还有多少。

数学计算表明，如果还有很多人等待面试，那么你就不应该接受当前正在面试的那名申请者，即使她非常优秀，因为你有可能找到一个更优秀的人选。但是,随着可供选择的人数不断减少，你就应该做好准备，随时准备与优于平均水平的申请者确立雇佣关系。有一句我们都比较熟悉（尽管不是那么鼓舞人心）的话说得好：面对花哨的包装，还是降低你的期待吧。我们还可以找到另外一句话，用以说明与之相反的情况：天涯何处无芳草，何必单恋一枝花！重要的是，无论是哪种情况，数学都可以告诉我们临界点到底在哪儿。

在这种情况下，最简单的方法是从后往前，反过来理解这些数字的含义。如果你一直面试到最后一名申请者，那么你就别无选择，只能接受他。如果你一直在观望，那么在面试倒数第二名申请者时你需要考虑的问题就变成了：他的分数是否高于50呢？如果是，就雇用她；如果不是，那么你可以考虑把宝押在最后一名申请者身上，因为她的分数高于50的可能性是50%。同理，如果倒数第三名申请者的高于69，倒数第四名的分数高于78，以此类推，那么你就应该立刻选择这名申请者。也就是说，剩余的申请者越多，在评判时就应该越挑剔。无论如何，你都不应该选择低于平均水平的申请者，除非你已经别无选择。（此外，既然你一定要在这些申请者当中挑出最优秀的，那么如果某名申请者不是目前为止最优秀的人选，就一定不要雇用他。）

在这种全信息版本的秘书问题中，选中最优秀申请者的可能性是58%。这个概率远谈不上十拿九稳，但是已经大大优于无信息博弈中根据37%法则得到的37%的成功率。如果你掌握了所有信息，那么即使申请人数非常多，你多半也会取得成功。

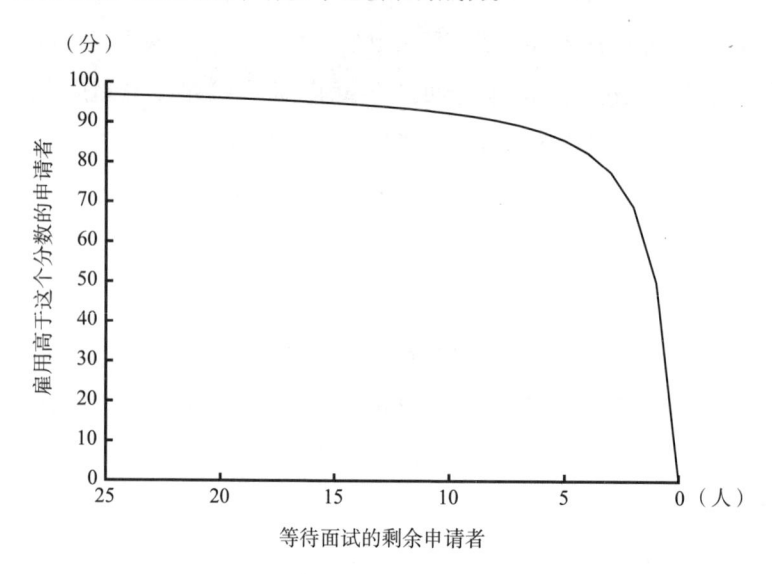

全信息秘书问题中的最优停止阈值

因此，全信息博弈往往会产生令人意想不到，有时甚至会让人感到奇怪的结果。如果追求的目标是金钱，而不是爱情，则成功的可能性更高。在根据某种客观标准（例如收入排名情况）评判合作伙伴时，可供使用的信息比较多。如果评判标准是模糊不清的情感反应（"爱情"），则可能需要我们根据经验以及比较结果不断做出调整，同时可供使用的信息也相对较少。

当然，选择对象的"资产净值"与我们权衡的标准不一定一致。

01
最优停止理论

任何标准,只要可以全面反映申请者与其他人对比的情况,就会导致我们弃用摸清情况再行动准则,转而采用阈值准则,同时我们成功找出最优秀申请者的可能性也会大大增加。

此外,人们还经常修改秘书问题的其他前提条件,使之与现实生活中寻觅爱情(或挑选秘书)等难题更为相似,结果形成了更多的秘书问题变种。不过,最优停止问题给我们的启发不仅限于约会与招聘这两个方面。事实上,在租房子、找停车位、见好就收的时机选择等问题中,我们同样需要面对一个又一个的可选方案,做出最有利的选择。从一定程度上说,这些问题已经得到了解决。

卖房子的时机

只需修改经典秘书问题的两个特征,就可以从浪漫的爱情跳进不浪漫的房地产领域。在前文中,我们说过租公寓的过程属于最优停止问题,但是真的拥有房产之后,你仍然难免要与最优停止问题打交道。

假设你想卖房子。在咨询了几个房地产中介之后,你将粉刷一新、带有园林景观的房子推向市场,然后静等有意者上门。每个看房人提出有意购买时,你基本上都要做出决定,要么接受,要么拒绝。但是,拒绝是有代价的,因为在下一个有意购买者上门之前,你需要再支付一周(甚至一个月)的抵押贷款,而且下一个购买者的报价未必更高。

卖房子与全信息博弈比较相似。我们知道有意者愿意付出的具体金额，不仅可以看出谁报出的价格更高，而且可以看出彼此之间的具体差额。此外，我们还掌握有关房地产市场行情的更多信息，至少可以对预计的报价变化幅度做一个大致的预测。（有了这样的预测，就相当于掌握了上述打字测试中的信息。）两者之间的差别在于目标不同。卖房子时，我们的目标其实不是得到最有利的报价，而是通过整个过程最终获取尽可能多的钱。由于等待是有代价的，是要付出真金白银的，因此当前的有利报价比几个月之后略高一点儿的报价更有吸引力。

掌握了这些信息之后，我们就可以省略确定阈值所需的观望阶段，直接确定一个阈值。然后，我们可以忽略所有低于这个阈值的报价，直接接受第一个高于阈值的报价。诚然，如果在某个时间之前不把房子出手，我们有限的积蓄就会消耗殆尽，或者我们只想考虑数量有限的几个报价，对随后的报价不感兴趣，那么在快要达到极限时，我们当然应该降低标准。（购房者喜欢找"积极的"卖主，原因就在这里。）但是，如果没有被这两种情况逼到墙角，那么我们就可以通过成本效益分析，确定是否应该继续观望。

接下来，我们分析一种非常简单的情况：假设我们清楚报价金额的变化幅度，并且在这个变化范围内各种报价出现的可能性是相同的。只要报价不会中断（我们的积蓄也不会花完），我们就可以单纯地考虑我们对收获或损失的期望值，以决定是否继续等待更有利的交易。如果拒绝当前的报价，预计出现更有利报价的可能性是多少？该报价与当前报价之间的差，乘以该报价出现的可能性，乘积是否大于继续等待的成本呢？数学计算的结果清楚地表明，停止价格是等待成

01
最优停止理论

本的一个显函数。

无论你出售的是价值高达数百万美元的豪宅,还是摇摇欲坠的棚屋,对这个数学结果都不会有任何影响。你唯一需要关心的是你可能接收到的最高报价与最低报价之间的差值。输入几个具体数字,就可以看出这个算法可以提供给我们大量清楚明了的指导意见。例如,假设我们预计报价金额在 400 000~500 000 美元之间。首先,如果等待成本非常低,那么在挑选买主时我们几乎无须有任何顾忌。如果等待下一个报价的成本仅为 1 美元,那么为了赚取尽可能多的钱,我们可以一直等到有人愿意支付 499 552.79 美元时才出手。少一分钱,我们都不会卖给他。如果每次等待需要付出 2 000 美元的代价,那我们就应该等待 480 000 美元这个报价。如果面对的是一个不景气的市场,每次等待需要耗费 10 000 美元时,那么只要报价高于 455 279 美元,我们就应该立刻出手。最后,假设等待成本为预计报价范围的一半(在本例中,报价变化幅度的一半就是 50 000 美元)或更高时,那么观望对我们来说不会有任何好处,最有利的做法是直接接受第一个报价,然后立刻成交。人在屋檐下,不得不低头。

在这个问题中,阈值完全取决于搜寻成本,这也是这类问题需要注意的关键要点。下一个报价令人心动的可能性(以及搜寻成本)都不会发生任何变化,因此,无论运气如何,我们在搜寻过程中都无须降低最优停止价格。一旦确定最优停止价格之后(即使这是我们在将房子推向市场之前做出的决定),我们就再也不要有任何动摇。

算法之美
ALGORITHMS TO LIVE BY

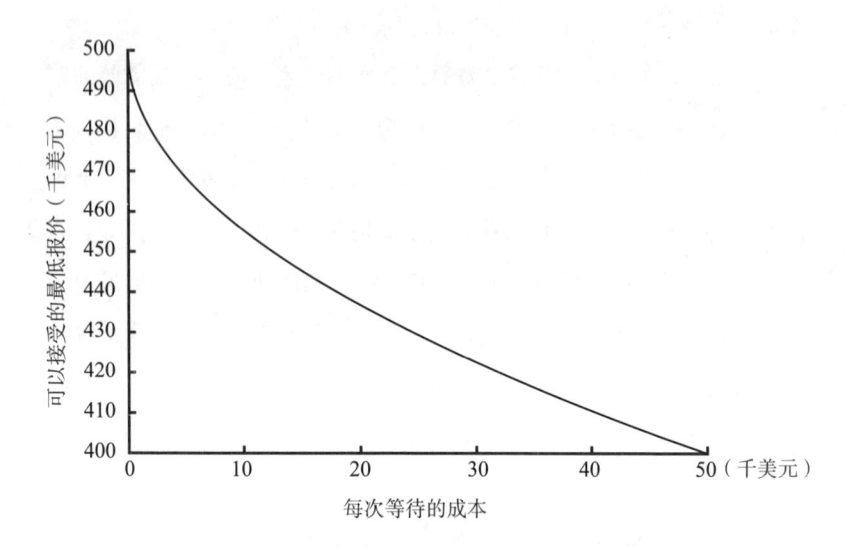

卖房子问题的最优停止阈值

威斯康星大学麦迪逊分校的优化专家劳拉·阿尔伯特·麦克莱回忆说,她在卖房子时,就用到了最优停止问题的相关知识。她说:"我们收到的第一个报价就非常高,但是他们希望我们比预计的搬离日期早一个月搬走。这个代价太大了。这时候,又有人报出了一个有竞争性的报价……但是我们一直不为所动,直到最后有人报出了令我们满意的报价为止。"对很多卖家而言,建议他们拒绝一两个优厚的报价都会让他们神经紧张,如果随后的报价比不上前者,那么他们就会更加紧张。但是,麦克莱很冷静,坚守立场没有动摇。她承认:"如果我不知道数学计算的结果,就很难坚持下来。"

在任何情况下,只要你可以得到一系列报价,而寻找或等待下一个报价需要付出一定成本时,就可以应用上述准则。因此,除了卖房

01
最优停止理论

子,在很多情况下我们都可以考虑这条准则。例如,经济学家利用这个算法构建的找工作模型,可以轻而易举地解释失业工人与空缺岗位并存这个看似矛盾的事实。

事实上,最优停止问题的这些变种还有一个更令人吃惊的特性。前面说过,在开普勒寻觅爱情的过程中,可以"复活"之前被自己拒绝的机会是一个非常重要的条件。但是,在卖房子或者找工作时,即使我们可以重新考虑之前的报价或工作邀请,即使我们可以肯定那个报价或工作邀请仍然有效,我们也绝不应该重新考虑它。如果之前它没有达到阈值的要求,那么现在它也不会高于阈值。在拒绝那个报价或工作邀请之后,我们的付出已经成为已支付成本。因此,不要妥协,不要试图亡羊补牢。坚持住,不要回头!

最优停车位置

克拉克·克尔,加州大学伯克利分校校长(1958—1967年) 我发现,大学校园里有三个主要的行政管理问题:学生关心性爱,校友关心体育,教职员工关心停车问题。

最优停止问题经常出现的另一个领域与汽车驾驶有关(在这个领域,回头同样是不明智的)。在某些早期文献中,秘书问题的主角是驾车者,而汽车只进不退的基本设定把驾车旅行中的所有决策过程(包括寻找饭店、寻找浴室,以及最令城市驾车者头疼的寻找停车位等过程)全部变成了停止问题。要讨论进出停车场的问题,加州大学

算法之美
ALGORITHMS TO LIVE BY

洛杉矶分校著名的城市规划教授、被《洛杉矶时报》称作"停车场摇滚明星"的唐纳德·舒普显然是最合适的人选。我们从加州北部出发，驾车前往学校拜访舒普。我们告诉舒普，我们为这段行程预留了大量时间，让他不要担心我们会因为意外的交通情况而无法按时抵达。舒普回答说："说到针对'意外的交通情况'制订计划，我认为你们应该考虑的是预计的交通情况。"舒普的知名度或许大多归功于他的著作《免费停车的高昂代价》，此外他还做了大量工作，推动人们讨论、了解驾车旅行的真实情况。

我们真应该同情那位可怜的驾驶员。根据舒普的模型，理想的停车位应该在停车位"标价"、行走所需时间及造成的麻烦、寻找停车位所需时间（随着目的地、一天中的时间不同而发生显著变化）以及整个过程所消耗的汽油等方面实现优化并达成精确平衡。因为车内乘客人数不同，上述等式会发生变化，因为乘客可以分担停车费用，但是无法分担搜寻时间，也无法分担步行的时间与麻烦。与此同时，驾驶者还需要考虑到的一个问题是：停车位最多的地方可能也是停车需求最大的地方。停车问题含有博弈论的成分，因为在你算计道路上其他驾车者的时候，他们也在算计你。① 话虽如此，停车难题大多归根于一个数字，即停车位占用率——目前被占用的所有停车位占总停车位的比例。如果占用率很低，找到一个好的停车位并非难事；如果占用率很高，想为你的车找到一席之地就不是那么容易了。

舒普认为，停车的很多难题都归因于城市政策，因为这些政策导

---

① 第11章将详细讨论博弈论计算中的各种风险。

01
最优停止理论

致停车位占用率极高。如果某个地方的停车费用非常低（更糟糕的是，有的甚至免费），就会刺激人们把车停在那里，而不是停到稍远的位置，然后步行。于是，大家都想在那儿停车，但是大多数人发现那里已经停满了车，因此他们只好开着车四处巡游，试图找到一个停车位，结果既浪费时间，又浪费汽油。

舒普建议的解决办法是安装数字停车计时器，根据停车需求自动调整价格。（旧金山市区已经采用了这种计时器。）在设定价格时，需要先设定一个目标占用率。舒普认为，这个目标值应该在85%左右（对于路边停车率接近100%的大多数大城市而言，这个占用率已经非常低了）。舒普指出，当停车位占用率从90%升至95%时，尽管仅多停了5%的车，但是大家寻找停车位的时间就会翻一番。

一旦意识到停车其实是一个最优停止问题，你就会发现占用率对停车策略有着关键的影响。行驶在大街上，每次看到一个空车位时，我们都必须做出决定：是停到这个车位上，还是试试运气，再往前开一点儿？

假设你行驶在一条无限长的道路上，路边车位均匀分布，而你的目标是把车停到尽可能接近目的地的车位上，以便少走几步路。那么你应该采用摸清情况再行动准则。为了实现最优停止这个目标，在距离目的地一定路程之外，即使看到空车位也不要停车；一旦进入一定距离之内，就应该从观望阶段转变为行动阶段，看到空车位后立刻停车。这段距离的长短，取决于停车位可能被占用的百分比，即停车位占用率。下表列出了与某些有代表性的停车位占用率相对应的转变距离。

表 1-2　寻找停车位的最优策略

占用率（%）	准备停车前与目的地之间的距离（停车位个数）
0	0
50	1
75	3
80	4
85	5
90	7
95	14
96	17
97	23
98	35
99	69
99.9	693

如果这条无限长的街道与大城市一样，停车位占用率高达99%，只有1%的停车位是空闲的，那么在距离目的地大约70个停车位（略多于1/4英里[①]）处开始，只要看到空车位，就应该停车。但是，如果舒普的办法奏效，将占用率降低到85%左右，那么在距离目的地半个街区之前，你都无须着急停车。

我们行驶的道路大多不是笔直的，也不会是无限长的。因此，同其他最优停止问题一样，研究人员也在上述基本情况的基础上做出了

---

① 1英里≈1.61千米。——编者注

01
最优停止理论

各种调整。例如，他们考虑了若干不同情况，包括允许驾驶者调头、距离目的地越近停车位越少、驾驶者与目的地相同的其他驾驶者形成竞争关系等。但是，无论该问题的参数发生哪些变化，增加空闲停车位的数量都可以使我们的生活更加方便。从某种意义上讲，这是提示市政府的政策制定者：停车问题不是单纯靠增加资源（停车位）并最大化利用资源（占用）就可以解决的。停车还是一个进程（是一个最优停止问题），消耗注意力、时间、汽油，还会导致污染和拥堵等后果。合适的政策可以彻底解决这个问题。而且，适宜居住的街区周围有空的停车位，可能是街区运行良好的一个标志，这正好与我们的直觉相反。

我们问舒普，他在洛杉矶车流中穿行，前往加州大学洛杉矶分校上班的时候，他的研究是否可以为他提供优化方案。作为一名全世界顶尖的停车问题专家，他是否有什么秘密武器。

舒普还真的拥有一个秘密武器："我骑车上下班。"

见好就收的时机

1997 年，鲍里斯·别列佐夫斯基因拥有大约 30 亿美元的财产，被《福布斯》杂志确认为俄罗斯首富。仅仅 10 年前，他还是苏联科学院的一名数学家，靠工资度日。他利用在研究过程中建立的业界关系，创建了一家公司，帮助外国汽车制造商与苏联汽车制造商 AvtoVAZ 沟通交流。随后，他的公司变成了 AvtoVAZ 汽车的大型经销商，同时还通过分期付款的方法，利用卢布的恶性通货膨胀牟利。他还利用与

算法之美
ALGORITHMS TO LIVE BY

AvtoVAZ 的合作关系套取资金，用来购买这家汽车制造商及俄罗斯公共电视台、西伯利亚石油公司的部分股份。最终，他赚得了几十亿美元的身家，成为寡头阶层的新成员。随后，他开始参与政治。1996 年，他支持鲍里斯·叶利钦连任；1999 年，他又支持弗拉基米尔·普京成为叶利钦的继任者。

但是，后来别列佐夫斯基的政治态度开始转变。普京当选总统之后不久，别列佐夫斯基公开反对普京提出的旨在扩大总统权限的宪政改革。他在公开场合不断批评普京，导致他与普京的关系开始恶化。2000 年 10 月，在有人请普京就别列佐夫斯基对他的批评发表评论时，普京说："政府手持大棒，只需一下，就能击碎其脑壳。目前我们还没有动用大棒……一旦我们真的动怒，就将毫不犹豫地砸下去。"当年 11 月，别列佐夫斯基就离开了俄罗斯，再也没有回来。流亡到英国之后，别列佐夫斯基继续批评普京。

别列佐夫斯基如何做出离开俄罗斯的决定？是否可以通过数学方法考虑"见好就收"这条建议？多年前，别列佐夫斯基本人就是一名数学家，而且他研究的正好就是最优停止问题，他创作的第一本书（当然也是他的唯一一本书）全部关于秘书问题，因此他当时可能也考虑了这个问题。

人们在分析见好就收这个问题时，为它披上了好几种伪装，但是最适合别列佐夫斯基这种情况的可能应该是"窃贼问题"（向俄罗斯寡头表示歉意）。在窃贼问题中，窃贼可以实施一系列盗窃活动。他们的每次盗窃都会有收获，并且每次都有机会带着战利品顺利脱身。但是，一旦被抓住，他们就会失去之前的所有收获。窃贼希望收获最

01
最优停止理论

大,那么什么样的算法可以给他提供合理建议呢?

窃贼问题有解,对于盗窃题材的电影剧本而言不是好消息。当盗窃团队诱惑一位已经金盆洗手的老手,希望他复出并干最后一票的时候,这位狡猾的窃贼只需要认真分析那些数字就知道该怎么做了。凭直觉也可以得出结果。实施盗窃的次数应该大致等于顺利脱身的可能性除以被抓的可能性的值。如果你是一名有经验的窃贼,每次盗窃成功的可能性为90%(损失全部身家的可能性为10%),那么在盗窃9次(90÷10=9)之后,你就应该洗手不干了。如果是一名笨手笨脚、成功率只有一半的生手,情况会怎么样?第一次去偷盗时,你本来就身无分文,因此无须担心有任何损失,但是之后就不要再去碰运气了。

尽管别列佐夫斯基是最优停止问题方面的专家,但是他的结局仍然十分凄惨。2013年3月,一名保镖在他位于伯克郡的住所里发现了他的尸体。他死在锁着的浴室里,脖子上系着绳子。官方在尸检之后宣布他死于自杀。由于他在一系列高调的诉讼案中输给了俄罗斯对手,也失去大笔财富,因此他走上了上吊自尽这条不归路。或许他抽身而退的时间还应该更早一些,在积累几千万美元的财富之后就应该收手,而且不能介入政治。但是,遗憾的是,那不是他的做事风格。他在数学界的一位朋友里奥尼德·博古斯瓦夫斯基,曾经讲过别列佐夫斯基的一件往事。当时,他和别列佐夫斯基都还是年轻的研究员。他们前往莫斯科附近,准备进行湖上滑水活动。但是,他们计划使用的那条船出了故障。戴维·霍夫曼在他的《寡头》一书中有这样一段文字:

算法之美
ALGORITHMS TO LIVE BY

朋友们都跑上沙滩，点起了篝火，只有博古斯瓦夫斯基和别列佐夫斯基向船坞走去，准备修理那台发动机……三个小时之后，他们已经把发动机拆装了一遍，但是发动机仍然无法工作。尽管已经错过了聚会的大多数活动，但是别列佐夫斯基仍然坚持说，他们一定要继续尝试修理发动机。博古斯瓦夫斯基回忆说："我们想尽办法，试图修好那台发动机。"别列佐夫斯基从来不会轻言放弃。

令人吃惊的是，在最优停止的文献资料中也曾提到过不放弃（而且是永不放弃）。有的时序决策问题似乎没有最优停止准则，尽管从我们前面讨论的大量问题看，似乎不应该出现这种情况。"要么三倍，要么赔光"的博弈游戏就是一个简单的例子。假设你带着 1 美元去玩这个游戏。游戏规则对轮次没有限制，但是要求你每次都要押上所有的钱，你有 50% 的机会赢回三倍的钱，另外 50% 的机会全部赔光。那么你应该参与多少轮呢？尽管这个问题非常简单，但它没有合适的最优停止准则，因为每参加一轮游戏，你的平均收益都会略有增加。从 1 美元开始，你有一半机会赢回 3 美元，一半机会收回 0 美元，平均而言，第一轮结束之后，你装进口袋的现金期望值是 1.5 美元。那么，如果你在第一轮游戏中运气不错的话，第二轮游戏的两个可能结果就会将你刚刚赢回来的 3 美元变成 9 美元或者 0 美元，也就是说，第二轮的平均收益是 4.5 美元。数学计算结果表明，你应该一直玩下去。但是，果真如此的话，你最终必将输光所有的钱。可见，有的问题有解，反而会有损无益。

01
最优停止理论

随时准备停止

斯蒂芬·格雷列特　　我的生命只有一次。因此,如果我能做点儿善事,或者可以向人们表示善意,让我现在就做吧!别让我拖延,别让我疏忽,因为我没有第二次生命!

安妮·迪拉德　　用掉这个下午吧。你不可能把它带走。

我们在前文讨论了人们在生活中遭遇停止问题的具体实例,很显然,我们大多数人每天都会遭遇这类问题,只不过表现形式各不相同。生活中最优停止问题无处不在,有时与秘书有关,有时又与未婚夫(或未婚妻)、公寓有关。因此我们难免会想到一个问题:进化、教育或者直觉到底能不能为我们提供最有效的策略?

乍一看,答案似乎是否定的。十几项研究已经得出了相同的结果,人们往往在更优秀申请者还没亮相之前就已经草草停止。为了更深入地了解这些研究成果,我们拜访了加州大学河滨分校的阿姆农·拉波波特。他在实验室里从事最优停止实验工作已有40多年了。

20世纪90年代,拉波波特与达里尔·希尔合作,完成了一项与经典秘书问题关系密切的研究。在这项研究中,人们需要无数次面对秘书问题,每次申请者的人数为40或者80。结果,人们找到最优秀申请者的总成功率相当不错,大约为31%,与最理想的37%相去不远。大多数人都遵循了摸清情况再行动准则,但是有超过4/5的人出现了出手过早的情况。

拉波波特告诉我们，他本人在生活中遇到最优停止问题时，都会想到这个现象。例如，在寻租公寓时，他竭力控制自己希望迅速交易的冲动。他说："尽管我天生是一个急性子，看到第一个公寓就想租下来，但是我还是竭力控制自己。"

但是，这种不耐烦的表现说明经典秘书问题忽略了另外一个需要考虑的因素——时间。别忘了，在你寻觅秘书的全过程中，你没有秘书可用。此外，你把时间都花在面试上，自己的工作就无法完成了。

在实验室里解决秘书问题时，停止时机的选择往往过早，原因可能就在于这种成本。希尔和拉波波特认为，如果我们假设面试每名申请者的成本等于发现最优秀秘书所产生价值的1%，那么最优策略就会与实验中人们从观望阶段转变为行动阶段的时间选择正好一致。

令人难以理解的是，在希尔和拉波波特的研究中，寻觅是不需要付出任何成本的。那么，人们在实验室中的行为为什么与寻觅需要付出成本时一致呢？

这是因为人们认为时间成本一定是存在的，而且时间成本是在人们的真实生活中产生的，与实验如何设计没有关系。

因此，寻觅活动的"内在"时间成本（在最优停止模型中通常没有得到体现）也许可以解释人类做出的决策通常与模型的描述之间存在差异的原因。研究最优停止的科研人员尼尔·比尔登指出："在寻觅工作持续了一段时间之后，我们人类通常就会感到厌烦，即使理性的人也难以避免。但是，模型很难精确地反映出这个变化。"

不过，这并不意味着最优停止问题的重要性有所降低。事实上，它的重要性不降反升，因为时间的流逝会把所有决策活动变成最优停

01
最优停止理论

止问题。

最优停止问题的权威教科书开宗明义地指出:"最优停止理论关注的是如何选择时机以执行特定行动的问题。"很难想出一种更好的方法,可以简明扼要地描述人类所面临的状况。显然,我们需要判断何时应该买进股票,何时应该将这些股票卖出,我们还要决定何时应该打开我们已经封藏了一段时间的葡萄酒,何时应该打断某人,何时应该亲吻某人。

这样看来,秘书问题最基本同时也最令人难以置信的前提条件——严格的连续性,即有进无退的单向行进,正好是时间自身属性的一个体现。就此而言,最优停止问题的这个显性前提正好就是使其充满活力的隐性前提。这个前提迫使我们基于还没亲眼看到的可能结果做出决定,迫使我们在采取最优策略之后仍然愿意接受非常高的失败率。我们永远没有二次选择的机会。我们有可能得到类似的选择机会,但是绝不会得到完全相同的选择机会。犹豫不决(不作为)与行为一样不可改变。困在单行线上的驾车者与空间的相互关系就是我们与第四维度的关系:我们的生命真的只有一次。

直觉告诉我们,合理的决策需要穷举所有选择,逐一权衡,然后从中找出效果最好的那个选择。但是实际上,在钟表嘀嘀嗒嗒的声音中,决策活动(或者更具一般性的思维活动)的其他方面都淡化了,进一步凸显出停止时机选择的重要性。

02

探索与利用
要最新的还是要最好的?

要最新的还是要最好的？

饥肠辘辘时，你会去熟悉而且喜爱的那家意大利餐馆，还是新开张的泰国餐厅？你会带你最亲密的好友一同前往，还是邀请你新结识的熟人以便加深了解？这些都太难选择了。或许你宁愿待在家里吧。那么你准备做一道比较拿手的菜肴，还是上网搜索找到灵感后做一道新菜？还是很难选择？没关系，订一份比萨怎么样呢？那么，在选比萨时，你准备"照旧"，还是要一些特别的口味呢？在你吃第一口之前，这些难题已经让你筋疲力尽了。放唱片、看电影或者看书，同样也不是一件轻松的事，你也会面临如何选择的问题。

每天，我们都要做出各种各样的决定，都要在某个非常具体的方面做出选择：是进行新的尝试，还是继续选择我们喜欢的那个？直觉告诉我们，生活就是在新鲜事物和传统事物之间、在最新的和最棒的之间、在勇于冒险和安于现状之间取得平衡。但是，就像在公寓寻租过程中所面临的观望还是行动的两难困境一样，这里也有一个问题没有得到解决：如何平衡？

罗伯特·波西格在他于1974年出版的经典著作《禅与摩托车维修艺术》中对"有什么新鲜事吗？"这句寒暄语进行了公开谴责。他说："只要认真地研究这个问题的话，得到的答案肯定是一堆琐碎的跟风事物，等到了明天它们就会失去新鲜劲儿。"他认为另一个问题就要好得多："最好的是什么？"

但是，现实生活没有那么简单。别忘了，你喜欢的每一首"最好的"歌、每一家"最好的"餐馆，在刚开始的时候，对你而言也不过是一个"新鲜"事物。这就说明或许还有一些最好的东西不为我们所知，因此，新鲜事物至少值得我们略加关注。

一些古老的格言承认这种矛盾关系，但是没有给出应对之策。"结交新友，不忘旧友；新友是银，旧友是金""无论生活如何丰富多彩，仍然留有结交新朋友的空间"等老话说的确实是真理，但是它们没有告诉我们，这些"金""银"应该以什么样的比例混合，才可以高质量地打造出幸福生活这块合金。

50多年来，计算机科学家一直埋头钻研，希望可以找到这个平衡点。他们的研究甚至还有一个专门的名称：探索与利用的取舍。

什么是探索与利用

英语为"explore"（探索）和"exploit"（利用）这两个词赋予了截然相反的含义，但是在计算机科学家眼中，它们有很多具体的中性含义。简单地说，探索的意思是收集信息，而利用则指利用所拥有的信息，以产生一个好的结果。

凭直觉就知道，探索在人生中是不可或缺的。但是，我们同样应该知道，如果缺少了利用，人生也必然无比惨淡。根据计算机科学的定义，很多时候，利用其实是我们心目中的那些美妙时光的一个特

02
探索与利用

征。节假日的家庭聚会就是一种利用。书迷安静地坐在椅子上,一边喝着热腾腾的咖啡,一边阅读自己心仪的书;乐队在狂热的歌迷面前演唱自己的畅销金曲;经受住岁月考验的夫妇在"属于他们的乐曲"中翩翩起舞。所有这些,都是一种利用。

有时候,探索还有可能为我们埋下祸根。

例如,音乐的魅力之一就是新的音乐作品层出不穷。但是,如果你是一名音乐记者,那么不断推出的新作品就会让你觉得头疼。选择音乐记者这个行业,就意味着把探索进行到极致,无时无刻不在接触新鲜事物。乐迷可能认为从事这个行业就像生活在天堂一样,但是,如果你一直忙于探索新的事物,就永远没有办法享受你的鉴赏成果,所以这与天堂般的生活相去甚远。音乐网站 Pitchfork 的前主编斯科特·普拉奇霍夫在这方面感慨颇深。他对批评家的生活是这样评价的:"在工作期间,你很难找到时间听自己想听的音乐。"由于长时间鉴赏那些质量不确定的新歌,因此他特别希望听一听自己喜欢的歌曲。为了抵制这种强烈愿望的诱惑,普拉奇霍夫会在他的 iPod(苹果播放器)中存放新的音乐作品,通过这个物理障碍来保证自己不会忘记职责,即使他有的时候特别想听史密斯乐队的歌曲。音乐记者本着殉道者的精神,默默探索,为其他人的利用创造条件。

在计算机科学中,探索与利用的矛盾通过"多臂老虎机问题"的形式表现得淋漓尽致。这个奇怪的名称来源于赌场老虎机的俗称——"独臂匪徒"。假设你走进一家赌场,里面全部是各种各样的老虎机,但是每台机器吐钱的概率各不相同。问题是,你提前不知道这些概率到底是多少。在你开始游戏之前,你根本不知道哪台机器最

算法之美
ALGORITHMS TO LIVE BY

喜欢吐钱，哪台机器只吞钱不吐钱。

你自然希望赢的钱越多越好。显然，你肯定会在不同机器上亲自测试一番（探索），然后专挑那些你认为最有可能吐钱的机器来玩游戏（利用）。

为了弄明白这个问题的微妙之处，我们假设房间里只有两台老虎机。你在一台机器上玩了 15 次，其中有 9 次老虎机吐出了一些钱，还有 6 次没有任何反应。你在另一台机器上只玩了两次，其中一次老虎机吐出了钱，另一次则没有吐钱。哪一台机器更有可能让你赢钱？

把赢钱的次数与总次数相除，就可以计算出各台机器的"期望值"。利用这个方法比较时，第一台机器显然更胜一筹。9–6 这个游戏记录表明它的期望值是 60%，而第二台机器的 1–1 记录只能得出 50% 这个期望值。不过，仅仅这样考虑还是不够的。毕竟，只玩两次，次数还是太少了。因此，从某种意义上讲，我们仍然不知道第二台机器的实际表现如何。

选择餐厅或者唱片就等同于选择一台老虎机，去玩生活这个游戏。但是，了解探索与利用的取舍问题，不仅可以帮助我们挑选餐厅和歌曲，还可以帮助我们深入了解如何随着年龄的增长调整我们的人生目标，了解最合理的做法为什么并不总是选择最好的。事实证明，探索与利用的取舍问题在网页设计与临床试验（以及其他领域）中占有核心地位——正常情况下，这两个名词不会出现在同一个句子中。

人们往往将决策行为孤立开来，针对每一次决策活动寻找在结果中实现最高期望值的方法。但是，决策行为几乎都不是孤立的，期望

02
探索与利用

值也不是最终目标。如果你考虑的不是下一个决定，而是在将来面对相同选择方案时你将做出的所有决定，探索与利用的取舍就会发挥重要作用。数学家彼得·惠特尔认为，从本质上看，老虎机问题正是通过这种方式"体现了所有人类行为中显而易见的矛盾"。

那么，你到底应该在那两台老虎机中选择哪一台呢？这是一个带有陷阱的问题，因为答案完全取决于一个我们至今还没有讨论的内容：你准备在赌场玩多长时间？

如何利用剩余时间？

在1989年上映的电影《死亡诗社》中，一个令人难忘的场景是彼得·威廉姆斯呼吁道："抓住现在，孩子们，要抓住每一天，让你们的生活变得非凡起来。"

这条建议非常重要，同时也有点儿自相矛盾。抓住一天与抓住一辈子的时光是完全不同的两个概念。的确，有人说："吃喝享乐吧，因为明天我们就会死去。"但是，我们或许应该反过来说："让我们学一门新的语言或者乐器，或者与陌生人随便聊聊吧。生命如此漫长，谁知道多年之后哪一朵快乐之花会绽放。"当我们在喜爱的体验与新鲜的体验之间取得平衡时，最重要的莫过于为享受这些体验制订计划的那个中间环节。

数据科学家、博主克里斯·斯图吉奥解释说："刚刚搬到一座城市时，我更有可能去尝试新的餐厅，但是当我准备从一座城市搬走时，这种可能性就会降低。"这位善于处理工作、生活中探索与利用这一

算法之美
ALGORITHMS TO LIVE BY

取舍问题的老手说:"现在,我在大多数情况下都会去我熟悉、喜爱的餐厅,因为我知道我很快就会离开纽约了。但是,几年前刚到印度的浦那市时,我几乎吃遍了这座城市,只要看起来毒不死人的东西,我都会去尝试一下。当我准备离开那座城市时,我又开始吃我过去就喜欢吃的东西,而不是到处尝试新的食物……即使我发现某个地方还不错,我也只会去一两次。何必再冒那个险呢?"

随着时间的推移,即使探索有所发现,我们可以认真品味这些新发现的机会也已经所剩无几,因此探索的价值随之降低。在你离开一座城市的前夜,你发现一家酒吧非常棒,但是你已经没有机会去第二次了。这一点可以让我们清醒下来,不至于一味地尝试新鲜事物。

与之相反,利用的价值随着时间的推移反而会不断上升。本质上,现在你心目中最迷人的酒吧至少不逊于上个月你心目中最迷人的酒吧。(如果后来你发现你喜欢上了另一家酒吧,那就说明这家酒吧可能更棒。)因此,当你有时间使用探索带来的知识时,就大胆探索。当你准备兑现探索的成果时,就尽情利用。利用好剩余时间就是正确的应对之策。

有趣的是,既然应对之策是利用好剩余时间,那么通过研究人们采用的策略,我们也可以推断出剩余时间的起始点与结束点。以好莱坞为例。1981 年,票房排行榜前 10 名的电影中只有两部是续集;1991 年,前 10 名中有三部续集;2001 年,这个数字上升到了 5 部;2011 年,票房前 10 名电影中有 8 部都是续集。事实上,续集在 2011 年各大公司电影作品中所占的比例创造了一个新纪录。但是,这个纪录在 2012 年就被打破了,到 2013 年又再次被打破。2012 年 12 月,

02
探索与利用

记者尼克·艾伦对来年的电影前景进行了展望。他的热情明显不是很高:

> 观众将第6次看到X战警,还将看到《速度与激情6》《虎胆龙威5》《惊声尖笑5》和《鬼影实录5》。此外,他们还会看到《钢铁侠3》和《宿醉3》,以及《布偶大电影》《蓝精灵》《特种部队》和《圣诞坏公公》的续集。

在电影公司看来,续集可以保证观众基础,是稳赚不赔的买卖,是可以享受的成果。但是,因为稳赚不赔就一拥而上,说明他们的目标非常不长远,这与斯图吉奥即将离开一座城市之前的行为非常相似。与全新的电影相比,续集更有可能成为当年的热门电影,但是未来深受观众喜爱的票房保证将从何而来呢?蜂拥而至的续集潮不仅令人感到遗憾(影评家肯定是这样想的),在一定程度上甚至令人伤感。电影业已经进入了一个安于现状的阶段,这似乎是一个信号,告诉我们电影业已经日薄西山了。

好莱坞的经济状况与这种预感似乎不谋而合。2007—2011年,各大电影公司的利润下降了40%;在过去10年里,有7年的票房收入走了下坡路。《经济学人》杂志指出:"在成本上升、收益下降的双重压力下,大型电影公司的应对之策是制作续集、前传或者邀请名演员担纲主演,因为他们相信这些电影肯定会火起来。"换句话说,在被淘汰出局之前,他们正争分夺秒,在他们发现的最容易吐钱的"老虎机"上进行赌博游戏。

算法之美
ALGORITHMS TO LIVE BY

赢留输变

事实证明，要用优化算法来处理多臂老虎机问题，难度非常大。彼得·惠特尔回忆说，"二战"期间，这个问题"令同盟国的分析人员身心俱疲……于是有人提议，把这个问题作为破坏智力的终极工具，交给德国人研究"。

战后，人们通过几年的研究，取得了若干进展。哥伦比亚大学的数学家赫伯特·罗宾斯提出了一个简单的策略，并指出，尽管这个策略尚不完善，但是可以给出一些效果不错的建议。

在具体考虑了只有两台老虎机的情况之后，罗宾斯提出了赢留输变算法：随便选择一台老虎机，只要它不断吐钱，就在这台机器上玩游戏。如果某次拉动拉把后，老虎机没有吐钱，就换另一台机器。1952年，罗宾斯提出的这个简单策略虽然远不完善，但是效果肯定比碰运气好。

在罗宾斯之后，不少人进一步研究了"赢留输变"原则，并发表了一系列论文。根据直觉，如果你本来就倾向于某台老虎机，而且这台机器刚刚又让你赢了一些钱，那么你对这台机器的评估就会升值，肯定不介意在这台机器上再玩一次。事实证明，在很多情况下，赢就留下原则都是探索与利用平衡问题优化策略的一个组成部分。

但是，输就走人这个原则就值得商榷了。不吐钱就换机器是一种非常草率的行为。假设你去一家餐厅用餐。你去过一百次，每次都感到非常满意。如果有一次你感到失望，会不会从此以后就再也不去这家餐厅了呢？正确的做法是不要对瑕疵惩戒过重。

更重要的是，赢留输变不含任何剩余时间的概念，因此没有为优

02
探索与利用

化行为留出时间。你去你喜爱的餐厅用餐,结果扫兴而归,那么这个算法就会建议你以后换一家餐厅,即使你明天就要离开这座城市了。

不过,罗宾斯开启了多臂老虎机问题研究的先河,在随后几年里,这个领域涌现出大量的文献资料,研究人员也取得了重大进展。美国兰德公司的数学家理查德·贝尔曼发现,当我们预先知道所有的可选方案以及赢钱机会时,就能求出这个问题的精确解。就如全信息秘书问题的解法一样,贝尔曼基本上也采用了逆向法。首先,他假设自己知道之前所有决策会产生的结果,然后考虑应该在哪一台老虎机上最后一次拉下拉把。推算出结果之后,他再考虑倒数第二次的情况,然后是倒数第三次、倒数第四次,一直倒推到最开始。

贝尔曼的这个方法肯定可以得到确定无疑的答案,但是,如果可能的选择与赌博的轮次都非常多时,工作量就会非常大(甚至大到无法完成的程度)。此外,即使我们可以计算出未来的所有可能情况,我们也不一定确切地知道我们到底有多少赢钱机会(甚至不知道有多少种选择方案)。因此,多臂老虎机问题从本质上讲还没有得到解决。用惠特尔的话说:"它很快就变成了一个经典问题,同时也变成了永不妥协的代名词。"

基廷斯指数

特例往往是通往宇宙奥秘的大门,这种情况在数学中也经常发生。20世纪70年代,联合利华公司请年轻的数学家约翰·基廷斯帮助他们优化药物试验。令人意想不到的是,基廷斯竟然解开了一道难住了一代数学家的难题。

基廷斯（牛津大学统计学教授）认真地思考了联合利华提出的问题：已知有几种不同的化合物，如何以最快的速度确定哪种化合物可能对哪种疾病有效？基廷斯把这个问题变成了尽可能简单的形式：有多个可选方案，每个可选方案得到回报的概率不同，可分配的精力（金钱或时间）是确定的。于是，这个问题变成了多臂老虎机问题的另外一个化身。

无论是追逐利润的制药公司，还是他们所在的医药行业，都经常需要面对探索与利用如何取舍的竞争需要。制药公司希望投入到研发部门的资金可以帮助他们发明新药，但是他们同时还希望现在正在帮助他们赚钱的生产线继续开足马力。医生在开处方时，肯定希望病人在现有条件下得到最好的治疗，但是他们也希望实验研究可以找到更有效的治疗手段。

显而易见，在这两种情况中，我们都无法确定相关的剩余时间到底是什么。从某种意义上讲，制药公司和医生一样，都对不确定的未来感兴趣。制药公司希望可以永远存在下去，而医药行业则希望取得突破，甚至希望在人们出生之前就可以向他们提供帮助。不过，他们对当前时间的重视程度更高：今天就把病人治愈，其价值高于让病人一周以后，甚至一年以后才康复，利润方面当然同样如此。经济学家把这种重现在、轻将来的概念称作"贴现"。

基廷斯在研究多臂老虎机问题时采用的就是这些术语，这是他与之前的研究人员不同的地方。在他的构想中，他的目标不是在固定时间段里追求最大回报，而是在时间无限长但是价值被打折扣的未来追

02
探索与利用

逐最有利的结果。

这种贴现在我们自己的生活中并不鲜见。如果你准备在一座城市逗留10天，那么你在选择餐厅时就要记住逗留时间已经确定这个事实，但是，如果你居住在这座城市，时间就没有多大意义了。此时，你也许会想，时间越久，回报贬值的程度就越大：你更关心的是今天的晚餐，而不是明天的晚餐，并且对明天晚餐的关心程度又高于一年之后的晚餐。至于关心程度到底有多大差别，取决于你采用的"贴现函数"。基廷斯设置的条件是回报价值呈几何级数贬值，也就是说，每次去餐厅进餐的价值是上一次的分数倍。如果你认为每天被车撞的可能性为1%，那么在评估明天晚餐的价值时，就应该把它设定为今天晚餐价值的99%，因为你有可能根本没有机会享受明天的晚餐。

设定了这种几何贴现条件之后，基廷斯提出了这样一个策略：分别考察多臂老虎机的各个拉把，然后计算出各个拉把自己的价值。通过一个别出心裁的设想——贿赂，基廷斯完成了自己的研究，并且认为这个策略"至少可以给出一个效果不错的近似估计"。

在《交易还是不交易》(*Deal or No Deal*)这个热门电视节目中，参赛者要从26个箱子中选择一个。箱子里装有奖金，金额1美元~100万美元不等。随着游戏的进行，一位被称作银行家的神秘人物就会时不时出现。他愿意支付给参赛者金额不等的一笔钱，条件是参赛者不要打开他选中的那只箱子。参赛者需要做出选择，或者接受这笔实实在在的钱，或者选择装在箱子里的数额不确定的奖金。

基廷斯发现（尽管多年之后第一期《交易还是不交易》节目才播出），多臂老虎机问题与之并无区别。我们对每一台老虎机都知之甚少,甚至一无所知,但是它们都有某个保底回报率。如果摆在我们面前的不是老虎机,而是它的回报率,那么我们肯定不会去玩老虎机游戏。这个数字(基廷斯称之为"动态分配指数",现在全世界都把它叫作"**基廷斯指数**")告诉我们一条显而易见的赌博策略:一定要选择指数最高的那个拉把。[①]

事实上,基廷斯指数并不仅仅是一个效果不错的近似估计,还可以彻底解决回报按几何级数贴现的多臂老虎机问题。探索和利用之间的矛盾可以被转化成一个比较简单的任务:用一个数量使两者达成平衡并求这个数量的最大值。在说到自己的成就时,基廷斯非常谦虚,笑着说道:"这又不是费马大定理。"但是,他的这个定理让一大堆涉及探索与利用这个两难选择的问题得到了解决。

不过,即使知道以往的记录和贴现率,特定机器基廷斯指数的计算仍然非常复杂。但是,一旦我们知道某些特定条件下的基廷斯指数,我们就可以利用这些指数解决相同形式的任何问题。重要的是,由于每个拉把的基廷斯指数都是独立计算出来的,因此涉及的拉把个数不会产生任何影响。

下表给出了 0~9 次输赢所对应的基廷斯指数值,条件是回报以 90% 的比例递减。利用这些数值,可以解决日常生活中的多种多臂老虎机问题。例如,在这些条件下,你应该选择以往记录为 1–1(即期望值为 50%)的那台老虎机,而不选择记录为 9–6(即期望值为 60%)的那台机器。在下表中查询这两台机器对应的坐标就可以发现,了解

[①] 尽管基廷斯指数有效,但还是远离赌场为妙。

02
探索与利用

得不多的那台机器的基廷斯指数为 0.634 6，而玩得比较多的那台机器得分仅为 0.630 0。问题解决了：这一次可以碰碰运气，大胆探索。

仔细观察表中的基廷斯指数，就会发现一些有意思的东西。首先，你会发现赢就留下这个原则在发挥作用：任选一排，从左向右看去，就会发现指数值一定在增长。如果在某个时候某个拉把是你的正确选择，而且你拉下那个拉把之后真的赢钱了，那么再次选择这个拉把就是一个明智的决定（沿着图表自左至右）。其次，你可以看出在什么情况下输就离开这个原则会误导你。先赢 9 次，然后输钱 1 次，对应的基廷斯指数为 0.869 5，仍然比表中的大多数指数高，因此你不要急于离开，至少再拉一次这个拉把。

表 2-1 基廷斯指数值与输赢的关系

输钱＼赢钱	0	1	2	3	4	5	6	7	8	9
0	0.7029	0.8001	0.8452	0.8723	0.8905	0.9039	0.9141	0.9221	0.9287	0.9342
1	0.5001	0.6346	0.7072	0.7539	0.7869	0.8115	0.8307	0.8461	0.8588	0.8695
2	0.3796	0.5163	0.6010	0.6579	0.6996	0.7318	0.7573	0.7782	0.7956	0.8103
3	0.3021	0.4342	0.5184	0.5809	0.6276	0.6642	0.6940	0.7187	0.7396	0.7573
4	0.2488	0.3720	0.4561	0.5179	0.5676	0.6071	0.6395	0.6666	0.6899	0.7101
5	0.2103	0.3245	0.4058	0.4677	0.5168	0.5581	0.5923	0.6212	0.6461	0.6677
6	0.1815	0.2871	0.3647	0.4257	0.4748	0.5156	0.5510	0.5811	0.6071	0.6300
7	0.1591	0.2569	0.3308	0.3900	0.4387	0.4795	0.5144	0.5454	0.5723	0.5960
8	0.1413	0.2323	0.3025	0.3595	0.4073	0.4479	0.4828	0.5134	0.5409	0.5652
9	0.1269	0.2116	0.2784	0.3332	0.3799	0.4200	0.4548	0.4853	0.5125	0.5373

注：在回报以 90% 的比例递减时的情况。

算法之美

ALGORITHMS TO LIVE BY

但是，该表最有意思的地方是左上角的那一格。0–0这个记录（表明我们对这个拉把一无所知）所对应的期望值是0.500 0，但是基廷斯指数是0.702 9。换句话说，一台你从来没有玩过的机器，比你玩了10次，其中有7次赢钱的机器更有吸引力！沿着对角线向右下方前进，就会发现1–1这个记录对应的指数是0.634 6，记录2–2对应的是0.601 0，等等。如果这个50%的赢钱率一直保持下去，基廷斯指数最终会驱近于0.500 0，而经验证明，这台机器的确没有任何特别的地方，它最终会收走那些刺激我们进一步探索的"奖金"。但是，收敛过程进展非常缓慢，探索奖励的刺激作用非常大。的确，我们可以看到，即使第一次拉下拉把后输了钱，0–1这个记录所对应的基廷斯指数仍然高于50%。

我们还可以看出改变贴现率后探索与利用会发生什么样的变化。下表列出的内容与前表相同，不过条件是回报递减的比例不是90%，而是99%。在未来与现在的权重几乎相同时，相对于十拿九稳的事情而言，偶然发现的价值上升得更快。从这张表可以看出，从未测试过、记录为0–0的机器可以确保有86.99%的赢钱概率！

由此可见，基廷斯指数以一种正式、严谨的形式，证明了在有机会对探索结果加以利用时，我们应该倾向于选择未知的新事物。有一句古老的谚语说："邻家芳草绿。"数学可以告诉我们其中的道理。尽管我们实际上认为未知事物可能差不多，甚至有可能更差，但是它也有可能更好。球队新球员没有经过检验，但是他的价值却高于能力似乎差不多的老手（至少在赛季初如此），原因正是我们对他知之甚少。探索行为本身就有价值，因为尝试新鲜事物可以增加我们发现最佳选

02
探索与利用

表 2-2 基廷斯指数值与输赢的关系

<table>
<tr><td></td><td>0</td><td>1</td><td>2</td><td>3</td><td>4</td><td>5</td><td>6</td><td>7</td><td>8</td><td>9</td></tr>
<tr><td>0</td><td>0.8699</td><td>0.9102</td><td>0.9285</td><td>0.9395</td><td>0.9470</td><td>0.9525</td><td>0.9568</td><td>0.9603</td><td>0.9631</td><td>0.9655</td></tr>
<tr><td>1</td><td>0.7005</td><td>0.7844</td><td>0.8268</td><td>0.8533</td><td>0.8719</td><td>0.8857</td><td>0.8964</td><td>0.9051</td><td>0.9122</td><td>0.9183</td></tr>
<tr><td>2</td><td>0.5671</td><td>0.6726</td><td>0.7308</td><td>0.7696</td><td>0.7973</td><td>0.8184</td><td>0.8350</td><td>0.8485</td><td>0.8598</td><td>0.8693</td></tr>
<tr><td>3</td><td>0.4701</td><td>0.5806</td><td>0.6490</td><td>0.6952</td><td>0.7295</td><td>0.7561</td><td>0.7773</td><td>0.7949</td><td>0.8097</td><td>0.8222</td></tr>
<tr><td>4</td><td>0.3969</td><td>0.5093</td><td>0.5798</td><td>0.6311</td><td>0.6697</td><td>0.6998</td><td>0.7249</td><td>0.7456</td><td>0.7631</td><td>0.7781</td></tr>
<tr><td>5</td><td>0.3415</td><td>0.4509</td><td>0.5225</td><td>0.5756</td><td>0.6172</td><td>0.6504</td><td>0.6776</td><td>0.7004</td><td>0.7203</td><td>0.7373</td></tr>
<tr><td>6</td><td>0.2979</td><td>0.4029</td><td>0.4747</td><td>0.5277</td><td>0.5710</td><td>0.6061</td><td>0.6352</td><td>0.6599</td><td>0.6811</td><td>0.6997</td></tr>
<tr><td>7</td><td>0.2632</td><td>0.3633</td><td>0.4337</td><td>0.4876</td><td>0.5300</td><td>0.5665</td><td>0.5970</td><td>0.6230</td><td>0.6456</td><td>0.6653</td></tr>
<tr><td>8</td><td>0.2350</td><td>0.3303</td><td>0.3986</td><td>0.4520</td><td>0.4952</td><td>0.5308</td><td>0.5625</td><td>0.5895</td><td>0.6130</td><td>0.6337</td></tr>
<tr><td>9</td><td>0.2117</td><td>0.3020</td><td>0.3679</td><td>0.4208</td><td>0.4640</td><td>0.5002</td><td>0.5310</td><td>0.5589</td><td>0.5831</td><td>0.6045</td></tr>
</table>

输钱（左） 赢钱（下）

注：在回报以 99% 的比例递减时的情况。

择的机会。因此，不仅关注当前，同时还把未来纳入我们视野的做法，可以驱动我们不断尝试新鲜事物。

因此，基廷斯指数为我们指出了一个轻而易举地解决多臂老虎机问题的方法。但是，这并不是说这个难题已经彻底得到解决，也不意味着基廷斯指数可以帮助我们处理日常生活中所有探索与利用的取舍问题。原因之一是基廷斯指数只有在某些强假设条件下才是最优策略。各种各样的行为经济学与行为心理学实验都不建议人们对未来奖励实行几何贴现（即每次拉动拉把的价值都是上一次的分数倍）的做法。此外，如果不同方案之间的转换需要付出成本，那么基廷斯指数就不再是最有效的策略。（邻居家的草地看起来可能真的更绿一些，但这并不是我们翻过篱笆的理由，更不用说通过二次抵押贷款把邻居家的房子买下来了。)更重要的是,在匆忙之间很难计算出基廷斯指数。如果随身携带一张指数表,你可以找到晚餐的最佳选择,但是你得到的好处可能还不足以弥补你需要付出的时间和精力。("等一等,我可以解决这个问题。这家餐厅的好评率是29/35,另一家的好评是13/16,因此它们的基廷斯指数分别是……嘿,人呢?")

正是因为考虑到这些因素,从基廷斯指数被提出之日起,计算机科学家和统计学家就已经在寻找可以更方便、更灵活地解决多臂老虎机问题的方法。这些新的策略不仅可以比较好地满足需要,而且人(及机器)在一系列情境下应用这些方法时,难度比用基廷斯指数计算最优方案小。同时,它们还可以用来解决最令人害怕的一类问题,帮助我们在面对机会时做出正确的选择。

遗憾与乐观

弗兰克·辛纳屈   遗憾?我曾经有过,但是算不上太多,不值得一提。

温斯顿·丘吉尔   我本人是个乐观主义者,因为不乐观的话,似乎也于事无补。

如果你认为基廷斯指数太复杂,或者你所处的情况并没有表现出几何贴现的特征,那么你还有另一个选择——关注遗憾。当我们选择吃饭地点、伙伴或者居住城市时,遗憾常常会笼罩在我们心头——面对一堆好的可选方案,结果却做出了一个错误的选择,我们往往难以

02
探索与利用

原谅自己。令我们遗憾不已的常常是我们没有做的事情,或者是从来没有尝试过的选择方案。用管理理论学家切斯特·巴纳德的话来说就是:"尝试后即使遭遇失败,也至少是一个学习的过程;如果不去尝试,就会与机会失之交臂,造成无可估量的损失。"

遗憾也可能给人以巨大的动力。在杰夫·贝佐斯决定创办亚马逊网站之前,他在纽约投资公司德劭集团的工作非常安稳,待遇也十分丰厚。在西雅图创办网上书店,这个步子迈得有点儿大,因此他的老板(也就是戴维·肖)劝他要小心。贝佐斯说:

> 我找到一个可以帮助我轻松做出重大决定的框架,并把它称作"遗憾最少化框架"(一个书呆子气十足的名称)。我把自己想象成80岁的模样,然后开始思考:"现在回望我的一生,我要把遗憾之事的数量降到最低。"我知道在我80岁时,我不会因这次尝试而后悔,我不会后悔参与到互联网这项我认为非常重要的事业中来。我知道,哪怕我失败了,我也不会遗憾,而我可能会因为没有尝试而感到遗憾,而且这种遗憾之情将永远萦绕在我的心头。想到这里,这个决定就变得非常容易了。

计算机科学也不可能让你一辈子没有遗憾,但是它有可能帮助你实现贝佐斯追求的目标:把人生当中的遗憾降到最少。

遗憾是将我们的实际行为与事后认定的最佳行为进行比较后得到的产物。在多臂老虎机问题中,巴纳德说的"无可估量的损失"其实是可以精确测量的,遗憾也可以被赋予一个数值:采用某个策略后获取的回报总额与每次都选对最有利拉把时(如果我们从一开始就知道拉下哪个拉把能赢钱，该有多好啊），所获取的回报总额理论值之间的差。我们可以针对不同策略计算出这个差值，然后找出差值最小的那些策略。

1985年，赫伯特·罗宾斯第二次尝试破解多臂老虎机问题，此时，距离他提出赢留输变策略已经有30年了。他和同事、哥伦比亚大学数学家黎子良合作，提出了与遗憾有关的几个重要特点。第一，假设你不是全知全能，那么让你感到遗憾的事情可能就会不断增加，永远无法停止，即使你选择的是最有效策略，这是因为，即使最有效策略也不一定每次都是完美无缺的。第二，如果你选择的是最有效策略，那么遗憾增加的速度就会比你选择其他策略时的速度慢一些，在采用好的策略时，遗憾增加的速度将越来越慢，因为你对问题的了解程度在加深，做出更明智选择的能力在加强。第三，同时也是最具体的一个特点，数量最少的遗憾（同样需要假定你不是全知全能）就是每次拉下老虎机把手时遗憾的数量以对数速率增加。

遗憾以对数速率增加，意味着前10次拉动老虎机拉把与后面90次所造成的遗憾同样多，意味着在10年时间里，第一年留下的遗憾数量等于其余9年留下的遗憾总和。（同理，在100年时间里，前10年犯下的错误等于后90年的错误总和。）这种情况让我们多少可以找到一点儿安慰。总的来说，我们不可能指望有朝一日我们将再也没有新的遗憾。但是，如果我们采用一种遗憾最少化算法，就有望减少每年新增的遗憾数量。

自黎子良、罗宾斯之后，研究人员在过去几十年里一直致力于寻找可以确保遗憾最少化的算法。在他们提出的算法当中，最受欢迎的

02
探索与利用

就是**上限置信区间**算法。

直观表现的统计数据通常在数据点上方或下方添加所谓的误差条线，以表明该测量值是不确定的；误差条线表示的是被测量数量真实值所在的合理范围，即"置信区间"。随着我们收集的数据越来越多，置信区间将不断缩小，这说明测量值越来越精准。（例如，有两台老虎机，你在一台老虎机上玩了两次，其中有一次赢钱了，在另一台老虎机上玩了10次，有5次赢钱了。这两台机器的期望值相同，但是前者的置信区间更宽。）上限置信区间算法告诉我们，多臂老虎机问题非常简单，可以直接选择置信区间上限最高的那个方案。

因此，上限置信区间算法与基廷斯指数一样，也为多臂老虎机的每个拉把赋予了一个数值。在上限置信区间算法中，这个数值就是根据目前掌握的信息，计算该拉把在合理情况下可以产生的最高值。因此，该算法不关心截至目前已经取得最好成绩的是哪个拉把，相反，它会选择在合理情况下未来有可能取得最佳成绩的那个拉把。例如，如果你从未去某家餐厅就餐，那么就你了解的信息看，这家餐厅可能非常棒。即使你已经去过一两次并且品尝了两道菜，你获取的信息也不足以表明这家餐厅一定比不上你经常去的那些餐厅。同基廷斯指数一样，上限置信区间一定大于期望值，但是随着某个方案给我们的体验越来越多，两者之间的差就会越来越小。（只有一次中评的餐厅仍然有可能非常棒，但是收到过几百次中评的餐厅一定不会很好。）上限置信区间算法给出的推荐意见与基廷斯指数的推荐意见应该没有多大区别，但是前者的计算难度小得多，而且无须几何贴现这个前提条件。

上限置信区间算法所采用的原理有一个绰号——"面对不确定性时的乐观主义"。他们指出这种乐观主义是有充分理由的。这些算法强调通过已知证据推断某个选择方案可能产生的最佳结果，而计算的结果倾向于我们了解程度较低的可能情况。因此，他们自然会在决策过程中增加探索的比重，满怀热情地选择新的事物，因为任何新鲜事物接下来都可能变得非常重要。麻省理工学院的莱斯利·基布灵就曾采用相同的原理，她设计的"乐观机器人"在探索周围空间时，赋予未知地形的值比较高。显然，这个原理对于人类生活同样有所启示。

上限置信区间算法的成功，是对怀疑者的一个正式回应。根据这些算法给出的建议，我们应该满怀激情地结识新人，尝试新鲜事物，因为在没有相反证据的时候，我们都应该假定可以取得最好的结果。从长远看，乐观主义是防范遗憾的最有效措施。

网上"土匪"

2007年，谷歌的产品经理丹·西罗克向公司请假，去参加当时身为参议员的巴拉克·奥巴马在芝加哥举行的总统竞选活动。作为"新媒体分析"团队的负责人，西罗克把谷歌在网站上的一个做法移植到鲜红的总统竞选"捐款"按钮上。结果令人大吃一惊——他的这个举动直接促使捐款金额增加了5 700万美元。

西罗克到底对那个按钮做了什么呢？

答案是A/B测试。

A/B测试的步骤大概是这样的：某公司为某个网页设计了几个不

02
探索与利用

同的草稿。他们可能想了解不同的颜色、图片、新闻报道标题或者屏幕上各项内容的不同排列有什么样的效果。于是，他们把登录网站的用户随机分配到这些排列不同的页面上，通常各页面的访问人数相等。一个用户可能看到按钮是红色的，另一个用户则可能看到按钮是蓝色的；一个用户可能看到的是"DONATE"（捐款），另一个可能看到的是"CONTRIBUTE"（捐助）。然后，他们对相关的计量体系（例如点击率或者用户平均捐助金额）进行监视。一段时间之后，如果从统计数据可以观察到显著效果，"获胜"的版本通常就会站稳脚跟，或者成为另一轮实验的参考标准。

西罗克在奥巴马捐赠页面上完成的 A/B 测试反映了一些问题。对于第一次访问竞选网站的用户，"捐赠并领取礼物"按钮取得了最好的成绩，即使把发放礼物的成本剔除之后，仍然效果最佳。对于长期订阅新闻但是从来没有掏过腰包的访问者，"捐款"按钮效果最好，可能是因为这个表达可以唤起他们的负疚感。对于过去曾经捐过款的访问者，"捐助"按钮吸引追加捐款的效果最好，其中的道理可能是已经"捐款"的人随时可以进一步"捐助"。令竞选团队吃惊的是，在所有情况下，奥巴马的一张简简单单的黑白全家福照片所取得的效果竟然超过团队可以找到的任何其他照片及视频。所有这些独立的优化手段加到一起，产生了巨大的实际效果。

如果在过去 10 年里你使用过互联网，那么你就已经成为其他人考虑的探索与利用问题中的一分子了。企业希望找到利润的主要来源，同时又希望尽可能赚取更多的利润，因此他们探索、利用。亚马逊、谷歌等大型科技公司在 2000 年前后开始在他们的用户身上进行

算法之美
ALGORITHMS TO LIVE BY

实时 A/B 测试，随后互联网在几年时间里就变成了全世界规模最大的对照实验。那么这些企业探索和利用的对象是什么？一言以蔽之，就是：让你移动鼠标、掏腰包。

企业 A/B 测试的内容包括站点导航、主题行和营销邮件的投送时间，有时甚至包括公司的某些实际要素和定价。除了公开的谷歌搜索算法和公开的亚马逊结账流程以外，现在的企业还会在不告知用户的情况下对网页进行一些神秘而微妙的变更。（2009 年，谷歌就曾有测试 41 种蓝色以确定某个工具条颜色的行为。）在某些情况下，任何两个用户可能都不会得到完全相同的体验。

数据科学家、脸书（Facebook）数据小组前负责人杰夫·哈默巴赫曾告诉《彭博商业周刊》："我们这代人中最聪明的人正在想方设法让人点击广告。"艾伦·金斯堡在诗作《嚎叫》中用一句不朽的诗句形容"垮掉的一代"：我看见我们这一代人中最聪明的人毁于疯狂的行为。同样，我们也可以把哈默巴赫的这句话视为千禧年的"嚎叫"。对于这种情况，哈默巴赫的看法是"糟透了"。但是，无论人们如何利用网络，在网络上做实验以研究人们的点击行为都是可以的，而且链接可以指向过去的营销人员根本想不到的地方。

当然，我们都知道 2008 年奥巴马的参选结果。但是，有人知道他的分析团队负责人丹·西罗克的去向吗？奥巴马就任总统后，西罗克回到了美国西部，与谷歌的同事皮特·库曼合作创办了网站优化公司 Optimizely。2012 年，当又一轮的总统选举拉开帷幕时，该公司的客户名单里不仅包含奥巴马竞选连任的团队，还可以看到奥巴马的挑战者、共和党候选人米特·罗姆尼的竞选团队。

02
探索与利用

A/B 测试大约于 10 年前首次被使用，如今这个优化利器已经脱下了神秘的外衣，并且理所当然地植入到网络上的经营行为与政治活动之中。当你再一次打开浏览器时，你眼前的色彩、图片、文本甚至定价（当然还有广告）肯定都是探索与利用算法根据你的鼠标点击为你量身定制的。在这个特定的多臂老虎机问题中，你不是那名赌徒，而是奖池中的累积奖金。

几年来，A/B 测试的程序也越来越完善。A/B 测试最经典的做法是将流量均分给两个选择方案，测试一段时间之后，再将所有流量都分配给获胜一方。但是，这种做法将导致一半用户在测试的过程中只能接受较差的那个方案，因此它未必最有利于解决问题。如果可以找到更好的做法，就有可能得到丰硕的回报。在谷歌近 500 亿美元的年收入额中，超过 90% 的比例来自付费广告，而互联网商务一年的成交额为数千亿美元。这说明探索与利用算法是互联网的一个非常重要的经济技术动力来源。关于最优算法的争论一直甚嚣尘上，统计学家、工程师和博客作者就各种经营环境下探索与利用的最有效平衡方法这个问题争论不休。

精确地区分人们在探索与利用问题上的不同观点似乎是一件晦涩难懂的事情，但是事实证明，区分这些观点非常重要，这不仅与总统选举和互联网经济有关，而且与人们的生活也有密不可分的关系。

试验中的临床试验

1932—1972 年，亚拉巴马州梅肯县有数百名非裔美国人患有梅毒，但是医学专业人士故意不予治疗。这是美国公共卫生服务机构"塔斯基吉梅毒研究"40年实验的一部分。1966年，公共卫生服务部门的员工彼得·巴克斯顿提出抗议，并于1968年提出了第二次抗议。但是，直到他把这件事透露给媒体（1972年7月25日，《华盛顿星报》刊登了相关内容，第二天《纽约时报》也在头版头条上讨论了这件事）之后，美国政府才停止了这项研究。

公众对此提出了强烈抗议，随后国会举行听证会，并裁决必须采取措施规范医学伦理的原则和标准。1979年，在马里兰州贝尔蒙特会议中心召开的委员会出台了一份被称作"贝尔蒙特报告"的文件。《贝尔蒙特报告》为医学实验的伦理实践奠定了基础，从此以后，塔斯基吉实验这种令人震惊的、明显不恰当的、违背卫生职业对病人应尽义务的行为永远不会重演。但该文件也注意到，在许多其他情况下，问题的性质很难精确界定。

报告指出："希波克拉底的格言'不伤害'一直是医学伦理的基本原则，生理学家克劳德·伯纳德把它扩展到研究领域，指出一个人不应该伤害另一个人，无论他的行为可以给其他人带来何种好处。然而，即使避免伤害也需要知道什么是有害的。在获取这些信息的过程中，人们可能会有受到伤害的风险。"

因此，《贝尔蒙特报告》承认，以自己掌握的最有效信息指导自己行动和收集更多信息之间存在矛盾，但是该报告没有给出解决办法。此外，它还表明，收集知识具有极高的价值，因此即使在某些方面违背正常医学伦理也是可以接受的。报告指出，新药和新疗法的临床试验经常会使某些病人面临受到伤害的危险，尽管这种危险可以通

02
探索与利用

过某些措施降至最低程度。

仁爱的原则并不一定非常明确。例如，儿科病研究给儿童带来的风险超出了最低限度，短期内却看不到让其他孩子从中受益的希望，这是儿科病研究面临的一个难以处理的伦理问题。一些人认为这样的研究是不可接受的，另一些人则指出，如果加以限制，很多有望在未来给孩子们带来巨大裨益的研究就会遭到禁止。同样，正如所有的困难案例一样，仁爱原则涵盖的不同主张可能相互矛盾，并迫使人们做出艰难的选择。

人们在《贝尔蒙特报告》出台之后几十年里面临的重要问题之一就是临床试验的标准方法是否真的可以将病人面临的风险降至最低。某个传统的临床试验将病人分成若干小组，每个小组在研究过程中接受不同的治疗。（只有在极其特殊的情况下，实验才会提前终止。）这个程序关注的焦点是明确回答哪种治疗方案效果更好，而不是为接受实验的每一名病人提供最有效的治疗。一部分病人在整个实验期间接受的治疗最终被证明效果较差，这与网站的 A/B 测试没有任何不同。但是，在实验进行的同时，医生（科技公司同样如此）就已经在收集有关各方案治疗效果的信息，这些信息不仅可以在实验结束之后用来改进未来病人的治疗，而且同样适用于正在实验中接受治疗的病人。

优化网站配置的实验会造成成千上万美元的影响，但是在临床试验中，寻找最有效治疗方案的实验直接关乎病人的生死。越来越多的医生和统计人员认为我们的做法是不正确的。他们主张，我们应该把医疗方案选择问题视为多臂老虎机问题，在实验正在进行的同时努力寻找更好的治疗方法。

1969年，马文·泽伦（现在是哈佛大学的一名生物统计学家）建议采用"自适应性"试验。他提出的一个建议是随机化"胜者优先"算法——另外一个版本的赢留输变算法。根据这个算法，使用某个特定治疗方案的可能性随着每次成功治愈有所增加，反之则会减少。按照泽伦设计的程序，你首先在帽子里放两个小球，分别代表接受研究的两个治疗方案。从帽子中随机拿出一个小球，以确定第一名病人使用哪种治疗方案（随后将小球放回帽中）。如果所选的治疗方案成功地取得了疗效，就在帽子里再放一个代表这种治疗方案的小球。此时，帽子里一共有三个小球，其中有两个代表刚刚取得成功的治疗方案。如果所选的治疗方案失败了，就在帽子里再放一个代表另外一个治疗方案的小球，以增加将来选中该治疗方案的可能性。

16年后，一项ECMO（体外膜肺氧合）研究在临床试验中首次使用了泽伦的算法。ECMO是密歇根大学的罗伯特·巴特莱特在20世纪70年代提出的一种治疗婴儿呼吸衰竭的大胆方法，它将流向肺部的血液导到体外，利用机器帮助它完成氧合，然后送回心脏。这是一个有风险的极端措施（甚至有形成栓塞的可能性），但是在没有其他选择的情况下，它也不失为一种有可能行得通的方法。1975年，ECMO挽救了加州奥兰治县一个新生女婴的生命。这名即使安装呼吸机也会缺氧的女婴，如今已经40多岁，并且已经结婚生子。但是在早期，ECMO被认为是一种具有高度试验性的技术和程序，在成年病人身上进行的早期研究表明它的疗效并不优于传统治疗方法。

1982—1984年，巴特莱特和他在密歇根大学的同事对患有呼吸

02
探索与利用

衰竭的新生儿进行了一项研究。研究小组声称，他们知道自己希望解决"拒绝实施未经证实但有可能挽救生命的治疗方法所带来的伦理问题"，并且"不愿意仅仅为了满足传统的随机分配方法的需要，就拒绝为另外一组病人实施可以挽救他们生命的治疗方案"。因此，他们采用了泽伦的算法，并制订了一个试验策略。结果，一名被安排接受"常规"治疗的婴儿病情加重，濒临死亡，而 11 名接受试验性 ECMO 治疗的婴儿全部存活了下来。1984 年 4—11 月，在官方研究结束后，另有 10 名婴儿符合实施 ECMO 疗法的标准。其中 8 名患者接受了 ECMO 治疗，结果 8 人全部存活。两名患者接受常规治疗，最后均不治而亡。

这些数字非常引人注目，然而，在密歇根大学对 ECMO 的研究完成后不久，它就陷入了争论之中。试验中接受常规治疗的患者非常少，这与标准方法有很大的不同，而且这个程序本身具有高度的侵入性和潜在风险。在论文发表后，哈佛大学公共卫生学院生物统计学教授吉姆·维尔和他的卫生学院同事仔细研究了这些数据，并且断定"如果不进行进一步的研究，就无法证明应该将 ECMO 纳入常规疗法的名单之中"。因此，维尔和同事们设计了第二个临床实验。这一次，他们仍然努力在获取知识和对患者实施有效治疗这两者之间达成平衡，但是选择了使用更温和的设计方案。他们将为患者随机安排 ECMO 或常规治疗。等到在其中一个组中观察到预先指定的死亡人数之后，就会对所有病人提供更有效的治疗方法。

在维尔研究的第一阶段，接受常规治疗的 10 名婴儿中有 4 人死亡，而接受 ECMO 治疗的 9 名婴儿全部存活。这 4 名婴儿的死亡足以促使研究进入第二阶段，于是全部20名患者都接受了ECMO治疗。最终，19人得以幸存。维尔和同事们终于信服了，并且断言"如果继续随机安排治疗方法，在伦理道义上是无法辩解的"。

但是，在维尔实施这项研究之前，就已经有人完成了类似研究，并明确提出了相同的观点。批评者包括唐·贝瑞——世界上研究多臂老虎机问题的主要专家之一。贝瑞在发表于《统计科学》杂志上的一篇评论文章中写道："像维尔研究那样为病人随机安排ECMO以外的治疗方法，是不道德的……在我看来，维尔当初就不应该实施那项研究。"

然而，即使维尔的研究也没有让医学界的所有人都信服。20世纪90年代，有人又在英国招募了近200名婴儿，进行了另一项ECMO研究。他们没有采用自适应算法，而是遵循传统的方法，将这些婴儿随机分为人数相等的两个小组。研究人员称ECMO的有效性"是有争议的，因为现有证据有不同的解释"。结果，关于这两种治疗方法之间的差别，英国人宣布的结果与美国人在两项研究中得出的结论并不相同，但是英国人仍然宣称他们的研究结果"与先前的初步成果是一致的，即利用ECMO提供支持的治疗方案可以降低死亡风险"。为获取这些知识，他们付出了多大代价！"常规"组婴儿死亡人数比接受ECMO治疗的小组多24人！

自适应临床试验的结果遭到了普遍抵制，这似乎是一个令人费解的现象。但是，我们可以想一想在20世纪初刚刚出现的统计学对医学产生的影响。本来，每次出现一个新疗法，医生们都需要说服其他医生接受该疗法。但是统计学出现之后，哪些证据可信、哪些证据不

02
探索与利用

可信,就有了明确的标准。修改已经被广为接受的标准统计方法有可能打破这种平衡,至少会暂时打破平衡。

在ECMO引发的争议平息之后,唐·贝瑞离开了明尼苏达大学的统计学系,来到位于休斯敦的MD安德森癌症中心,利用他在研究多臂老虎机问题时提出的方法,为各种癌症治疗法设计临床试验。他仍然会直言不讳地批评随机临床试验,而且跟他一样的批评者大有人在。近年来,他一直为之奋斗的理念终于逐渐变成一种主流观点。2010年2月,美国食品及药品管理局发布了一份《药物和生物制剂的自适应设计临床试验》的"指导"文件,这表明他们终于愿意探索其他选择了(尽管长期以来,他们一直坚持他们所信任的选择方案)。

不安分的世界

一旦你熟悉了多臂老虎机问题,你就会发现这些问题随时会出现在你身边。我们做出的决定往往都不是孤立的,它们会给我们提供一些信息,在未来做其他决定时,我们可以加以利用。因此,我们自然会问,人们在解决这些问题时通常会有什么样的表现。我们在前面遇到最优停止问题时就提出了这样的问题,而心理学家和行为经济学家也已经在实验室里进行了广泛的研究。

一般而言,人们似乎倾向于过度探索——对新鲜事物的青睐程度超过效果最佳的事物。1966年,阿莫斯·特沃斯基和沃德·爱德华兹在杂志上发表了一个关于这种现象的简单演示。他们先展示了一个盒子,盒子上面有两盏灯。然后,他们告诉实验参与者,每盏灯打开的时间比是固定的，但是没有告诉他们这个比例到底是多少。接着，他们给这些实验参与者1 000个机会，让他们观察是哪盏灯打开了，或者在不观察的情况下对结果下注。（与传统老虎机问题的设置不同，在这里，人们无法像"拉动拉把"那样在下赌注的同时就可以观察到结果，而是要等到实验结束，参与者才知道他们是否押中。）这个实验纯粹就是探索与利用之间的对抗，信息的获取与信息的利用正好矛盾。在大多数情况下，参与者都采取了一种明智的策略：先观察一段时间，然后把赌注押在看似最好的结果上，但是他们用来观察的次数总是太多了。到底多了多少？在一次实验中，两盏灯打开的时间比分别是60%和40%，两者之间的差别既不特别明显，也不至于难以察觉。在这种情况下，人们平均会选择观察505次，而其他495次的机会则被用来下注。但数学计算表明，他们只需观察38次，然后就应该开始下注，也就是说，可以留下962个机会，用来赢钱。

其他研究也得出了类似的结论。20世纪90年代，沃顿商学院的研究人员罗伯特·迈耶和施勇进行了一项研究。他们让人们从两个选择方案中做出选择。一个选择方案的回报概率已知，另一个则未知。具体来说，就是两个航空公司，其中一个名声较响、准点率已知，另一个则是没有记录的新公司。数学给出的最优策略是：为了使一段时间内准点到达的次数达到最大，在刚开始时应该只选择那家新航空公司，除非那家知名公司的准点率明显高于前者。只要那家知名公司的服务明显更好（也就是说，只要新公司的基廷斯指数低于知名公司的准点率），就应该立刻毫不犹豫地选择这家知名公司，而且再也不要回头。（在这种情况下，一旦你不再乘坐那家新公司的飞机，你就无

02
探索与利用

法获得更多关于它的信息,因此它就没有了挽回信誉的机会。)但在实验中,即使新航空公司的服务非常好,选择尝鲜的人仍然很少;当这些尝鲜的人发现新航空公司服务不佳的时候,他们又往往不能及时调整自己的选择。而且,即使他们放弃其中一家航空公司,态度也不是十分坚决,而是继续来回变换自己的选择。在两家航空公司都不准点时,这种表现更加明显。所有这一切都与习惯性过度探索有关。

最后,心理学家马克·斯蒂维尔思、迈克尔·李和E.J.瓦根梅克斯利用四臂老虎机做了一个实验。在实验中,参与者有连续15次机会,从4个拉把中选择一个进行赌博游戏。然后,他们把参与者可能会使用的策略进行分类。结果表明,30%的策略接近于最优策略,47%的策略与赢留输变策略十分相似,22%的策略似乎是在新的拉把与目前为止成绩最好的拉把之间做出随机选择。研究结果再一次符合过度探索的特征,因为赢留输变以及偶尔随机尝试新拉把这两种行为都会导致人们尝试新鲜事物,即使在游戏快要结束、应该进入纯利用阶段的时候,他们也不愿意选择最佳方案。

也就是说,我们在招聘秘书时会过早地递出橄榄枝,但是在放弃新航空公司这个方面,我们的决定又往往来得过晚。不过,正如没有秘书帮忙需要我们付出成本,过早地选定一家航空公司也是有代价的,因为这个世界可能会发生变化。

标准多臂老虎机问题假设各个拉把的回报概率不会随时间发生变化,但是航空公司、餐厅以及需要人们做出重复选择的其他环境未必满足这个条件。如果各个拉把的回报概率随时间发生变化(人们称之为"不安分的老虎机"),问题的难度就会显著提高。(事实上,不安分多臂老虎机问题的难度非常高，目前还无法利用算法四平八稳地彻底解决这个问题。人们认为这样的算法永远也不会出现。）原因之一就是我们再也不能先探索一段时间，然后尽情地利用。既然世界是变化的，那么正确的选择可能就是继续探索。一家餐厅令你失望，于是你再也不愿意去那里用餐，但是过了几年之后，也许你应该再去一次，万一那里换了一名经理呢。

亨利·大卫·梭罗在他的著名散文《散步》中，说他喜欢在离家近的地方旅行，他从不厌倦周围的环境，并且马萨诸塞州的风光总是能给他一些新奇的发现。他写道："在方圆十英里或者午后散步所及范围内的景物与七十载人间岁月之间，其实可以发现一种和谐，一种你永远不会觉得非常熟悉的和谐。"

生活在烦躁不安的世界里，我们也必须有一颗不安分的心。只要事物在不断变化，我们的探索就不能偃旗息鼓。

不过，即使在一个动荡不安的世界里，针对标准版本多臂老虎机问题精心打造的算法技术仍然可以找到用武之地。基廷斯指数、上限置信区间等策略可以提供相当优秀的近似解决方案及经验法则，在回报概率随时间变化的幅度不大时效果更加明显。今天，世界上很多事件的回报概率变化幅度比以前小得多。地里的果实这一周成熟了，到了下一周就会烂掉，但是，正如安迪·沃霍尔所说的，"一杯可乐就是一杯可乐"。通过进化来调整自己的直觉以适应不断变化的世界，在工业标准化时代未必有用。

也许最重要的是，考虑有最优解的多臂老虎机问题，不仅可以为我们提供各种算法，还可以让我们得到一些深刻的见解。在经典多臂

02
探索与利用

老虎机问题研究中形成的一些语汇,诸如探索与利用的矛盾、剩余时间的重要性,0–0选择方案的高价值和最小遗憾值等,它们不仅可以帮助我们以全新的方式理解眼前的具体问题,还可以帮助我们以全新的视角看待整个人类生活。

探索——孜孜不倦

虽然实验室研究具有启发性,但是在人们面对的许多重要问题中,剩余时间都非常长,无法在实验室中加以研究。学习了解周围世界的组织结构、建立持久的社会关系都是伴随我们一生的任务。因此,了解早期探索、后期利用的一般模式可以给我们启发。

所有发展心理学家都渴望理解和解释关于人类的一个奇怪现象:我们培养能力与自主性的过程往往需要持续好多年。北美驯鹿和瞪羚自出生之日起,就必须做好拼命奔跑以逃脱捕食者的准备,但是人类需要一年多的时间才能迈出自己的第一步。加州大学伯克利分校发展心理学教授、《摇篮里的科学家》一书的作者艾莉森·高普尼克在解释为什么人类有如此长的依赖期时说:"它让你学会以发展的方式来解决探索与利用之间的取舍。"我们已经看到,教我们玩多臂老虎机的优秀算法往往在刚开始的时候倾向于探索,在后期则倾向于对所获取的知识加以利用。但是正如高普尼克指出的:"这种做法有一个缺点——在探索阶段,你无法获得充分的回报。"因此,童年是人生的探索阶段。"在童年时期,你可以尽情探索各种可能性,而不必担心回报的问题,因为爸爸、妈妈、奶奶和保姆会帮你处理好。"

算法之美
ALGORITHMS TO LIVE BY

把童年看作是人生算法中短暂的探索阶段，可能会让学龄前儿童的父母感受到一些安慰。(汤姆有两个热衷于探索的学龄前女儿，他希望算法可以指引她们的人生，让她们感到遗憾的次数降至最低。)同时，也让我们对儿童的理性有了新的深刻认识。高普尼克指出:"仔细研究长期以来人们对孩子的看法，就会发现成人通常会认为孩子在认知上有各种各样的缺陷，因为孩子们在某个方面的表现有些糟糕。他们不会系鞋带，他们不擅长长期规划，他们不擅长集中注意力。孩子们在这些方面表现得非常差。"但是，随意按动按钮、对新玩具非常感兴趣、思维跳跃性强，这些都是孩子们的特点。如果他们的目标是探索，这些就正是他们应该做的事情。如果你是一个婴儿，那么你抓到家里所有东西都会往嘴里放的行为，与赌徒在赌场里小心翼翼地拉动老虎机拉把的行为并没有本质上的不同。

一般而言，我们对理性的直觉认识常常来源于利用，而不是探索。当我们谈论决策过程时，我们通常只关注某个决定的即时回报——如果你把每一个决定都当作人生的最后一个决定，那么只有利用才是有意义的。但在一生中，你会做出很多决定。实际上，在做很多决定时，理性的做法是强调探索的重要性，重视新的东西而不是最好的东西，重视令人为之兴奋的东西，而不是一味追求安全，重视随机选择，而不是深思熟虑的决定。在人生早期，更应该如此。

孩子们的有些想法，在我们看来是任性，但是实际上，可能比我们想象的更明智。

02
探索与利用

走出探索和利用的两难困境

莉迪娅·戴维斯

我的阅读生涯已经走到了一个十字路口,有过类似经历的人都熟悉我现在面临的难题:在我余下的时光里,我是应该不停地阅读新书,还是应该停止这种徒劳的行为(之所以徒劳,是因为新书永远读不完),然后重读那些曾经令我无比愉悦的书呢?

与学步的孩童相对应的另一个极端是已步入垂暮之年的老人。从探索与利用这个两难困境的角度去思考老年生活,也会为我们带来一些令人吃惊的洞见,让我们学会随着时间的推移调整我们对生活的期望。

斯坦福大学心理学教授劳拉·卡斯滕森通过自己的研究,对人们在衰老这个问题上的成见提出了质疑。她特别研究了人们的社会关系随着年龄增长而发生变化的过程与原因。这种变化有一个明晰的基本模式:人们社交网络的规模(即与他们保持社交关系的人数)几乎总是随着时间的推移而减少。不过,卡斯滕森的研究表明,我们应该改变对这个现象的看法。

传统观点认为,老年人的社交网络逐渐变小,恰恰说明生活质量会随着年龄的增长而逐渐下降,因为他们维系社会关系的能力在减弱,身体一天天衰弱,而且普遍与社会脱节。但是,卡斯滕森认为,老年人的社会关系越来越简单,是他们主观选择的结果。她说,这个变化是"一生的选择过程造成的结果。人们利用这个选择过程构建他们的社交网络，并且通过仔细谋划，适应调整，最大限度地提高社交和情感收益，同时最大限度减少社交和情感风险"。

卡斯滕森和他的同事发现，老年人"修剪"一些不重要的关系，以便把注意力高度集中在亲朋好友身上，这才是造成他们的社交网络逐渐变小的主要原因。这个过程似乎是一个深思熟虑的选择：当人们接近生命的终点时，他们希望更多地关注对他们来说最重要的人。

卡斯滕森和合作伙伴芭芭拉·弗雷德里克森通过实验验证了这个假设。他们让人们从直系亲属、最近读过的一本书的作者和志趣相投的新交中选择一个人与自己共度30分钟。结果，年纪大的人往往选择家人，年轻人则希望与作者接触或者结交新朋友。但是，如果对实验做一个重要的修改，告诉年轻人他们即将搬到很远的地方，那么他们也会更愿意与家人待在一起。在另一项研究中，卡斯滕森和同事发现，同样的结果也发生在老年人身上：如果让老年人设想，由于医学上取得了突破，他们还可以再活20年，那么他们的选择就会和年轻人趋同。由此可见，社交偏好的这些差异与年龄本身无关，而是与人们对决策过程中剩余时间的认知有关。

计算机科学同样认为，探索与利用的困境对剩余时间很敏感。我们通常认为年轻人喜欢推陈出新，而老年人的做事方式往往一成不变。事实上，两者的行为都与他们各自的剩余时间高度一致。把社交网络限制在精心挑选、对自己最重要的圈子里，是一种理性的反应，因为老年人尽情享受社交成果的时间已经越来越少了。

认识到老年生活是充分利用前期积累的阶段，有助于我们以全新

02
探索与利用

的视角看待一些经典的老年现象。举个例子,上大学时,你置身于一个新的社交环境之中,周围的人你都不认识,这对于你来说通常是一段催人向上、意气风发的时光,而老年公寓虽然也是一个新的社交环境,周围的人你也都不认识,但是这很可能会让你非常苦闷。这种差异在一定程度上是因为我们在人生各个阶段探索与开发这个连续统一体中所处的位置不同。

探索与开发的权衡也告诉我们应该如何看待来自长辈的建议。如果祖父告诉你哪家餐厅好,你应该相信,因为这些都是几十年搜索活动的结果。但是,如果他每天下午 5 点都会去同一家餐厅,你就该毫不犹豫地探索其他选择,即使那些餐厅有可能更差。

在探索了几十年之后,如果把晚年生活视为充分利用人生积累的良机,就可以加深我们对人生的认识,我们甚至将发现生活会随着时间的推移而越变越好。探索者为了获得知识,付出的代价是心情愉悦。我们已经知道,因为意外惊喜有可能带给我们多倍补偿,所以基廷斯指数和上限置信区间都夸大了对未知选择方案吸引力的期望值。但是,与此同时,这也意味着在大多数情况下,探索必然会让人失望。把注意力转移到自己喜欢的事情上,应该可以提高生活质量,事实似乎也确实如此。卡斯滕森发现,与年轻人相比,老年人通常对自己的社交网络更加满意,认为自己的情感状况更加健康。

因此,傍晚常去的那家餐厅里有很多东西值得老年人期待。坐在那里,他们可以品尝毕生探索带来的成果。

03

排序
建立秩序

**罗伯特·考德雷，
《词汇表》**

如果你要查的单词的首字母是 a，就在《词汇表》开头部分查找。如果首字母是 v，就到靠后的位置查找。此外，如果开头的两个字母是 ca，就在字母 c 项下的开头部分查找。如果是 cu，则应到字母 c 部分的末尾处查找。以此类推。

多年以前，丹尼·希利斯是麻省理工学院的一名本科生。当时他还没有创立"思维机器公司"，也还没有发明著名的"连接机器"并行超级计算机，而是住在学生宿舍里，目瞪口呆地看着室友的袜子。

与许多大学生不同的是，希利斯关心的并不是室友的卫生状况。让他感到吃惊的，并不是他勤于洗袜子，室友却从来不洗，而是接下来发生的事情。

室友从干净的洗衣篮中拿出一只袜子。接着，又随机抽出另一只袜子。如果两只袜子不配对，他就把第二只扔回去。然后继续这个过程，他把袜子一个一个地抽出来，然后把它们扔回去，直到为第一只袜子成功配对为止。

洗衣篮里一共有 10 双不同的袜子。按照这个方法，配好第一对最多需要取19次，配好第二对又可能需要17次。如果要把20只袜子全部配成对，这个室友可能需要从洗衣篮里取110次袜子。

任何未来的计算机科学家看到这幅情景，可能都会要求换宿舍。

应该如何对袜子进行排序的问题引起了计算机科学家的热议。2013年，有人在"栈溢出"编程网站上贴出了一个关于袜子的问题，立刻引发了长达12 000个单词的争论。

当我们对传奇式密码学家、计算机科学家、图灵奖得主罗恩·李维斯特提起这个话题时，他向我们坦承："我被袜子打败了！"

当时，他穿着凉鞋。

排序狂潮

排序是计算机的核心内容。事实上，从很多方面看，如果没有排序，计算机就不会变成现实。

19世纪末期，美国人口每10年就会增加30%。1870年，美国人口普查只有5个"调查科目"，到1880年，就增加到了200多个。1880年人口普查的制表工作花了8年，在1890年人口普查即将开始时才勉强完工。当时，有一位作家评论说："调查人员整天埋头整理那些令人头皮发麻的统计数字，竟然没有失明，也没有发疯，这真是一大奇迹。"所有从事人口普查的工作人员都不堪重负，濒临崩溃。这个局面已经到了不得不改变的地步。

发明家赫尔曼·霍尔瑞斯从当时使用的打孔火车票那里找到灵感，发明了一种可以存储信息的打孔统计卡和一种机器，用来完成计数与

03
排序

排序工作。他把这套系统称作"霍尔瑞斯计算机"。1889年，霍尔瑞斯获得专利，美国政府在1890年的人口普查中采用了霍尔瑞斯计算机。在这之前，从来没有人看到过这样的机器。一位惊叹不已的旁观者说："这个装置就像众神的磨坊一样准确无误，速度则完胜对方。"然而，另一个人认为这项发明的用途十分有限："除了政府以外，没有人愿意使用它，因此发明者不可能发财。"霍尔瑞斯把这个预言制成剪报并保存了下来，但是事实证明，这个预言并不完全正确。1911年，霍尔瑞斯公司与另外几家公司合并，变成了计算–制表–记录公司。几年之后，公司改名为国际商用机器公司，即IBM。

从计算机诞生直到进入20世纪，排序一直是推动计算机发展的一大动力。为"存储程序"计算机编写的第一个代码是一个高效排序程序。事实上，正是因为计算机的能力超越了IBM的专用卡片分类机，所以美国政府相信它们在通用机器上投入巨额资金的决定是正确的。到20世纪60年代，一项研究估计，世界上超过1/4的计算资源被用于排序。难怪排序对于处理几乎任何类型的信息来说都是至关重要的。无论是查找最大值或最小值，最常见数据或最罕见数据，还是清点、索引、标记副本，或者根据你的要求进行查找，其核心工作通常都是排序。

但是，排序不仅用于这些方面。毕竟，排序的主要原因之一是将内容变成方便人眼观察的形式，这意味着排序也是人类信息体验的关键。排序列表无处不在。就像鱼儿问"水是什么"一样，我们只有有意识地去感知，才会发现排序无处不在。

即使电子邮件收件箱有数千封邮件，它也通常会根据收件时间显

算法之美

ALGORITHMS TO LIVE BY

示排在前面的50封。利用点评网站Yelp寻找餐厅时，它也会将成百上千家餐厅根据邻近程度与用户评分排序，然后为你显示前十几名。博客按日期对博文进行排序，显示一个不是很长的博文清单。脸书的动态信息、推特的信息流和红迪网的主页都是根据某些属性对内容进行排序，然后以列表的形式显示出来。我们把谷歌和必应等网站称作"搜索引擎"，但是这个称呼并不是非常恰当，因为它们其实都是排序引擎。作为接收全球信息的一种手段，谷歌占有非常明显的优势，究其原因，与其说是它可以在成千上万的网页中找到我们需要的文本（20世纪90年代，谷歌的竞争对手同样可以出色地完成这个任务），不如说是因为谷歌可以将这些网页进行有效地排序，然后只把关系最密切的前10个网页显示出来。

从很多方面看，在庞大排序表的顶部截取一部分，就可以当作通用的用户界面。

计算机科学可以帮助我们了解所有上述情况的深层次内容。当我们被账单、文件、书本、袜子等团团包围，希望厘出头绪（这种情况每天都会发生，而且比我们想象的还要多）时，这些知识又可以转化为一种深刻认识，帮助我们解决难题。通过量化混乱状况的缺点（和优点），计算机科学还告诉我们，在一些情况下，我们其实根本不应该排出次序。

此外，当我们开始看排序结果时，我们知道被排序的不仅是信息——被我们排序的其实是人！建立先后次序的计算机科学最适合大展身手的舞台可能是运动场和拳击场，因此，学会排序有助于理解人类可以和谐相处、偶尔才会拳脚相向的原因。也就是说，排序可以

03
排序

为我们提供一些令人吃惊的线索,帮助我们了解社会的本质。所谓社会,就是我们维持的另外一种更重要、规模更大的秩序。

排序带来的苦恼

1955年,詹姆斯·霍斯肯在第一篇公开发表的关于排序的科学论文中写道:"为了降低单位产出的成本,人们通常会增加他们的业务规模。"这是任何一名商科学生都很熟悉的规模经济。但是,在排序这个问题中,规模往往会招致灾难:如果扩大排序的规模,"排序的单位成本就会不降反升"。排序往往呈现非常明显的规模不经济现象,这与普通人认为大批量处理问题有诸多好处的直觉正好相反。一般来说,做两个人的饭并不比做一个人的饭难,肯定比为一个人做两次饭要容易得多。但是,整理好装有100本书的书架,比整理两个各有50本书的书架更费时:因为你需要整理的东西是后者的两倍,而且每件东西可以放置的位置也是后者的两倍。需要整理的东西越多,难度就越大。

这是排序理论的第一个,也是最基本的深刻见解:规模越大,难度越大。

由此我们可以推断,在排序的过程中,最大限度地减少痛苦的办法就是在排序时尽可能减少排序对象的数量。的确,降低袜子排序计算难度的一个最有效的预防措施就是勤洗衣服。如果洗衣服的频率增加到原来的3倍,排序时的难度就会变为原先的1/9。如果希利斯的室友继续采用他的那套独特程序,那么把洗衣服的间隔时间从14天改为13天，为袜子配对时从洗衣篮中拿袜子的总次数就可以减少28次。（间隔时间增加1天，拿袜子的次数就会增加30次。）

即使在14天这样一个不大不小的时间范围内，我们也可以看到排序的规模已经开始变得难以处理。然而，计算机通常需要一口气为数百万个项目排序。面对这种情况，我们可以借用电影《大白鲨》的一句台词：我们需要一艘更大的船以及更好的算法。

但是，要回答如何排序、哪种排序方法效果最佳这个问题，就需要先弄明白另外一个问题：如何计分。

大O符号：衡量最坏情况的标准

根据《吉尼斯世界纪录大全》，为一副扑克牌整理次序的最快记录是捷克魔术师兹德涅克·布拉德克保持的。2008年5月15日，布拉德克仅用时36.16秒就把52张扑克牌排好了先后次序。[①] 他是怎么做到的？是什么排序技术让他获得这项殊荣的？答案可能与一些有趣的排序理论有关，但是布拉德克拒绝置评。

对于布拉德克的灵巧与技能，我们只能表示尊敬，但是我们百分之百地确定我们自己也可以打破他的纪录。事实上，我们非常确定，只要向这项殊荣发起80 658 175 170 943 878 571 660 636 856 403 766 975 289 505 440 883 277 824 000 000 000 000次挑战，就一定可以创造一个无法打破的纪录。这个数字比10的66次方的80倍略大一点儿，

---

① 除此以外，布拉德克还保持多项纪录。例如，他可以在水下打开三副手铐逃生，所耗时间与给扑克牌排序的时间差不多。

03
排序

是 52 的阶乘，数学上记作"52!"——包含 52 张牌的一副扑克牌可以排出这么多不同的次序。在经过大约这么多次的尝试之后，我们迟早可以为经过洗牌变得杂乱无序的扑克牌快速排序，然后，我们可以自豪地让克里斯汀·格里菲斯这个名字载入《吉尼斯世界纪录大全》，然后在旁边标明一个不太难看的排序时间——0 分 00 秒。

公正地说，在宇宙进入热寂状态之前，我们可能都需要不停地尝试，才有可能创造出这个完美的纪录。尽管如此，我们从中可以清楚地看到纪录保持者和计算机科学家之间最大、最根本的区别。吉尼斯纪录的工作人员只关心最好的成绩（和娱乐性）。当然，他们的行为也无可厚非，因为所有的体育纪录也都只能反映出最佳表现。然而，计算机科学几乎从不关心最好的情况。相反，计算机科学家可能想知道像布拉德克等人的平均排序时间：让他对所有 8×10^{66} 副扑克牌或者合理大小的样本进行排序，然后记录平均速度。（这下你知道他们为什么不会让计算机科学家来做这些事情了吧？）

不仅如此，计算机科学家还希望知道最慢的排序速度。分析最糟糕的情况，可以让我们放心地做出硬性保证——确保关键程序可以及时完成，确保不会超出最后期限。因此，在本章剩余部分（事实上，是全书的剩余部分）里，除非另有说明，否则我们讨论的都是算法的最差表现。

计算机科学有一种专门用来测量算法最坏情况的速记法，即所谓的"大 O"符号。大 O 符号有一个非常奇怪的特点——设计这个符号的目的就是用来表示不精确性。也就是说，大 O 符号的目的不是使用分钟和秒钟来表示算法的性能，而是方便我们讨论问题规模和程序运行时间之间的关系。由于大 O 符号故意剔除了细枝末节的内容,所以展示在我们眼前的是将问题分成不同大类的概略情况。

假设你准备邀请 n 名客人出席晚宴。在客人到来之前,打扫房间的时间与来客人数没有任何关系。这类问题最简单,被称为"$O(1)$",也被称为"常数时间"。值得注意的是,大 O 符号根本不关心清理工作需要多长时间,只是要求它保持不变,与宾客名单没有任何关系。无论来几个客人,1 个、10 个、100 个,或者 n 个,你都需要完成同样多的工作。

接下来,烤肉在所有客人面前传递一圈所需的时间将是"$O(n)$",也被称为"线性时间"——客人增加一倍,菜传递一圈所需的时间就会增加一倍。同样,大 O 符号根本不关心一共有多少道菜,也不关心这些菜是否会上第二遍。在这两种情况下,时间仍然取决于宾客数量,如果你画出客人数量和时间的关系图,就会得到一条直线。更重要的是,在大 O 符号中,任何线性时间因子的存在,都会掩盖掉所有常数时间因子。也就是说,将烤肉传递一圈,或者花三个月时间把餐厅重新装修一遍,再把烤肉在所有客人面前传递一遍,对计算机科学家来说,两者都是等效的。不要认为这个说法不可思议,记住计算机处理的是 n 的值,这个数值变成几千、几十万,甚至几十亿,也不是难事。换句话说,计算机科学家正在考虑举行一个规模非常大的聚会。在数百万的来宾当中传递一次烤肉,所需时间之多,真的足以让房屋重新装修所需的时间变得无足轻重。

假设客人到来之后,你要与每个人热烈拥抱,情况又会怎么样?第一个到达你家的客人与你拥抱,第二个客人需要拥抱两次,第三个客人要拥抱三次。此时,拥抱一共发生了多少次?这种情况属于"$O(n^2)$",也称"平方时间"。此时,我们同样只关心 n 与时间的关系概貌。每个人拥抱两次不会是 $O(2n^2)$,拥抱加传递食物不会是 $O(n^2+n)$,拥抱加打扫房间也不是 $O(n^2+1)$。所有的时间都是平方时间,所以 $O(n^2)$ 将掩盖掉其他所有因素。

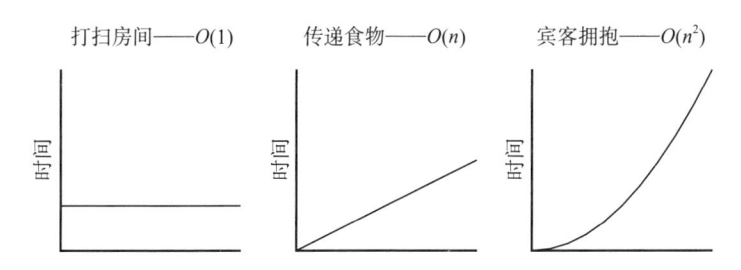

注:常数时间,记作 $O(1)$;线性时间,记作 $O(n)$;平方时间,记作 $O(n^2)$

从现在开始,情况就会变得越来越糟糕了。如果每增加一名客人都会让你的工作加倍,那么就会有"指数时间",记作"$O(2^n)$"。更糟糕的是,甚至还有"阶乘时间",记作"$O(n!)$"。阶乘时间异常复杂,计算机科学家只有在开玩笑时(例如,我们设想通过洗牌这个方式为一副扑克牌排序),或者真的希望自己是在开玩笑时,才会讨论这类问题。

平方时间:冒泡排序与插入排序

2007 年,时任参议员的奥巴马访问谷歌公司时,谷歌的首席执行官埃里克·施密特开了一个玩笑,以求职面试官的口气问了奥巴马一

算法之美
ALGORITHMS TO LIVE BY

个问题:"为100万个32位整数排序,最好采用什么方法?"奥巴马诙谐一笑,回答道:"我认为用**冒泡排序**肯定是不对的。"谷歌的工程师们爆发出一阵欢呼。一位工程师后来回忆道:"他竟然知道冒泡排序,我一下子就被打动了。"

奥巴马排除冒泡排序的回答是正确的。这个简单的直觉式算法效率低下,已经成为计算机科学专业的学生攻击的目标。

假设你希望将杂乱无序的藏书按照字母顺序进行分类排序。那么你会很自然地想到一个方法,于是你在书架前巡视,看到有两本书颠倒了先后次序,就把它们调换过来(例如,将品钦的小说放在华莱士后面)。在将品钦放到华莱士前面之后,你继续巡视。走到书架最后端之后,你就会回过头来,从书架最前端重新开始。如果从头走到尾,都没有看到有哪两本书次序不对,就说明你完成了这项工作。

这就是冒泡排序,它会把我们带进平方时间。有 n 本书放在不正确的位置,每次巡视书架最多可以为一本书调换位置。(也就是说,我们发现了一个小问题,然后完成了一个小的修正。)所以,在最坏的情况下,即书架上的书正好是倒序放置的,那么至少有一本书需要移动 n 个位置。因此,在最坏的情况下,n 本书都需要移动最多的 n 个位置,就会得出 $O(n^2)$ 这个结果。[1] 不过,这并不是一个最令人害怕的结果,比如,前面说过,要用洗牌的方法把一副牌理顺,就会得到 $O(n!)$ 这个可怕的结果。与之相比,$O(n^2)$ 并不可怕(无须运用计算机

---

[1] 其实,冒泡排序的平均运行时间并不好于这个结果。平均而言,书本与它们最终应该在的位置之间相差 n/2 个位置。计算机科学家会告诉我们,将 n 本书分别传递 n/2 个位置,约需要 $O(n^2)$ 次。

03
排序

科学加以证明，我们也知道是这么回事）。但是，这个平方项很快就会让我们望而生畏。举个例子，这意味着整理5个书架所需要的时间不是整理单个书架的5倍，而是25倍。

你可能会采取另外一种方法，即把所有的书都从书架上拿下来，然后一本一本放到合适的位置。你把第一本书放在书架中间，然后拿第二本书和第一本比较，根据比较结果把它插到第一本的右边或者左边。在放第三本书时，你先从左到右浏览书架，然后把它放到合适的位置。你不断重复这个过程，渐渐地所有的书都被按次序放到书架上，直到你最终完成这项工作。

计算机科学家们给这种方法起了一个非常贴切的名称——"**插入排序**"。好消息是，它比冒泡排序更直观，而且名声也不是太差。坏消息是它实际上并不比冒泡排序快多少。每本书仍然需要一次插入，而且平均每次插入都需要你移动大约半个书架的距离，才能找到合适的插入位置。虽然在实践中插入排序比冒泡排序要快一些，但我们还是会被带进平方时间。为不止一个书架排序仍然是一项难以处理的任务。

打破平方时间的魔咒：分治算法

看到两个完全合理的方法都会导致平方时间之后，我们不禁要问：真的有更快的排序方法吗？

这个问题听起来像是一个关于生产力的问题。但是，与计算机科学家讨论这个问题，就会发现它更接近于空谈，类似于思考光速，时光之旅、超导体，或者热力学中的熵。宇宙的基本规则和极限是什么？哪些是可能的？哪些是允许的？计算机科学家就像粒子物理学家和宇宙学家一样，通过这种方式一点一滴地窥探上帝的蓝图。整理出秩序，至少需要付出多少努力？

我们能否找到一种常数时间，也就是 $O(1)$ 算法，无论规模大小，耗费的时间都不会有任何变化（就像在客人蜂拥而至之前打扫房间一样）？即使证实书架上的 n 本书已经排好序，也不可能在常数时间里完成，因为我们需要检查所有书的位置。因此，用常数时间完成图书分类排序工作其实是根本不可能的。

线性时间 $O(n)$ 呢？可不可以像在餐桌上传递一道菜那样高效，排序对象增加一倍，工作量也仅仅增加一倍？想一想上面的那些例子，就会发现很难有这样的方法。在各种情况下，n^2 都与你需要移动 n 本书这个事实有关，而且每次将书移动位置所需的工作量与 n 也成某种比例关系。怎么可以把大小为 n、次数也为 n 的工作变得只剩下一个 n？在**冒泡排序**中，运行时间 $O(n^2)$ 是因为我们需要逐本移动 n 本书的位置，而且每次移动时需要跨越 n 个位置。在**插入排序**中，之所以是平方时间，是因为我们需要逐本处理 n 本书，而且在插入之前还要将每本书与 n 本书进行比较。线性时间排序意味着每本书都需要常数时间，无须考虑有多少本书需要排位的问题。这好像也是不可能做到的。

因此，我们知道我们至少可以在平方时间里完成任务，但是可能无法在线性时间里把所有书都排好序。我们的极限或许就在线性时间与平方时间之间的某个位置。在线性与平方之间，即 n 与 $n \times n$ 之间，

03
排序

是否可以找到合适的算法呢?

答案是肯定的,而且这些算法近在眼前。

前面说过,信息处理开始于19世纪的美国人口普查,是由赫尔曼·霍尔瑞斯及后来的IBM公司根据实体打孔卡排序设备开创形成的。1936年,IBM开始生产一系列名为"比较者"的机器,它可以将分别排序的两叠扑克牌合并到一起。只要两叠牌本身是排好序的,就可以在线性时间内,非常轻松地将它们合并到一起,并且排好序。该程序非常简单,首先把两叠牌最上面的那两张相互比较,将较小的那张放在新的那叠牌中。重复这个步骤,直到把所有牌都放好。

1945年,约翰·冯·诺伊曼为了展示存储程序计算机的威力,编写了一个程序。在这个程序的最终结论中,就包含有比较的概念。为两张牌排序很简单,把较小的那张牌放在上面就可以了。如果有两叠牌,每叠包含两张排好序的牌,我们可以很容易地将这四张牌整理成排好序的一叠牌。重复几次,就可以整理出越来越多且排好序的牌垛。很快,你就可以把完整的一副牌整理得井然有序。在最后一次合并时,你可以通过与交错式洗牌非常相似的手法,将扑克牌整理出你需要的次序。

这种方法现在被称作**"合并排序"**,是计算机科学中的传奇算法之一。正如1997年的一篇论文所指出的:"合并排序在排序历史中的重要地位与排序在计算历史中的重要地位旗鼓相当。"

合并排序威力巨大,是因为它的复杂程度位于线性时间和平方时间之间。具体来说,$O(n \log n)$被称为"线性对数"时间。每一次操作都会把有序牌叠的规模增加一倍,所以要对n张牌完全排序,你需要的操作次数就等于2通过自乘变成 n 时所需的次数，换句话说，就是以2为底的对数。你可以通过两次比较操作，为4张牌排序；第三次操作之后，排好序的牌就会有8张；第四次操作，16张。合并排序的分治法问世之后，人们很快受到启发，提出了一系列其他线性对数排序算法。把线性对数复杂程度说成对平方复杂程度的一个改进，远不足以体现出两者之间的差距。如果需要排序的项目数量与人口普查差不多，那么两者的差距就相当于对数据集进行29次操作和3亿次操作之间的差别。各行业在解决大规模排序问题时都青睐这种方法，原因就不难理解了。

在家庭内部处理小规模排序问题时，合并排序也能找到合适的舞台。它之所以应用广泛，原因之一是它非常适合并行处理。如果你还在苦苦思索对付那个书架的办法，合并排序策略就会建议你订一个比萨，然后邀请几个朋友来分享。把书平均分配，并让每个人负责整理其中一堆。接着，让朋友们两两配对，把他们负责的书合并到一起。重复这个过程，直到最后剩下两堆书，再一次性地合并到书架上。需要注意的是，不要让比萨弄脏了那些书。

超越比较法：比对数更好的算法

在华盛顿州普雷斯顿镇附近有一个不起眼的工业公园，园内有许多不起眼的灰色入口，2011年和2013年美国国家图书馆分类排序冠军就"藏身"于其中一个入口的后面。一条长长的分段传送带以每分钟167本（每天85 000本）的速度，运送图书从条形码扫描器前通过。

03
排序

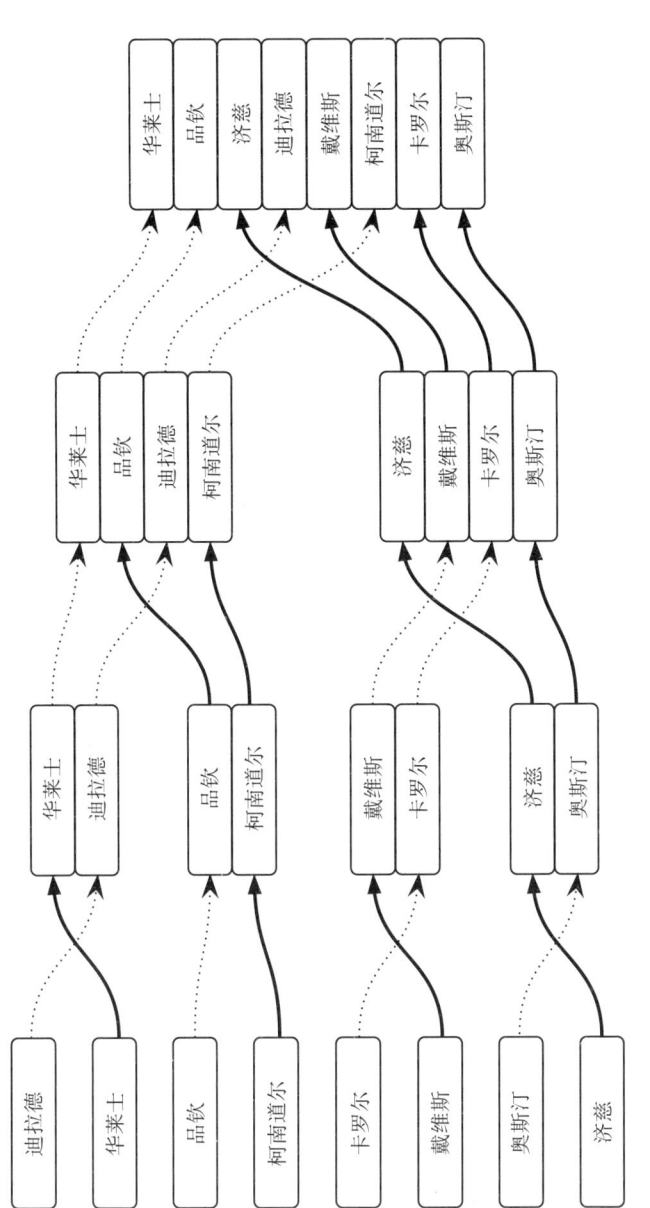

合并排序示意图

注：书架上有次序混乱的 8 本书。首先，把相邻两本书配成一对并排序，再通过比较将两对书合并成一组，而且这 4 本书的先后次序都是正确的。随后，通过比较将两组书全部按照正确次序放到书架上。

随后，这些图书自动分流，进入投送舱门，被投送到96只不同的箱子中。

普雷斯顿分类排序中心是世界上规模最大、效率最高的图书分类排序设施之一，主管单位是金县图书馆系统。金县图书馆与纽约公共图书馆的设施大致相仿，它们一直是竞争关系。由于势均力敌，4年来两个图书馆在竞争中打成平手。在2014年的最后决战打响之前，纽约图书馆图书运营服务部副主管萨尔瓦多·马加蒂诺说："金县图书馆今年要打败我们？想都别想！"

理论家也可以在普雷斯顿分类排序中心发现一些值得关注的东西，因为这套系统为图书排序所用的时间是 $O(n)$，即线性时间。

从某种非常重要的意义上看，合并排序算法给出的 $O(n \log n)$ 线性对数时间肯定是我们可以得到的最佳效果。已经有人证明，如果通过一系列面对面直接比较的方法对 n 个事物进行完全排序，比较的次数不可能少于 $O(n \log n)$。这是一条普世法则，是不可能违背的。

但是，严格说来，这条法则并不能平息排序问题上的所有争议。有的时候我们并不需要完全排序，有的时候根本不需要逐项比较也能完成排序工作。正是因为有这两个原因，实践中的粗略排序速度也可以比线性对数时间快。**桶排序**算法非常漂亮地展现了这个特点，而普雷斯顿分类排序中心就是桶排序的一个完美实例。

在桶排序中，排序对象按照排序类别分成若干组，类别之间更精细的排序问题会被留到后面解决，在分组时不予考虑。（在计算机科学中，"桶"这个术语仅表示一组未排序的数据，但是，金县图书馆系统等现实世界中最有影响力的桶排序用户则把这个表达按照字面含

03
排序

义来理解。）对于这一步骤，有人提出反对意见：如果你希望将 n 个对象分装到 m 个桶中，分组工作需要的时间是 $O(mn)$，也就是说，时间一定与对象数量和桶数量的乘积成比例关系。但是，只要桶的数量与排序对象的数量相比显得比较小，大 O 符号就认为这个时间约等于 $O(n)$，即线性时间。

真正打破线性对数壁垒的关键，是了解排序对象的分布情况。如果桶选得不合适，排序的效果就不会太好。例如，如果所有的书都被投放到同一个箱子里，排序工作就没有任何进展。但是，如果桶选得非常合适，所有项目都被分到大小差不多的组里，就表明已经朝着完全有序前进了一大步（鉴于排序工作在本质上遵循"规模越大，难度越大"这条准则）。普雷斯顿分类排序中心的任务是按照目的地，而不是字母顺序，进行排序，因此在选桶的时候考虑的是流通统计数据。有的分支流通量比较大，因此他们就分配给这些分支两只箱子，有时甚至是三只箱子。

人在完成排序工作时，如果对排序对象有类似的了解，也会对他们有利。为了现场观看专家的排序工作，我们前往加州大学伯克利分校的主图书馆和墨菲特图书馆，进行了一次实地考察。这些图书馆的书架长度加起来至少有 52 英里，所有的书都靠人工整理。归还到图书馆的书首先被放到后台，然后根据美国国会图书馆藏书书目，重新放回到不同的书架上。例如，一组书架上放有一堆最近归还的书籍，藏书书目都在 PS3000 到 PS9999 之间。然后，学生助手将这些图书装到小车上，每车装 150 本，所有的书都以适当的顺序放置，以方便他们放回到图书馆的书架上。学生们都接受过一些基本的排序训练，但是一段时间之后，他们都会找到一些适合自己的办法。积累了一定经验之后，他们可以在不到 40 秒的时间里，就把小车上 150 本书全部排好次序。这些经验的主要作用是让他们预先知道这些书有哪些特点。

伯克利分校化学专业的学生乔丹·何是一位图书分类排序高手。他一边整理着 PS3000–PS9999 书架上的一大堆图书，一边告诉我们：

> 据我的经验，书目号在 3500 至 3600 之间的书很多，因此我首先找 3500 以下的书，先粗排，再细排。等 3500 以下的书都排好之后，我知道 3500 以上的书（也就是 3500 至 3599 这些书）是个大头，所以我想把这些书单独排好序。如果这些书的数量太多，我可能会进一步细分，分成 3510–3519、3520–3529、3530–3539 等。

乔丹总是把 25 本左右的书编成一组，全部排好序之后，装到小车上。排序的时候，他使用的确实是插入排序法。他精心想出来的办法是一种桶排序法。他事先就知道各种书目号对应的图书数量，因此他清楚应该如何选桶。结果，这个办法取得了非常好的效果。

排序是搜索的准备工作

掌握了这些排序算法，你下一次整理书架时就应该能派上用场。同奥巴马一样，你也会知道不能使用冒泡排序法。好的办法（得到图书馆工作人员和机器的共同认证）是使用桶排序，等到将排序对象分

03
排序

成足够小的组之后，再使用插入排序，或者干脆举办比萨派对，使用合并排序。

但是，如果你邀请计算机科学家帮助你完成这项工作，他们询问的第一个问题应该是：你到底为什么要整理这些图书？

老师经常告诉那些本科生，计算机科学研究的就是如何取舍的问题。在前面讲到观察与行动以及探索与利用之间的矛盾时，就已经讨论过这个观点。而排序与搜索之间的取舍是最重要的取舍问题之一，其基本原理是：人们投入精力为物品排序是一种先发制人的措施，目的是保证以后无须在搜索上投入精力。平衡点应该如何确定，取决于当时情况的具体参数，但是，如果认为排序的价值仅仅是为未来的搜索提供支持，那么你会有一个令人吃惊的发现：

混乱无序也无伤大雅！

如果你从来不在某些物品中搜索某个目标，那么为这些物品排序就纯粹是一种浪费。如果你从来不为某些物品排序，那么你在其中搜索的效率就会很低。

因此，摆在我们面前的问题已经变成如何提前预估未来的用途。

谷歌等互联网搜索引擎是排序带来的一个典型益处。很难想象，谷歌可以利用你输入的搜索词，在不到半秒的时间内搜索整个互联网。事实上，谷歌做不到，不过它也无须这样做。如果你是谷歌，你几乎可以肯定以下3点：（1）你的数据会被搜索；（2）它不仅会被搜索，而且会被多次搜索；（3）与搜索所需时间相比，排序所需时间"价值较低"。（这里，排序是由机器提前完成的，排序结果暂时无用；搜索是由用户完成的，而用户的时间非常宝贵。）所有这些因素都倾向于预先排序,而谷歌和其他搜索引擎也正是这样做的。

因此,你是否应该整理你的书架呢?大多数家庭并不具备支持整理书架的任何条件。我们几乎不会在书架上的藏书中搜索某个书名,因此无序搜索的成本非常低:任何一本书,只要我们知道它的大致位置,就可以快速地找到它。在井然有序的书架上找到一本书或许需要2秒钟,而在一个胡乱堆放的书架上找到一本书则可能需要10秒钟,但是两者之间并不存在难以接受的差距。我们因为迫切需要某本书,而宁愿预先花几个小时时间书架,为将来再找它省下几秒钟,这种情况几乎不会发生。此外,我们的双眼可以快速搜索,而双手排序的速度却非常慢。

结论很明确:整理书架与在书架上浏览一遍相比,前者需要更多的时间和精力。

你可能不会每天都关注乱七八糟的书架,但是电子邮件的收件箱绝对是搜索轻松击败排序的另一个舞台。人工将电子信息归档到文件夹中所花费的时间与在现实世界中纸质文件归档所需的时间差不多,但是电子邮件的搜索速度要比纸质邮件高得多。随着搜索成本的下降,排序的价值也会随之降低。

IBM的研究科学家、加州大学圣克鲁兹分校教授史蒂夫·惠特克是研究人们处理电子邮件方式的知名专家之一。近20年来,惠特克一直在研究人们是如何管理个人信息的。(1996年,他写了一篇关于"电子邮件过载"的论文,当时很多人甚至还没有电子邮箱。)2011年,惠特克领导了一项关于电子邮件用户搜索和排序习惯的研究,其研究结果发表在一篇名为"我整理电子邮件是一种浪费时间的行为吗?"

03
排序

的文章中。我在这里来个剧透吧：结论不仅是肯定，而且是非常肯定。惠塔克指出："这是一种经验，同时也是一种体验。在采访中谈论这些邮件整理问题时，他们告诉我，他们通常会讨论这个问题，并且认为这件事浪费了他们大量时间。"

计算机科学表明，混乱的危害和秩序的危害是可以量化的，他们的成本都可以用时间这个"货币"来衡量。杂乱无序可能会被认为是一种拖延的行为——把责任推给未来的自己，而且还要连本带息偿还我们不愿意提前支付的债务。但是，详细情况还要更加微妙。有时，混乱不仅仅是轻松的选择，还是一个最优选择。

排序与体育

搜索与排序的取舍问题表明混乱状况有时反而更加有效。不过，节省时间不是排序的唯一原因，有时秩序本身就是我们追求的目标。最清楚这一点的非运动场莫属。

1883年，查尔斯·路特维奇·道奇森对英国草地网球的状况产生了令人难以置信的强烈情怀。他解释说：

> 不久前，我去观看草地网球锦标赛，一位十分沮丧的运动员引起了我对球赛目前采用的名次确定方法的注意。这位运动员在比赛中早早落败，因此彻底失去了获得奖牌的机会。令他感到屈辱的是，获得第二名的是他知道的一名远不如自己的运动员。

普通观众可能会把这种"哀叹"归咎于失败的痛苦，但道奇森并

算法之美
ALGORITHMS TO LIVE BY

不是一个同情心泛滥的人,他是牛津大学数学系讲师,因此,在听到运动员的抱怨之后,他决定对体育赛事展开深入调查。

道奇森不仅仅是一个数学家(其实他几乎不记得自己是从事数学研究的)。现在,反而是他的笔名——刘易斯·卡罗尔更加广为人知。他以这个笔名写出了《爱丽丝漫游奇境记》以及大量其他深受欢迎的文学作品。他还将他的数学知识与文学天赋相结合,完成了一篇知名度略低的文章——《草地网球锦标赛:正确的名次确定方法以及现行方法辨误》。

道奇森针对的是单一淘汰赛。在这种赛制下,运动员两两对决,只要输掉一场比赛,就会被淘汰出局。道奇森的理由非常有说服力,他认为,货真价实的第二名有可能是被第一名淘汰的任何人,而不一定是最后才被淘汰的那名运动员。具有讽刺意味的是,奥运会设立有铜牌争夺赛,这个规定似乎表明我们知道单一淘汰模式无法确定第三名。[①] 但是,这种赛制其实同样不足以确定第二名的归属,实际上,它只能准确地判断出谁是第一名。正如道奇森所说:"利用现行办法确定的名次,除了第一名,其他的都毫无意义。"直白地说,银牌是一种假象。

"作为一个数学事实,"他继续写道,"实力排第二位的运动员获得应得名次的机会只有16/31,而最优秀的4名运动员获得与实力相称名次的机会非常小,发生的概率为1/12!"

尽管道奇森的文章犀利有力,却没有对草地网球产生任何影响。

[①] 只有极少数情况下(例如,在拳击比赛中,从医学这个角度看,刚刚被击败的选手再次比赛是有危险的),两名运动员才会分享铜牌。

03
排序

他提出应该采取三败淘汰制（根据这种赛制，击败过你的运动员如果落败，也有可能导致你随之出局），但是这个提议根本没有人理会。不过，虽然道奇森的解决方案实施起来有很大的难度，但是他在这个问题上的看法仍然是有道理的。（可惜的是，至今为止，在单淘汰赛中，仍然会颁发银牌。）

不过，道奇森的逻辑还给我们带来了一个更加深刻的认识。我们人类不仅会对数据、财产进行排序，还会把我们自己变成排序对象。

世界杯、奥运会、美国全国大学体育协会（NCAA）、美国全国橄榄球联盟（NFL）、美国全国曲棍球联合会（NHL）、美国职业篮球联赛（NBA）和美国职业棒球大联盟（MLB），所有这些赛事都毫无疑问地使用了排序程序，利用赛季、排位赛和季后赛等算法排出先后关系。

体育运动中的循环赛制就利用了算法。如果一共有 n 支运动队，那么每支运动队最终都要和其余 $n–1$ 支队伍比赛。这种赛制虽然可以说是最全面的，但也最费时费力。让每一支运动队都与其他所有队伍比赛，就像在晚宴上让客人两两拥抱一样，最终会需要可怕的 $O(n^2)$ 次角逐。

排位赛（在羽毛球、英式壁球和美式壁球等体育项目中比较常见）对运动员进行线性排序，每个球员都可以直接向排在前面一位的球员发起挑战，如果获胜，则交换排位。排位赛就相当于运动场上的冒泡排序，因此也是平方排序，需要 $O(n^2)$ 场比赛才能得到稳定的排名。

不过，最流行的赛制可能还是分组淘汰——著名的"疯狂三月"NCAA 篮球赛就是其中一例。"疯狂三月"锦标赛的赛程包含

算法之美
ALGORITHMS TO LIVE BY

"64强赛""32强赛"到"甜蜜16强""8强赛""最后4强"和总决赛。每一轮都会导致比赛人数减半。与我们熟悉的对数排序很像吧？这种赛制其实就是合并排序，先让球队无序配对，然后进行一轮又一轮的比较。

我们知道合并排序需要线性对数时间［即 $O(n \log n)$］，因此，如果一共有64支队伍，可以预计比赛只需要进行6轮（一共192场），而采用排位赛或者循环赛，则需要多达63轮（2 016场）比赛。这是一个巨大的改进，说明对数设计发挥了效用。

"疯狂三月"有6轮比赛，似乎没有问题，但是怎么是192场比赛呢？美国大学体育协会锦标赛不是只有63场比赛吗？

"疯狂三月"其实不完全是一种合并排序法，因为它并没有产生所有64支队伍的完整排序。要对所有球队进行排名，我们需要增加一组比赛才能确定第二名，确定第三名时又需要增加一组比赛，以此类推，比赛的总场次就会是一个线性对数函数。但是"疯狂三月"没有采取这种赛制。相反，就像道奇森抱怨的草地网球锦标赛一样，它采用的是一种单一淘汰制，被淘汰的球队是不排序的。这种赛制的优势在于它的线性时间。由于每场比赛正好淘汰一支队伍，因此，要让一支队伍留到最后，一共需要 $n–1$ 场比赛。这是一个线性数字。不足之处是，这种赛制只能决出第一名，无法给出名次表。

具有讽刺意味的是，单淘汰赛制其实根本不需要任何赛制结构。只要在63场比赛中保持不败，就是唯一的冠军。举个例子，你可以选择一支球队担任"擂主"，然后接受其他队伍的挑战。一旦某支队伍挑战成功，击败擂主，就立刻成为新的擂主，然后继续接受挑战。

03
排序

然而，这种赛制有一个缺点：因为所有比赛无法同时进行，63场比赛需要安排成63轮。此外，有一支队伍有可能需要连续参加63场比赛，从疲劳这个角度看，这种赛制不是最理想的。

迈克尔·特里克的出生时间比道奇森晚100多年。在用数学知识解决体育问题这个方面，他或许算得上是21世纪最坚定的人。我们在前面讨论最优停止问题时已经说过特里克。从他非常不幸地把37%法则应用到他的爱情生活中到现在，已经过去几十年了，他现在不仅已经结婚，并成为美国职业棒球大联盟和多个美国大学体育协会（例如十大联盟、大西洋海岸分区）的主要赛程编排人员，他利用计算机科学，确定当年的对阵安排。

特里克认为，体育联盟不关心如何快速地确定排名。相反，体育运动的赛程安排需要保证整个赛季都处于一种紧张状态，而排序理论几乎不会关注这个问题。

> 例如，在美国职业棒球大联盟，我们常常发现分区的竞争非常激烈。如果我们不重视分区的安排，有些分区的竞争结果可能会在赛季之初就比出来了。但是，我们要保证在最后五周内，每支球队都要与分区内其他球队会面。这样安排是出于一个目的：到底谁还在竞争队伍中并不重要，但是所有球队在赛季最后五周里，都至少要在6场比赛里遭遇势均力敌的对手。在这种情况下，比赛的不确定性将保持到最后，因此观众才会对整个赛程或者赛季感兴趣。

更重要的是，体育运动当然不可能一味地追求减少比赛场次。如果不注意到这一点，计算机科学家就有可能觉得某些体育赛程神秘莫测。关于包含 2 430 场比赛的棒球常规赛季，特里克说："我们知道只要比较 $n \log n$ 次，就可以排出完整的名次表。每支球队的名次都会很清楚。如果他们关心的仅仅是名次，那么他们要安排 n^2 场比赛，而且从某种意义上讲，仅仅决出第一名，又是为什么呢？"换句话说，如果我们知道利用线性对数时间就可以完成完全排序，或者利用不到 n 场比赛就可以把在单淘汰赛中保持不败的球队送上冠军宝座，那么我们为什么要安排 $O(n^2)$ 场循环赛，然后再安排一些其他比赛呢？原因很简单，把比赛场次降到最少其实并不符合联盟的利益。在计算机科学中，不必要的比较总是多余的，浪费时间和精力。但在体育运动中，情况远非如此。毕竟，在很多方面，比赛本身就是意义所在。

发牢骚的权利：噪声与健壮性

将算法应用于体育的另外一个方法，也许是更加重要的方法，即不要问我们应该在银牌上有多大的信心，而是看我们应该对金牌有什么样的信心。

迈克尔·特里克解释说，在一些体育项目中，"例如棒球，无论哪支球队，都会输掉 30% 的比赛，都会赢得 30% 的比赛"。对于单淘汰赛制而言，这个事实就会产生令人不安的影响。比如说，美国大学体育协会锦标赛在 70% 的比赛中是更强大的球队获胜，并且冠军需要在 6 场比赛中连续获胜，那么最好的球队只有 0.7 的 6 次方（不到 12%）的概率夺冠！换句话说，联盟中最优秀的球队每 10 年才会夺得一次冠军。

03
排序

在一些体育项目中,哪怕对一场比赛的结果有70%的信心,也可能会让人们过于相信最后的比分。加州大学圣迭戈分校的物理学家汤姆·墨菲利用数值模拟技术来研究足球,结果发现足球的得分通常比较低,因此比赛结果的随机性远远超出了大多数球迷的想象。他说:"如果比分是3∶2,那么获胜球队实力强于对手的概率只有5/8……就我个人而言,我觉得这并不是一个难以接受的事实。即使是6∶1的完胜,也有7%可能是统计学上的一个巧合。"

计算机科学家把这种现象称作噪声。我们目前所考虑的所有排序算法都假设我们可以完美地完成比较这个步骤,而且比较结果准确无误,绝不会发生优劣颠倒的情况。一旦你接受"带噪比测器",计算机科学中被人们敬若神明的算法就会走下神坛,而受到最多诟病的算法也有死灰复燃的机会。

新墨西哥大学计算机科学教授戴夫·阿克利研究的是计算机科学和"人工生命"的交叉领域。他相信生物学对计算机有一定的借鉴意义。首先,在生物生活的世界中,几乎所有过程的可靠性都比不上计算机不可或缺的那种可靠性,因此必须从头开始,培养研究人员所谓的健壮性。阿克利称,从现在开始,我们也应该认识到算法健壮性的好处。

因此,尽管权威的编程巨著《排序与搜索》大胆地宣称:"冒泡排序并没有明显的可取之处。"阿克利和合作伙伴的研究却表明,冒泡排序等算法或许可以卷土重来。冒泡排序的效率的确低下——每次只移动一个位置,但是它们对抗噪声的能力比较强,远胜于合并排序等速度更快的算法(在这种算法中,每一次比较都有可能将一个物品移动非常长的距离）。合并排序的效率非常高，因此健壮性不足。在合并排序早期发生错误，就会像在第一轮淘汰赛中意外失利一样，不仅会使有望夺冠的球队希望破灭，还会把球员们的排名永久性地降到半数球队之后。[①] 另一方面，排位赛与冒泡排序相似，意外失利只会让运动员的排名下降一个位置。

但是，在带噪比测器面前表现最好的并不是冒泡算法，获得这项殊荣的是一种叫作**比较计数排序**的算法。在该算法中，每个排序对象都会与其他对象做比较，从而统计出比该排序对象小的对象一共有多少个。这个数字可以直接表示该排序对象的排名。因为比较计数排序让所有的排序对象都结对比较，因此与冒泡排序一样，它也是一个平方时间算法。正因为如此，它在传统的计算机科学应用程序中并不是一个深受欢迎的选择，但是它的容错能力非常强。

这个算法的作用原理听起来应该很熟悉。比较计数排序与循环赛十分相似。换句话说，就像一个运动队参加常规赛一样：与同一赛区中所有其他球队一一对垒，并通过胜败记录决出名次。

在所有已知的算法中，包括平方时间算法和其他更优秀的算法，比较计数排序是最健壮的排序算法。了解这个事实应该可以帮助体育迷们正确面对某些具体情况。如果球队没有进入季后赛，就不要怨天

[①] 值得注意的是，美国大学体育协会的"疯狂三月"锦标赛有意识地采取了某些安排，以缓和算法中的缺陷。前面说过，单淘汰赛制的最大问题是实力排第二位的球队有可能第一个被击败淘汰，从而跌进名次表的下半部分（没有具体名次）。为了解决这个问题，美国大学体育协会采取了设立种子队的办法，这样排名靠前的球队不能在较早轮次中相遇。设立种子的效果似乎比较可靠，至少没有出现最极端的情况。在"疯狂三月"的历史上，16号种子从来没有击败过1号种子。

03
排序

尤人了。采用合并排序的季后赛有运气的成分，但是采用比较计数排序的常规赛是无法碰运气的。冠军戒指也许不是那么可信，但是分区的排名货真价实。换句话说，如果一支球队在季后赛早早出局，那是运气太差。但是如果一支球队不能进入季后赛，那这就是一个严酷的事实了。失望的球队球迷可能会在运动酒吧里向他们表示同情，但是计算机科学家不会心生任何怜悯。

杀戮排序：啄食顺序与优势等级

在我们目前考虑的所有例子中，每一个案例中的排序过程都是按照自上而下的顺序进行的，例如图书管理员把图书上到书架上，美国大学体育协会告诉各运动队的赛程安排。但是，如果在纯粹自愿的情况下进行面对面直接比较呢？自下而上、按部就班地完成排序工作，情况又会怎么样呢？

这种情形可能与在线扑克游戏相似。

大多数体育运动都有这样那样的管理机构，但是在过去10年里迅速蹿红的扑克游戏仍然是一种无人管理的状态。尽管一些高知名度的赛事会确定参赛玩家的排名（作为发放奖金的依据），但是有相当一部分人仍然利用扑克玩"现金游戏"。两名以上玩家自发地达成一致之后，就可以在网上游戏，为每一手牌押上现金。

几乎没有人比艾萨克·哈克斯顿更了解扑克世界，他是世界上最好的扑克现金游戏玩家之一。在大多数体育运动中，只要可以充分发挥就足够了，无须过分在意自己的技术水平。但是，哈克斯顿解释

算法之美
ALGORITHMS TO LIVE BY

说:"在某些方面,作为职业扑克玩家,最重要的技能是能够评估自己的水平。如果你不是世界上最优秀的扑克玩家,如果你总想和更优秀的玩家同台竞技,那么你最终必将倾家荡产。"

哈克斯顿是无限注单挑扑克游戏的专家。"单挑"的意思是一对一,而"无限注"的意思就是赌注不设上限,只要你的筹码和胃口可以接受就没有问题。在多人现金扑克游戏中,通常会有一个比较弱的玩家(比如一个富有的业余爱好者),他会把满桌子的职业玩家都喂饱。在这种情况下,那些赢家就不会太关心谁的牌更好。单挑游戏的情况完全不同,"你和对手肯定都认为自己的牌更好,除非有一方甘心认输"。

那么,如果大家的意见都非常一致,不愿意和更优秀的玩家游戏,会有什么样的结果?这种情况与玩家争取游戏席位非常相似。大多数在线扑克网站的牌桌数量有限。哈克斯顿说:"假设只有10张牌桌可以玩盲注为50美元和100美元的无限注单挑游戏,那么只有10个公认的水平最高的玩家能坐到桌边,等着人去和他们玩。"这时候,如果一个超级玩家坐到其中一张桌子上,会怎么样呢?如果原先坐在那里的那位玩家不愿下赌注,他们就都会离开那张桌子。

克里斯托弗·诺依曼说:"假设有两只猴子。一只猴子坐在那里,正在慢条斯理地吃东西。这时候,另一只猴子走了过来,来到第一只猴子的旁边。通常,第一只猴子就会站起来,离开那里。"

诺依曼并不是用猴子来比喻扑克牌游戏。他是纳沙泰尔大学的行为生物学家,研究方向是猕猴的优势等级。他举那两只猴子的例子,目的是介绍转位这个概念。

03
排序

如果一个动物根据它对等级概念的了解，判断不值得实施某个对抗行为，就会发生转位这种现象。在很多动物群体中，资源、机会、食物、配偶、受欢迎的空间等都非常稀缺，因此群体必须决定如何分配这些资源和机会。预先建立好秩序是一种比较温和的机制，这样，当出现一个交配机会或者发现一片茂盛的草地时，群体成员不至于相互争斗。尽管看到生物利用利爪、坚喙互相攻击时，我们可能会感到不寒而栗，但生物学家常常把啄食顺序视为一种以暴制暴的预防手段。

听上去是不是有点儿耳熟？其实搜索与排序的取舍问题在本质上是一样的。

创立啄食顺序，可以从根本上解决一个重要的计算问题。顺便说一句，农场为鸡去喙以免彼此争斗的做法可能是出于好意，但是效果往往适得其反，因为它剥夺了个体为秩序而战的权利，这会大大增加了整个鸡群执行排序程序的难度。结果，在许多情况下，鸡群内部的对抗不减反增。

从计算机科学的角度看动物的行为，可以给我们几点启示，其中之一便是，随着群体增大，每个个体遭遇敌意对抗的次数就会显著增加（至少成对数增长，甚至是平方增长）。事实上，对母鸡"争斗行为"的研究发现，"每只母鸡的攻击性行为会随着鸡群增长而增长"。因此，排序理论表明，牲畜的"道德培养"可能包括限制牲畜的群体规模。（生活在野外的野鸡群规模在10~20只之间，远小于商业农场中的鸡群。）研究还表明，几周之后，攻击行为就会逐渐消亡，除非有新的成员加入群体。这个发现表明，动物群体是一个秩序井然的群体。

威斯康星大学麦迪逊分校复杂性计算及集体计算中心的联合主任杰西卡·弗莱克认为，要理解自然界中的这种分散排序，关键是要知道优势等级归根结底是信息等级。弗莱克指出，对于这些分散的分类系统来说，计算的难度非常大。例如，在猕猴群体中，只有在每只猴子都对等级关系有一个非常详细（而且彼此差不多）的理解时，打斗的频次才会降至最低，否则暴力事件就会层出不穷。

说到动物对当前秩序的了解程度，我们可能需要寄希望于它们的推理与记忆能力。只有提高这些能力，才会减少对抗。或许人类与最高效排序的距离最近。在说到扑克游戏时，哈克斯顿说："我算不上是世界一流的单挑无限注德州扑克游戏玩家。我心中有一个非常具体的前20名优秀玩家排名表，我想他们心中也有类似的名单。我觉得，大家对这样一个名单的意见高度一致。"只有排名有分歧时，才会有现金游戏。

以竞争取代争斗

至此，我们已经知道了群体为成员排序造成的两个不利结果。随着群体规模扩大，你至少会遭遇线性对数次对抗，因此所有成员的生活将充斥各种斗争。此外，你还将迫使所有竞争对手了解其他所有成员变化不定的状态，否则他们就会遭遇不必要的战斗。因此，群体成员身心俱疲。

但是，这种情况完全是可以避免的，因为通过某些办法建立秩序不需要付出任何成本。

03
排序

例如，有一项体育赛事仅利用一场比赛的时间，就将几万选手全部排好了次序。（反过来，一场有1万名运动员参加的循环赛，需要安排1 000万场对决。）唯一需要注意的是，赛事所需的时间是由最慢的选手决定的。这项体育赛事就是马拉松比赛，它给了我们一个重要提示：竞争与争斗在本质上是不同的。

想一想拳击运动员和滑雪运动员之间、击剑运动员与赛跑运动员之间有什么不同。奥运拳击手必须冒着脑震荡的危险，参加 $O(\log n)$ 次（通常是4~6次）比赛，才能登上领奖台。如果让更多的运动员参加奥运会拳击比赛，就会危及所有人的健康。但是，无论有多少人参赛，俯式冰橇运动员、单板滑雪U型池专业选手都只需要跟重力进行一定场次的对赌。击剑运动员需要 $O(\log n)$ 次面对对手的利剑，而马拉松选手只需坚持完成一场比赛。如果用一个简单数值就可以表示运动员在赛场上的表现，那么就可以用常数时间算法来表示他们的比赛状态。

把"序数"（只能表示排名）变成"基数"（直接为某人的水平赋予一个度量）之后，自然不需要两两比较就可以为一群对象排好次序。因此，在建立优势等级时，也无须进行一对一的直接对决。《财富》杂志的世界500强名单，创建了一种企业等级制度，从这个意义上讲，该名单就是一种等级体系。为了在美国找到最有价值的公司，分析师不需要花费大量精力，将微软与通用汽车、通用汽车与雪佛兰、雪佛兰与沃尔玛等公司放到一起进行比较。借助美元这个媒介，这些看似不是同类事物之间的竞赛变成了同类事物的竞争。制定基准（无论这个基准是什么），就可以解决排序规模变大时导致的计算难题。

举个例子。硅谷有一条关于相互关系的格言："你需要主动追逐财富，财富不会主动找上门。"因此，商贩需要找工厂业主，工厂业主需要找风险资本家，风险资本家需要找他们的有限合作人。个人有可能对这种等级关系的基础心怀怨恨，但是不会真的对它做出的"裁决"提出异议。因此，个体与个体为各自地位而争斗的情况非常少。总的来说，两个人走到一起，无须商量就知道应该向对方表示何种程度的尊重。每个人都清楚应该如何相处。

同样地，船舶海上通行权在理论上需要遵循一套极其复杂的惯例，但是在实践中，到底哪条船应该给另一方让路是由"总吨位法则"这条简单易行的原则决定的。很简单，小船为大船让路。一些动物很幸运，也建立了非常明确的优势等级。诺依曼说："比如说鱼。它们的关系就非常简单，大鱼居于优势地位。"正因为简单，所以鱼类可以和平相处。与鸡和灵长类动物不同，鱼可以在不流血的情况下建立秩序。

人类社会规模如此庞大，到底是哪些因素使其成为可能的？我们很容易就会把目光投向农业、金属和机械等技术。但是，通过量化指标来测量社会地位的文化实践可能发挥了同样重要的作用。当然，金钱不应该是唯一标准。例如，像"尊敬长辈"这样的规则，同样可以通过参照某个常量，解决人们的地位问题。同样的原则也适用于国际与国内关系。人们经常注意到，国内生产总值（GDP）作为标准（例如 GDP 是 G20 等外交峰会确定邀请名单的一个重要依据），其本身是一个并不完善的粗略测量结果。确定一个国家的地位本来至少需要线性对数的争斗与决议，但是在建立基准之后，通过一个参考点，就可

03
排序

以确定所有国家的地位。鉴于国与国之间的地位纷争常常诉诸武力，标准的建立不仅节省了时间，更挽救了生命。

线性对数次争斗或许对小规模群体有效。的确，它们在自然界中真的可以奏效。但是，在通过两两比较（无论是口水战还是真刀实枪的战斗）确定各自地位的世界里，随着社会规模增大，对抗的数量会迅速失去控制。在工业规模的经营活动中，有成千上万的个人共享同样的空间，因此必须通过实现从序数到基数的飞跃，才能有效地建立秩序。

尽管我们抱怨现代社会的快节奏、高压生活把我们变成了一只只仓皇四顾的老鼠，但是，正因为现代社会以竞争取代争斗，才使人类脱颖而出，与猴子、鸡和老鼠划清了界限。

04

缓 存

忘了它吧

威廉·詹姆斯　　　　　　忘了它吧。在将我们的智力应用于实践时，
　　　　　　　　　　　　忘记是与记忆同样重要的一个功能。

你遇到了一个问题——壁橱里塞满了鞋子、衬衫和内衣。于是，你想："该整理整理了。"这下，你面前就有两个问题。

具体来说，你首先需要决定哪些东西需要保留，其次是这些东西如何摆放。幸运的是，社会上有这样一个规模不大的行业，从业人员通过考虑这两个孪生问题养家糊口，因此他们很乐意提供建议。

针对保留哪些东西这个问题，玛莎·斯图尔特说，你可以问自己几个问题，诸如"这件东西已经保留多久了？还能用吗？与我保留的其他东西是不是一模一样？我最后一次穿它或者使用它是什么时候的事情？"在如何摆放这些东西的问题上，她建议"分类摆放"，这条建议得到了她同事的赞同。弗朗辛·杰伊在《简单的快乐》中要求："把短裙、裤子、连衣裙和外套分开挂。"安德鲁·梅伦自我标榜是"全美最有条理的人"，他说："物品应该按类型分开放，休闲裤放在这里，衬衫放到那里，外套等其他衣物也要单独放。在每一个类型里面，再按颜色、风格（长袖、短袖等）和领口进一步细分。"除了可能导致排序问题以外，这条建议看起来很有道理。大家似乎都不会有

任何异议。

不过，社会上还有一个规模更大的行业，业内人士同样痴迷于存储问题，但是他们有不同的想法。

衣橱整理与计算机存储器管理所面临的问题非常相似：空间有限，而目标是节省金钱和时间。自计算机问世以来，计算机科学家就开始苦苦思索哪些东西需要保存以及如何保存这两个孪生问题。通过这几十年的努力，人们发现，玛莎·斯图尔特关于哪些东西应该抛弃的4句话建议，其实是几个彼此不同的、不完全兼容的推荐意见，其中一个意见尤为重要。

研究存储器管理的计算机科学同样可以告诉我们应该如何安排壁橱（以及办公室）的空间。乍一看，计算机似乎遵循了玛莎·斯图尔特的格言——"物以类聚"。操作系统鼓励我们把文件根据类别放到一级一级的文件夹里，随着文件夹体系越分越细，其中的内容也越来越具体。但是，就像学者思想上的混乱被书桌表面的整洁性所掩盖一样，在计算机嵌套文件夹的遮掩下，数据分类方法高度工程化的混乱特点也因为计算机文件系统表面上的整洁性而变得模糊起来。

计算机依赖的其实是缓存技术。

缓存在内存架构中起着至关重要的作用，从毫米级处理器芯片布局到互联网的全球配置，都必须建立在缓存的基础之上。缓存为人类生活中各种存储系统和"内存条"提供了一个新的思路。不仅计算机离不开缓存，我们的壁橱、办公室、图书馆，甚至我们的思想，都可以从中受益。

04
缓 存

分级存储器体系

莉迪娅·戴维斯 　　有一位女性,她的感觉十分敏锐,但是记忆力极差……她忘不了工作,而且工作起来特别勤奋。

大约从2008年开始,我们在市场上为新购置的电脑选择存储器时,都会面临一个非常棘手的问题——必须在大小和速度之间做出权衡。计算机行业目前正处于从硬盘驱动器向固态硬盘过渡的阶段。同样的价位,硬盘的容量要比固态硬盘大得多,但是固态硬盘的性能则远胜对手。对于这点,大多数消费者现在已有体会,或者在换用固态硬盘后很快就会有所体会。

漫不经心的消费者可能不知道,计算机内部经常需要做出这种权衡,而且因为这种权衡太频繁了,以至于人们认为这是计算的基本原理之一。

1946年,亚瑟·伯克斯、赫尔曼·戈德斯坦和约翰·冯·诺依曼在普林斯顿高级研究所展开合作,为他们所谓的"电子记忆器官"起草了一个设计方案。他们写道,在一个理想的世界里,机器当然可以有无限量的快速储存能力,但在实践中这是不可能的。(现在仍然不可能。)于是,这三个人退而求其次,提出了"分级存储器体系,每一级的存储能力都超过以前,但是读取速度有所减慢"。事实上,通过各种各样的存储器,有的体积小、速度快,还有的体积大、速度慢,或许我们可以制造出兼具这两个优点的存储器。

算法之美
ALGORITHMS TO LIVE BY

任何曾经使用过图书馆的人都可以清楚地了解分级存储器体系背后的基本思想。例如，如果你正在为写论文收集资料，就有可能需要多次参考一些图书。你不可能每次都跑到图书馆，而是把相关书籍借回家，放到你的书桌上。这样，查询起来就方便得多。

在1962年超级计算机阿特拉斯在英国曼彻斯特问世以前，计算领域的这种"分级存储"概念一直停留在理论层面。从外形看，阿特拉斯的主存储器并不像蜡筒留声机，而像一个很大的鼓，它通过旋转来读写信息。但是，阿特拉斯还有一个用极化磁体制成的体积较小、速度更快的"工作"存储器。数据可以从鼓中读取到磁体上，然后在那里轻松地加以处理，最后处理结果将被写回到主存储器的大鼓上。

阿特拉斯问世之后不久，剑桥大学数学家莫里斯·威尔克斯意识到，这种体积较小、速度较快的存储器不仅可以为我们处理数据、将处理好的数据存回主存储器提供了一个非常方便的场所，还可以用来有意地保留稍后可能需要使用的信息片段，为后期类似的需要做好准备，从而极大地加速机器的操作。如果所需要的数据仍然保留在工作存储器中，就不必再到主存储器中装载这些数据了。威尔克斯认为，这种体积较小的存储器"可以自动收集并保存来自速度较慢的主内存的数据，为后期使用做好准备，从而免除了再次访问主存储器带来的麻烦"。

当然，关键是要管理好那个体积小、速度快、价值大的存储器，以保证我们可以在里面找到需要的数据。我们继续以图书馆来打比方。如果你去一次图书馆就可以找到所有需要的图书，然后在家里埋头钻研，其效果可以与你把图书馆中所有的图书都搬到案头的做法相

04
缓　存

媲美。去图书馆的次数越多，效率就越低下，而办公桌的实际利用价值就越小。

20世纪60年代末，威尔克斯的提议在IBM 360/85超级计算机中得以实现，人们称之为"缓存"。从那以后，计算机科学中到处都有了缓存的身影。将频繁调用的信息片段保存以备后用的效果非常好，因此这个做法在计算的各个方面都得到了应用。处理器有缓存，硬盘有缓存，操作系统有缓存，Web浏览器有缓存，连向这些浏览器提供内容的服务器也有缓存，因此我们可以立刻看到数百万人观看的猫骑真空吸尘器的视频……但是，我们的步子迈得有点儿超前了。

根据人们的描述，计算机在过去50多年里逐年呈指数增长，这为"摩尔定律"精准的预测了下一个注脚。1975年，英特尔的戈登·摩尔提出"摩尔定律"，称中央处理器的晶体管数量每两年翻一番。但是，存储器的性能没有按这个速度提升，这意味着访问存储器时的时间成本也在呈指数增长。例如，你写论文的速度越快，每次去图书馆带给效率的负面影响就越大。同样，如果工厂每年将制造速度提升一倍，但是零部件从海外运送到工厂的速度仍然那么慢，总数也没变，这只能意味着该工厂停工的时间将增加一倍。在一段时间内，摩尔定律似乎没有任何实际意义，它只不过预测出处理器的速度将越来越快，闲置的时间会越来越多。在20世纪90年代，人们开始把这种现象称作"内存墙"。

为了避免一头撞上这堵墙，计算机科学至今为止采取的最有效措施就是缓存、缓存的缓存以及缓存的缓存的缓存，如此而已。现代消费者购买的笔记本电脑、平板电脑和智能手机都有一个6层的分级存储器体系。今天，存储器的智能管理对计算机科学的重要性已经达到了史无前例的高度。

一提到缓存（或者具有类似功能的壁橱），我们大脑中闪现的第一个问题就是：如果它们装满了东西，我们该怎么办？下面，我们就从这个问题开始谈起。

缓存清理与未卜先知

夏洛克·福尔摩斯　　相信我，总有一天，当你增加新知识的时候，就会把以前熟知的东西忘了。所以最要紧的是，不要让一些无用的知识把有用的挤出去。

缓存满了后，如果你想继续在缓存中存储其他东西，就必然需要腾出一些空间。在计算机科学中，在缓存中腾出空间的过程被称为"缓存替换"或"缓存清理"。威尔克斯指出："由于缓存的容量比主存小好几倍，不能无限度地把数据保存在其中，因此我们必须在系统中植入一个算法，逐步覆盖缓存中的数据。"这些算法被称为"替换策略"或"清理策略"，或者简单地称为缓存算法。

我们知道，IBM 在 20 世纪 60 年代率先推动缓存系统的部署应用。不出意料，它也是早期缓存算法开创性研究的发源地，也许他们取得的任何一项成果都没有拉斯洛·贝莱迪的算法重要。1928 年，贝莱迪出生于匈牙利，大学期间学的是机械工程专业。在 1956 年匈牙利革

04
缓 存

命期间,身无分文的他逃到了德国,随身携带的书包里只装有"一件内衣和毕业论文"。后来,他又离开德国,来到法国,并于1961年移民到美国。这一次,他带着妻子,"襁褓中的孩子,口袋里装着1 000美元。除此以外,就别无他物了"。似乎在他进入IBM研究缓存清理之前,他就已经深谙此道,知道哪些东西该留下来,哪些东西可以抛弃。

贝莱迪于1966年发表的那篇缓存算法论文是随后15年里被引用最多的计算机科学研究成果。这篇论文解释道,缓存管理的目标是尽可能减少"页面错误"或"缓存缺失"。所谓缓存缺失,是指无法在缓存中找到所需数据,因此只能到较慢的主存中查找的现象。贝莱迪在文中写道,从本质上讲,最优缓存清理策略就是在缓存已满时,将未来最长时间内不会再次使用的数据从缓存中清理出去。

当然,要确切地知道什么时候会再次需要某些数据,并不像说起来那么容易。

今天,为了表示敬意,人们把那个无所不知、有先见之明,而且可以在分析未来情况基础上执行最优缓存策略的那个假想算法称作**贝莱迪算法**。该算法是被计算机科学家称为"千里眼"算法的一个实例,一个可以从未来数据中获取信息的算法。这个概念其实并不像听起来那么疯狂(在某些情况下,系统可能会对未来产生一种期望),但是一般来说,未卜先知是很难实现的,因此软件工程师在实践中试图使用贝莱迪算法时,就会开玩笑说他们遭遇了"实施难题"。因此,我们面临的挑战是找到一种接近于未卜先知的算法,当我们被当前现状遮住双眼的时候,可以借助这种算法看清楚未来的情况。

算法之美
ALGORITHMS TO LIVE BY

我们可以尝试随机清理算法，将新数据添加到缓存中，并随机覆盖旧数据。随机清理是早期高速缓存理论得出的一个令人吃惊的结果，虽然远非完美，但是效果也还不错。这也可能是一种巧合，因为只要有一个缓存，无论你如何维护，都可以提升系统的效率。不管怎么说，你经常使用的内容通常还会很快回到缓存中。另一种简单的策略叫作**先进先出（FIFO）**。这种算法总是清理或覆盖在缓存中保存时间最久的内容（与玛莎·斯图尔特问的"我已拥有它多长时间了"这个问题有异曲同工之妙）。第三种方法是**最近最少使用（LRU）**，即将闲置不用时间最长的内容清理掉（与之相对应的斯图尔特的问题是"上次穿它或使用它是什么时候的事"）。

事实证明，斯图尔特强调的这两点暗示了两种截然不同的策略，而且她的一条建议显然比另一条更有效果。贝莱迪在若干情形下对随机清理、先进先出和最近最少使用的几个变体进行了比较，结果发现最近最少使用法始终表现出最接近未卜先知的效果。最近最少使用法的高效性得益于计算机科学家所谓的"时间局部性"：如果一个程序曾经调用过某个信息，那么在不久的将来它可能会再次调用这个信息。计算机解决问题的方式（例如，执行一个循环，使一系列相关的读和写可以快速完成）是造成时间局部性的一个原因，而人解决问题的方式是另外一个原因。在使用电脑时，你可能会在电子邮件、网页浏览器和文字处理器之间来回切换。你最近访问过这些程序的这个事实就是一个线索，表明你可能会再次访问该程序。在同等条件下，如果某个程序处于闲置状态的时间较长，就表明你在未来一段时间内应该也不会调用该程序。

04
缓　存

事实上，这一原则甚至隐含于计算机向用户展示的界面中。电脑屏幕上的窗口有所谓的"Z轴顺序"，即决定程序相互叠加次序的模拟深度。最近最少使用的程序处于底部。前火狐浏览器的创意主管阿扎·拉斯金说："使用现代浏览器（电脑）在很多时候就相当于从事数字版的文书工作。"与"文书工作"的相似性淋漓尽致地体现在微软系统 Windows 和苹果系统 Mac OS 任务切换界面中：当你按下 Alt+Tab 或 Command+Tab 组合键时，就会看到，你最近使用过的程序按你使用的时间先后逆向排列。

研究缓存清理策略的相关文献已经达到了令人难以想象的深度，各种算法应有尽有，不一而足，有的可以计算使用频率和最后一次使用时间，有的可以追踪倒数第二次访问的时间，而不关心最后一次访问的情况。不过，尽管创新性高速缓存方案品种繁多，其中一些在适当的条件下甚至可以击败最近最少使用法，但是最近最少使用法（以及在该策略基础上做出的一些细微调整）仍然深受计算机科学家们的喜爱，并且在开发各种应用程序时得到不同程度的应用。最近最少使用法告诉我们，我们需要的下一个程序可能就是之前我们需要的最后一个程序，接下来我们可能还需要之前需要的倒数第二个程序。我们最不需要的可能就是我们弃用时间最长的那个程序。

除非有充分的反对理由，否则我们可以认为对未来最有借鉴意义的就是历史的镜像。最接近于未卜先知的做法就是假定历史会重演，不过是按照相反的顺序重新上演。

算法之美

ALGORITHMS TO LIVE BY

重整图书馆藏书

加州大学伯克利分校的地下加德纳书库是加州大学图书馆系统的一大亮点。书库在一扇锁着的门后，门上写着"闲人止步"几个显眼的大字，把想要借阅图书的人堵在门外。这里收藏着科马克·麦卡锡、托马斯·品钦、伊丽莎白·毕肖普、J. D. 塞林格、阿娜伊斯·宁、苏珊·桑塔格、朱诺·迪亚斯、迈克尔·查邦、安妮·普劳克丝、马克·斯特兰德、菲利普·K·迪克、威廉·卡洛斯·威廉姆斯、恰克·帕拉尼克、托妮·莫里森、丹尼斯·约翰逊、朱莉安娜·斯帕尔、乔丽·格雷厄姆、戴维·赛达瑞斯、西尔维亚·普拉斯、戴维·马梅特、戴维·福斯特·华莱士和尼尔·盖曼等人的作品。但是，这些不是图书馆的珍本藏书，而是它的"缓存"。

前文讨论过，图书馆与我们自己的桌面空间相互配合，就可以恰如其分地表现出分级存储器体系的特点。实际上，图书馆由不同分区和存储设施构成，本身就是多层次分级存储器体系的一个具体实例，因此图书馆面临各种各样的缓存问题。图书馆工作人员必须决定把哪些书放在图书馆最前面的有限展示空间里，哪些书放到书架上，哪些书放到其他地方储存起来。各图书馆判断哪些书应该异地收藏的策略都不相同，但是几乎所有图书馆都会使用某种版本的最近最少使用策略。加州大学伯克利分校图书馆负责监督这个过程的贝丝·杜普斯说："举例来说，如果一本图书12年里没有人借阅，我们就会把它撤出主馆。"

图书馆"粗略分类"区的情况与12年没有人借阅的图书正好处

04
缓 存

于两个极端。我们在前一章讨论过这些图书:它们刚刚被读者归还到图书馆,还没有被完全排序并重新放到书架上。具有讽刺意味的是,在某种意义上看,那些辛勤的图书馆助理在把这些图书放回书架上的时候,可能会让次序变得更乱。

原因很简单。如果时间局部性有效,那么粗略排序书架上摆放的就是整幢楼里最重要的图书。这些都是最近被人借阅过的书,所以学生们寻找的可能就是它们。可以说,图书馆的这种做法就相当于把几英里长的书架中最有吸引力、最值得浏览的那些书架藏起来,不向学生开放,而是让态度认真、埋头工作的图书馆员工不断地破坏它们,这似乎是一种非常愚蠢的决定。

与此同时,墨菲特本科生图书馆的大厅在最显眼、最容易进入的位置摆放一些书架,用来展示图书馆最近添加的图书。这种安排是先进先出缓存的一个具体体现:享受特殊待遇的是图书馆最后添加的图书,而不是刚刚被人借阅过的图书。

鉴于最近最少使用算法在计算机科学家的大多数测试中占尽优势,我们不妨向图书馆提出一个简单的建议:把图书馆的藏书来个乾坤大挪移。把图书馆刚刚添加的图书放到里面的书架,让需要的人去那里寻找;把最近归还的图书放在大厅里,以方便学生自由浏览。

人是一种社会生物,也许大学生希望可以培养自己的阅读习惯。大学经常会指定"普通图书",目的是促进学生建立共同的学术参照点,而学生自行培养阅读习惯的做法将把校园推向一个更有机、更自由的学术参照点。这样,校园里正在阅读的图书,无论是什么内容,都可能成为其他学生偶然发现的好书,这就相当于实施了一种来自草

算法之美

ALGORITHMS TO LIVE BY

根阶层、自下而上的普通图书计划。

　　这样的系统不仅有积极的社会意义，而且可以提高效率，因为最近归还的图书可能很快就会被人再次借阅。也许学生们可能会感到困惑，不知为何受欢迎的图书有时摆放在书架上，有时可以在大厅里找到。因为，曾经的情况是刚刚归还、等候上架的图书既不会出现在书架上，也无法在大厅里找到。在这个短暂的过渡时期，这些图书暂时无法借阅。所以，把刚刚归还的图书摆在大厅里，学生们可以彻底避免受到图书上架的短暂影响，有机会及时借阅这些图书。图书馆员工无须把图书一本本放到书架上，学生们也不必去书库把这些图书拿出来。确切地说，缓存就应该发挥这样的效果。

本地需求

刘易斯·卡罗尔　　"实际上我们绘制了这个国家的地图，采用的是1∶1的比例尺！"

"你们经常使用这幅地图吗？"我问道。

"这幅地图从来没有被打开过，"米恩·赫尔说，"因为农民不同意。他们说它可以覆盖整个国家，会把阳光遮挡住！所以我们现在就把这个国家本身当作地图使用，我向你保证效果差不多。"

　　我们通常认为互联网是一个独立的、连接比较松散的平面网络。

04
缓　存

事实上，根本不是这么回事。目前，1/4 的互联网流量是由一家位于马萨诸塞州的公司处理的，但是这家公司总是想方设法，不让自己出现在头条新闻中。它就是从事缓存业务的阿卡迈公司。

我们还认为互联网是抽象的、非物质的，属于后地理时代。我们被告知我们的数据"在云里"，意思是指一个遥远而且不确定的地点。同样，这些也都不是真的。真实情况是，互联网完全是由一捆捆电线和一个个金属架组成的，它与地理的联系比你想象的要紧密得多。

工程师在设计电脑硬件时，考虑的是一个微小尺度上的地理位置：速度更快的内存通常更靠近处理器，这将最大限度地减少信息传输的线路长度。今天的处理器周期是以千兆赫来衡量的，也就是说，它们执行运算所需的时间不到 1 纳秒。这相当于光传播几英寸[①]的时间——因此计算机内部的物理布局是人们高度关注的焦点。而且，在一个更大的规模上应用同样的原理，实际的地理位置对网络的运行至关重要，因为网络长度不是以英寸为单位的，而是动辄长达数千英里。

如果你能创建一个网页内容缓存，其实际地理位置更接近那些有需要的人，你就可以更快地为他们提供页面服务。互联网上的大部分流量现在都是由"内容分配网络"来处理的，这些网络利用遍布世界各地的电脑维护流行网站的拷贝。因此，在用户请求使用这些页面时，他们可以从附近的一台计算机获取数据，而不必跨越千山万水，连接到原始服务器上。

---

① 1 英寸 ≈ 0.025 米。——编者注

算法之美
ALGORITHMS TO LIVE BY

最大的内容分配网络是阿卡迈公司管理的。内容提供商为了接受阿卡迈的服务，提升网站的性能，就需要向它们付费。例如，一个从BBC（英国广播公司）收看视频的澳大利亚人很可能会向位于悉尼的阿卡迈本地服务器提出请求。这个请求根本不会到达伦敦，也没有这个必要。阿卡迈的首席架构师史蒂芬·卢丁说："我们始终认为距离很重要，我们也是在这个信念的指引下创建我们公司的。"

在之前的讨论中，我们注意到某些类型的计算机存储器具有更快的性能，但是每个存储单元的成本更大，因此我们希望建成两全其美的"分级存储器体系"。但是我们其实不需要因为缓存的原因而采用不同材料制造存储器。在距离不远时，缓存是个有用的资源，但是性能不同，性能是稀缺资源。

热门文件应该储存在使用环境附近的位置，这个基本见解也可以应用到实实在在的物理环境中。例如，亚马逊巨大的订单履行中心通常不会使用人类可以理解的任何组织类型，不会采用在图书馆或百货商店里可以看到的那种组织结构。他们告诉员工，可以将进库物品放在仓库里的任何地方（电池可以放到卷笔刀、尿布旁边，烧烤架和感声吉他教学光盘也可以成为"邻居"），然后通过条形码在中央数据库中标记每件物品的位置。但是，这种看似故意为之的无序存储系统仍然有一个明显的例外情况：高需求物品被放置在一个更容易进入的区域。这个区域就是亚马逊的"高速缓存"。

最近，亚马逊获得了一项创新的专利，使它奉行的这条原则得到了进一步发展。在媒体看来，这项"可预期包裹配送"专利似乎可以帮助亚马逊在你下单之前就把商品送到你的手上。亚马逊和任何一家

04
缓 存

科技公司一样,都希望拥有贝莱迪式的未卜先知能力,而它们追求的第二目标就是高速缓存。亚马逊的这项专利实际上是最近非常流行的,将商品运送至一个地区的临时仓库,从而为自己的实体商品开辟一个专用的内容分发网络。有人下订单时,商品就已经在他附近的大街上了。预测个人购买行为是有挑战性的,但是当预测数千人的购买行为时,大数定律就会生效。比如某一天,伯克利的一个人想订购再生纸质卫生纸。就在他下单的时候,这些卫生纸已经完成大部分配送环节,很快就会送到。

当在一个地区深受欢迎的商品也来自该地区时,就会出现"云"这个更有趣的地理位置概念。2011年,影评家米卡尔·莫特思利用网飞公司为美国各州准备的"本地热门"制作了一张美国地图,标注出在这些州特别受欢迎的电影。结果令人大为震惊:绝大多数人都喜欢观看以他们居住地为背景的电影。华盛顿州的人喜欢以西雅图为故事背景的《单身贵族》,路易斯安那州的人喜欢以新奥尔良为背景的《大出意外》,洛杉矶人不出意外地喜欢《L.A.故事》,阿拉斯加人喜欢《挑战阿拉斯加》,而蒙大拿人则喜欢《蒙大拿天空》。① 因为完整长度的高清视频等文件非常大,所以建立本地"高速缓存"具有极其重要的意义。显然,网飞公司在洛杉矶储存《L.A.故事》的高清视频,是因为电影中的人物就生活在洛杉矶。更重要的是,这部电影的影迷也住在洛杉矶。

---

① 缅因州的居民最喜欢《不羁的天空》,但是原因不明。

算法之美
ALGORITHMS TO LIVE BY

家庭生活中的"高速缓存"

虽然缓存首先是计算机内部组织数字信息的一种方案，但是很明显，它同样适用于在人类环境中组织物理对象。当我们与斯坦福大学校长约翰·亨尼西交谈时，这位参与过现代缓存系统开发工作的计算机架构先驱立即看到了两者之间的联系：

> 缓存其实是一个平淡无奇的概念，因为我们一直在使用它。我的意思是，我掌握的那些信息……有的是我现在就需要留意的，还有一大批放在案头，其余的都被存档，最后锁进大学档案系统，等到需要时，我可能要用一整天的时间才能再找出来。但是，我们一直在用这种技术来组织我们的生活。

这些问题之间的高度相似性意味着我们可以有意识地将计算机科学的解决方案应用到家庭生活中。

首先，当你决定物品该扔还是该留时，最近最少使用原则可能是一个有效的指导原则，其效果比先进先出原则好得多。如果你现在还不时穿一穿上大学穿的 T 恤，那就没有必要把它扔掉。但是，你好久没穿过的那条格子裤该如何处理？还是把它送到旧货店吧。

其次，合理利用地理位置。尽可能把物品的"缓存"建立在它们通常使用的位置附近。在大多数家居指南中，这并不是一个具体的建议，但是根据人们的亲身体会，这个策略的效果非常好。比如，在朱莉·摩根斯特恩的《组织管理探秘》一书中，有人说道："我把跑步和锻炼用的服装放在前衣帽间里的一个柳条箱里，这里距离前门比

04
缓 存

较近。"

威廉·琼斯在《让物品各得其所》这本书中介绍了一个稍显极端的例子：

> 一位医生向我介绍了她保管物品的一些心得。她说："孩子们认为我很古怪，因为我总是把物品放在我认为以后还要用到它的地方，即使有的时候这样做似乎意义并不大。"随后，她举了一个例子，她把吸尘器的备用吸尘袋放在客厅沙发的后面。在客厅沙发的后面？这有什么意义吗？原来，她使用真空吸尘器的目的通常是清扫客厅的地毯……吸尘袋装满了，就需要换新的。更换吸尘袋通常是在客厅里完成的，因此她把备用吸尘袋放在那里。

最后一个深刻认识是关于多层次分级存储器体系的。目前，人们还没有把它变成壁橱管理的指导意见。拥有缓存可以取得一定的效果，但是建立多个缓存级别，包括从体积最小、速度最快的到体积最大、速度最慢的各种缓存，可能会有更好的效果。从你的所属物品这个角度看，你的衣柜是一级缓冲，地下室是另一级，而自助存储柜是第三个。（当然，存储速度依次降低，因此你应该根据最近最少使用原则，决定把哪些物品清理到下一级。）但是，你也可以再添加一级缓存以加快存储速度：一个比壁橱体积更小、速度更快、距离更近的缓存。

汤姆的妻子在其他方面都非常宽容，但是她坚决反对把衣服堆在床边的做法，尽管汤姆坚持认为这实际上是一种高效的缓存方案。幸运的是，我们与计算机科学家的对话也帮助他找到了这个问题的解决方法。加州大学圣迭戈分校的瑞克·贝纳斯的研究方向是从认知角度研究搜索引擎，他建议在床边放一个衣物架。虽然衣物架现在已经不多见了，但是它在本质上就是一个一件套壁橱，可以挂夹克、领带和裤子的复合衣架，是你的家庭缓存必备的完美物件。这个例子表明，计算机科学家不仅可以节省你的时间，还可以挽救你的婚姻。

归档与堆存

在决定好哪些东西应该保留以及该储存到哪里之后，最后一个问题就是了解如何对其加以管理。我们已经讨论过哪些东西应该装进壁橱以及壁橱应该放在什么地方这两个问题，但是壁橱里面的物品应该怎么安排呢？

迄今为止，我们见过的所有家居管理建议中，必不可少的一个"常客"就是"物以类聚"这个存放概念。也许没有人会像野口由纪夫那样直言不讳地反对这条建议。他说："我必须强调，在我的方法中，一个基本原则就是不能把文件根据内容分组。"野口是东京大学的一名经济学家，他通过一系列著作介绍了可以把你的办公室和你的生活变得井井有条的"超级"技巧。这些书的标题可以大致翻译为"超级说服方法"、"超级工作方法"、"超级学习方法"以及与本书最贴近的"超级组织管理方法"。

在他作为一名经济学家的早期职业生涯中，野口发现自己经常被包括通信、数据、手稿在内的各种信息淹没，他每天都需要花费大量

04
缓 存

时间来管理这些东西。因此，他决定换一种管理方法。他首先为每个文件准备一个文件夹，然后在文件夹封面上标注文件名称和日期，再将装好文件的文件夹全部放到一个大盒子里。这个做法不仅可以节省时间（因为他不必考虑每个文件应该放到哪个位置的问题），而且不需要建立任何组织形式。后来，在20世纪90年代初，他又取得了一个突破：把那些文件夹一个一个地插在盒子的左侧位置。"超级"文件归档系统就这样诞生了。

野口明确指出，无论旧文件还是新文件，都必须遵循左侧插入规则。每次取出一个文件，在使用后放回时都必须把它插到盒子里最左边的那个位置。寻找文件时，也总是要从最左侧开始查找。因此，最近使用过的文件很快就能找到。

野口解释道，因为把每一个用过的文件放到左边，比在原来的地方重新插入文件要简单得多，所以久而久之，就形成了这种习惯。后来他才逐渐意识到这个方法不仅简单，而且效率惊人。

将使用过的文件夹放回去时，采用野口的文件归档系统显然可以节省时间。然而，我仍然需要先回答这样一个问题：这种方法是否方便你找到所需要的文件夹？毕竟，这个方法明显是与其他效率大师唱反调，因为那些大师告诉我们，应该把类似的事情放在一起。事实上，即使从词源学这个角度看，"有组织"（organized）这个词也会让人联想到身体是由一个个器官（organ）组成的。如果细胞没有"物以类聚"，也就是说形状和功能相似的细胞没有组合在一起，器官就不复存在。

但是，计算机科学可以保证它的方法有效，而这是大多数效率专家做不到的。

野口当时并不知道，他的这个文件归档系统其实是最近最少使用原则的一种延伸。最近最少使用法告诉我们，当我们在缓存中添加一些内容时，我们应该丢弃保存时间最久的内容，但是它没有告诉我们应该把新的内容放在哪里。这个问题的答案来自20世纪七八十年代计算机科学家进行的一系列研究。不过，计算机科学家研究的是一个名称为"自组织列表"的不同版本，但是它的设定与野口的文件管理困境几乎一模一样。假设一组物品按序排列，你需要定期从中搜索一个物品，而且必须采用线性搜索方法，也就是说，你必须从头开始，逐项搜索。但是，一旦你找到了所搜索的物品，就可以把它放回序列中的任何位置。要使搜索的效率最高，将物品放回时该如何选择位置？

1985年，丹尼尔·斯雷特和罗伯特·陶尔扬发表了一篇关于自组织列表的权威论文。他们按照计算机科学的经典方式，对所有不同请求顺序下各种列表组织方式的最坏表现进行了研究。根据直觉，由于搜索是从前面开始的，所以你在排列顺序时肯定希望把最可能被搜索的项排在前面。但是，到底是哪些项呢？这个问题再次唤起了我们对未卜先知能力的憧憬。在普林斯顿和硅谷都有职务的陶尔扬说："如果你提前知道各种请求的先后顺序，就可以有针对性地制定数据结构，把完成整个序列的总时间降到最低。这就是最优离线算法。你也可以称之为上帝的算法，或者天上的算法。当然，没有人知道未来，所以问题是，如果你不知道未来，你能企及这个超凡脱俗的最优算法吗？"斯雷特和陶尔扬的研究结果表明，一些"非常简单的自我调整

04
缓　存

计划竟然全部遵循千里眼算法的一个常数因子"。也就是说，如果你遵循最近最少使用法，即在把某项放回列表中时，总是把它放到列表的最前面，那么你花在搜索上的时间就不会超过你在预知未来的情况下所需时间的两倍。任何其他算法都无法保证取得同样效果。

一旦认识到野口文件归档系统是最近最少使用原则的一个实例，我们就知道它不仅是一种有效策略，实际上还是最优策略。

斯雷特和陶尔扬的研究结果告诉我们，如果将野口文件归档系统翻转 90 度，就可以实现一个新的变化。很简单，一盒文件夹就成了一堆文件夹。如果你搜索的是成堆的文件夹，那么搜索顺序自然是从上至下，而且每次你把一个文件放回去的时候，你都不会把它放回到原来的位置，而是放到最上面。①

简而言之，自组织列表的数学计算会为我们提供一些激进的建议：你根本没有必要因为案头文件成堆而自责，因为这不是杂乱无序的标志，而是最精心设计和最有效的组织形式之一。在别人看来，这是一种没有组织的混乱局面，但是实际上，它是一个自组织混乱。把东西扔回成堆物品的顶部，是你在无法预测未来时可以采取的最有效的做法。在前一章中，我们发现，在某些情况下，花时间排序之后，效率不升反降。这里，我们同样建议，在某些情况下不需要考虑如何管理的问题，不过理由有所不同：因为你其实已经组织得很好了。

---

① 你也可以让电脑把电子文件以文件堆的形式显示在你的眼前。在计算机默认的文件浏览界面，你可以按字母顺序点击文件夹。但是，强大的最近最少使用法建议你放弃这个方案，在显示文件堆时用"最后打开"取代"名称"。这样，你正要寻找的文件基本上一定是在顶部或靠近顶部的位置。

算法之美

ALGORITHMS TO LIVE BY

遗忘曲线

当然，在讨论存储器时如果不提及与家庭最密切的"记忆器官"——人类大脑，那么整个讨论就会显得不够完整。在过去的几十年里，由于受到计算机科学的影响，心理学家对记忆的认识发生了翻天覆地的变化。

据说，人类记忆研究始于 1879 年。当时，柏林大学一位名叫赫尔曼·埃宾豪斯的年轻心理学家希望弄清人类记忆的作用原理，并向人们证明，利用自然科学在数学方面的严谨要求来研究大脑是可行的。于是他开始在自己身上做实验。

每天，埃宾豪斯都会坐下来，背诵一大堆无意义的音节。然后，他会利用前几天列出的列表测试自己的记忆效果。在一年的时间里，他始终坚持这个行为，并证实了人类记忆研究过程中得出的许多最基本的结论。例如，他证实，在背诵音节列表时，增加联系的次数会使记忆持续更久，而随着时间的推移，一个人能够准确回忆的内容会减少。他的研究结果可以绘制成记忆随时间流逝的关系图，心理学家今天称之为"遗忘曲线"。

埃宾豪斯的研究结果证实了人类记忆定量研究的可信度，但他留下了一些未解之谜。为什么记忆效果会形成这种曲线？从这个曲线能看出人的记忆力是好还是不好？曲线背后隐藏了什么信息？100 多年来，这些问题让心理学家百思不得其解，并激励他们继续深入研究。

1987 年，卡内基－梅隆大学的心理学家、计算机科学家约翰·安德森为了解大学图书馆的信息检索系统，查阅了大量资料。他的目

04
缓 存

标，或者说他自认为的目标，是弄清楚信息检索系统的设计是否可以从人类记忆研究那里获取灵感。结果，他发现现实正好相反：信息科学有可能为人类大脑研究填补某些空白。

安德森说："很长一段时间以来我都觉得，现有的人类记忆理论，包括我自己提出的记忆理论，都缺少某些东西。基本上，所有这些理论都认为记忆具有随意性，而且没有优化配制……我一直觉得基本记忆过程具有很强的适应能力，甚至可以取得最佳效果。但是，我从来没有找到合适的框架来说明这一点。在计算机科学领域关于信息检索的研究中，我看到了梦寐以求的那个框架。"

我们往往很自然地认为，遗忘是大脑存储空间被全部占用造成的结果。在安德森对人类记忆的新描述中，其核心思想是，需要解决的可能不是存储问题，而是如何组织的问题。他认为，大脑的记忆能力基本上是无限的，但我们在大脑中搜索的时间是有限的。安德森把大脑比喻成图书馆，不过这个图书馆只有一个无限长的书架，也就是说，是一个美国国会图书馆级别的野口文件归档系统。你可以在那个书架上放无数本书，但是，书的位置越靠近前面，就越容易被找到。

关乎人类记忆好坏的关键因素就和决定计算机高速缓存效果的关键因素一样，都是看我们能否预测未来我们最有可能需要什么。

如果不能未卜先知，在人类世界里做出这种预测的最好方法是理解世界本身。安德森与合作伙伴莱尔·斯科纳一起，开始着手实施一项埃宾豪斯式的研究，不过研究对象不是人类大脑，而是人类社会。问题很简单：世界本身的"遗忘"方式（随着时间的推移，事件逐渐被人们淡忘，再也无人提及）有什么特点？安德森和斯科纳分析了三种人类环境,即《纽约时报》的头条新闻,父母与孩子的谈话录音,以及安德森自己的电子邮件收件箱。在所有的领域中,他们都发现,一个词在刚刚被使用后最有可能再次出现,随着时间的推移,它再次出现的可能性也会逐渐降低。

换句话说,现实本身有一个与埃宾豪斯曲线相似的统计结构。

这个现象给人一种异乎寻常的暗示。如果事物淡出我们记忆的模式与它被我们逐渐弃用的模式完全相同,那么埃宾豪斯的遗忘曲线就很好解释了——大脑为适应世界而完成的精确调整,目的恰恰是为最可能需要的事物腾出空间。

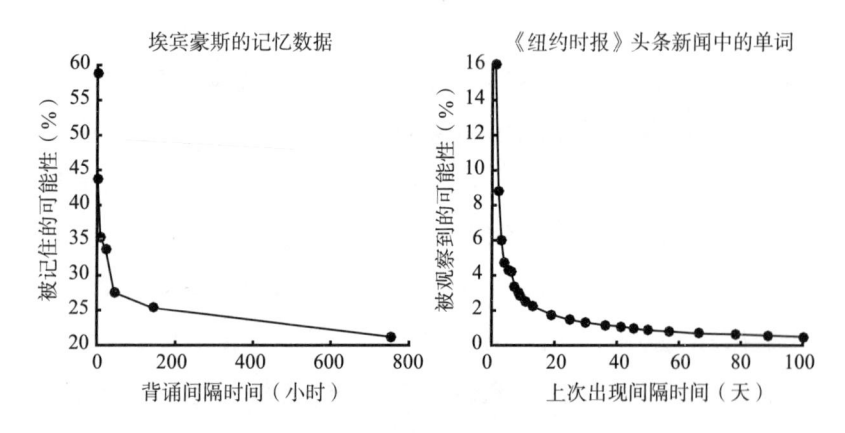

人类记忆与人类环境关系图

注:左图表示埃宾豪斯背诵无意义音节表的正确率与首次背诵后间隔小时数之间的关系。右图表示某个单词在某一天出现在《纽约时报》头条新闻中的可能性与上次出现在出版物后间隔时间之间的关系。

缓存突出强调时间的重要性,从而说明存储器必须做出取舍,需要处理好零和关系。你不能把图书馆的所有图书都搬到你的案头,商

04
缓　存

场不可能把所有商品都陈列在前台,报纸不可能把所有新闻标题都放在头版,我们也不可能把所有的文件都放在文件堆的最上面。同样,你也不能把所有事实、面孔或者姓名都存储在大脑的"前台"。

安德森和斯科纳指出:"很多人对人类记忆心存偏见,认为人类的记忆力没有积极意义。他们说,他们经常因为记忆失败而心情沮丧。然而,人们在提出这类批评意见时,并没有真正理解人类记忆所面临的任务是要管理数量极其庞大的记忆内容。在任何负责管理庞大数据库的系统中,都必然会遇到检索失败的情况。维护数量庞大的搜索项并保证可以正常接入,花费是非常高的。"

明白了这一点,又可以让我们了解人类记忆的第二个特点。如果这些取舍真的不可避免,而且大脑适应周围世界的能力又非常强,那么我们所说的随着年龄增长而不可避免的"认知能力衰退"可能另有隐情。

经验暴政

卡利马科斯　　　　　　　一本大部头的书就是一个大麻烦。

史蒂夫·赖特　　　　　　为什么不用造黑匣子的材料制造整架飞机呢?

我们之所以需要以缓存级联这种形式实现计算机分级存储体系,很大程度上是由于我们在制造存储器时不能全部采用最昂贵的硬件。例如,目前计算机上最快的缓存是用 SRAM 制造的,它的成本大约是固态硬盘闪存的 1 000 倍。但是我们使用缓存的真正目的并不是

算法之美
ALGORITHMS TO LIVE BY

单纯地追求速度这么简单。事实上,即使我们可以定制一台全部采用最快存储器的机器,我们仍然需要高速缓存。

约翰·亨尼西说得好,单凭大小这一个参数就足以限制存储器的速度:

> 如果你把某个东西变大,它的速度必然就会减慢,对不对?如果你让一个城市变大,从 A 点到 B 点就要花更长的时间;如果你把图书馆的规模扩大,找到一本书所需要的时间就会更长;如果案头上的文件堆变大了,找文件就需要更多时间,对吧?缓存实际上是解决这个问题的方法……例如,如果你现在去购买一个处理器,你就会发现芯片上有一个一级缓存和一个二级缓存。仅仅在芯片上就有两个缓存!这样做的目的是要跟上处理器的周期速率,而第一级缓存的大小是有限的。

存储器越大,在其中搜索并提取信息就不可避免地需要越多时间。

本书作者在 30 多岁的时候,就已经发现自己在与人说话时停顿的频率有所增加,有时候某个人的名字"就在嘴边",但怎么也想不起来。原因还是一样。10 岁的布莱恩有 20 多个同学;20 年后,他的电话里有几百个联系人,脸书上则有几千个联系人;他先后在 4 个城市居住过,每个城市都有朋友、熟人和同事。汤姆此时已经开始了自己的学术生涯,与数百名合作者开展过合作,还教过几千名学生。(事实上,在创作本书的过程中,我们就与大约 100 人见过面,还引用过大约 1 000 人的谈话。)当然,影响记忆的因素绝不仅限于社会关系。

04
缓 存

两岁孩子通常大约认识 200 个单词，成年人通常认识 3 万个单词。至于情景记忆，每人每年都有 33 万分钟的清醒时间，因此总的生活体验在不断增加。

考虑到这一点，我们（或者任何人）的大脑还能正常工作，不能不说是一个奇迹。令人惊讶的不是记忆衰退，而是大脑在海量数据不断积累的情况下，仍然能够保持清醒并且做出正常反应的事实。

如果记忆面临的基本问题真的是一个组织管理的问题，而不是存储问题，那么我们在衰老影响心智能力这个问题上的看法就应该改变。最近，图宾根大学的迈克尔·瑞姆斯卡率领一组心理学家和语言学家完成了一项研究，结果发现，所谓的"认知能力衰退"（滞后和检索错误）可能并不表明搜索过程变慢或者搜索能力退化，而是我们所面对的信息量不断变大所带来的一个不可避免的后果（至少是原因之一）。不管衰老还会带来什么样的难题，年长的大脑必须管理数量更多的记忆存储，因此，它其实每天都在解决更复杂的计算问题。面对反应速度更快的年轻人，老年人可以不屑一顾地说："这是因为你什么都不知道！"

瑞姆斯卡的小组仔细研究了人们使用的语言，以证明额外信息对人类记忆的影响。通过一系列的模拟实验，研究人员发现，知道的单词、姓名或者字母越多，正确识别它们的难度就越大。不管你的组织计划有多好，如果需要在更多的东西中进行搜索，就将不可避免地需要更长的时间。这不是因为我们变得健忘，而是因为我们在回忆。我们正在蜕变成档案。

瑞姆斯卡说，理解记忆不可避免的计算需求，应该可以帮助人们容忍衰老对认知的影响。他说:"我认为,老年人的当务之急是要知道他们的头脑就是一个天然的信息处理设备。随着我们变老,有些事情,例如记住人的姓名,可能会让我们感到沮丧。其实,这与我们需要筛选的东西的数量有关……不一定就表明我们的大脑在衰退。"正如他所说的,"现在被称为衰退的很多过程其实就是学习过程"。

缓存为我们提供了理解当前状况所需的语汇。例如,我们可以用"大脑短路"来表示"缓存错误"。在信息检索中偶尔出现的不协调的滞后,是在提醒我们,把我们需要的内容放在大脑的"前台",会让我们在剩下来的时间里受益良多。

因此,如果随着年龄增长,你开始经历这种延迟现象,你也不必沮丧。延迟的长度可以表明你的阅历是否丰富,信息检索耗费的精力则可以检验你的知识是否渊博,从延迟发生的频率则可以看出你的组织管理是否合理,有没有将最重要的东西储存在最近的位置。

05

时间调度理论
要事先行

安妮·迪拉德 我们度过每一天的方式，自然就是度过一生的方式。

尤金·劳勒 "我们为什么不写一本关于时间调度理论的书呢？"我问，"不应该花太多时间！"写作，就像发动战争，其中常常包含严重的计算错误。15年后，其中的日程安排仍然未执行完。

现在是周一早晨，你的日程表上还有一大堆任务等着去完成。有些任务只有在其他人完成之后你才能开始（只有在洗碗机内的碗碟被拿出后才能再次放碗碟进去），有些只能在规定的时间开始（如果你在周二晚上之前将垃圾倒在路边，邻居们就会投诉）。有些任务迫在眉睫，有些没有时间要求，有些处于两者之间，比较灵活。有些任务时间紧迫，但没那么重要。有些很重要，但并没那么紧迫。你也许会想起亚里士多德的这句话——"重复的行为造就了我们"，这种行为可能是拖地、与家人共度更多时光、准时发传真，或者学法语。

所以，我们该怎么做，什么时候做，以什么样的先后顺序做？人生就是在等待中度过。

虽然我们总能找到一些方式安排我们每天要做的事情，然而我们似乎并不认为我们善于安排这些事情。因此，时间管理指南之类的书常年位居畅销书榜的前列。不幸的是，我们往往能发现这些指南之间的矛盾和不一致之处。《尽管去做》一书中提倡的是，一想到任何可以在两分钟内完成的任务就立即去做。另一本同类畅销书《吃掉那只青蛙！》建议从最困难的任务开始，再逐步转向更容易的事情。《战胜拖延》一书则建议首先执行调度者的社交活动和休闲活动，然后再将工作填充到空白时间之中，而不是我们经常做的相反的顺序。"美国心理学之父"威廉·詹姆斯曾断言，"没有什么比永远有一个未完成的任务悬在那里更让人感到疲惫不堪的"，但弗兰克·帕特诺伊在《等待》中提到一些故意不立即完成任务的例子。

每位大师都有其独特的思想体系，我们很难知道该听谁的。

安排时间是一门科学

虽然时间管理跟时间本身一样古老，但时间调度这门科学是在工业革命时期的机器工厂中产生的。弗雷德里奇·泰勒是一名有钱律师的儿子，1874年，他放弃了哈佛大学的学业机会，去费城的恩特普赖斯水压工厂做了机工学徒。4年后，他完成了他的学徒生涯，开始在米德维尔钢铁厂工作，在那里，他一路从车工车间领班做到了总工程师。在这个过程中，他发现，他监管的机器（和人）的时间并没有被很好地利用，这促使他开创了他所谓的"科学管理"这一门学科。

05
时间调度理论

泰勒创建了一个规划办公室，它的中心是一个公告板，展示了商店的日程安排，以便所有人都能看到。公告板记录商店里的每一台机器，显示该机器目前正在执行的任务，以及后续将执行的所有任务。这一创意是由泰勒的同事亨利·甘特提出的，他在1910年开发的甘特图帮助了从胡佛大坝到州际公路系统等20世纪美国很多雄心勃勃的建设项目规划组织。一个世纪后，甘特图仍然出现在亚马逊、宜家和美国太空探索技术公司项目经理办公室的墙壁和屏幕上。

泰勒和甘特将调度变成一种研究对象，他们赋予它视觉和概念的形式。但他们并没有解决一个基本问题，那就是，到底怎样安排日程是最好的。直到几十年之后的1954年，兰德公司的数学家塞尔默·约翰逊在他发表的一篇论文里才第一个暗示这一问题可以被解决。

约翰逊研究的是书籍装订这个例子，在装订过程中，每本书都需要在一台机器上印刷，然后在另一台机器上进行装订。但这种最常见的双机器安装例子更类似于家庭中的洗衣服。当你洗衣服时，必须先用洗衣机再用烘干机，每次洗不同的衣服花费的时间也不同。大的污渍可能需要更长的清洗时间，但烘干时间均不变；衣服数量多可能需要更长的烘干时间，但洗衣时间不变。所以，约翰逊问，如果在同一天你有很多衣服要洗和烘干，最好的处理方法是什么？

他的答案是，你首先应该找到一个需要最少时间的洗衣或者烘干的方法，如果这种最短时方法需要用洗衣机，那么先洗这批衣服。如果这种方法需要用烘干机，将这一步放到最后。剩下的衣服重复此最优分类过程，也就是在安排上从两端向中间进行。

直观地说，约翰逊的算法之所以合理是因为无论你如何安排洗衣的顺序，在开始时总有一段时间是洗衣机单独运行的，而在结束时总有一段时间是烘干机单独运行的。将开始时的洗衣时间和结束时的烘干时间最小化后，你就能将洗衣机和烘干机共同工作的时间最大化。因此，用于洗衣的总时间就会是绝对最小值。约翰逊的分析产生了时序安排的第一个最佳算法：从最好洗的衣服洗起，以最少的烘干衣量结束。

在直接应用之外，约翰逊的研究还揭示了更深层次的两点内容：第一，时序安排可以通过算法表达；第二，存在最优时序安排方案。这引发了一项庞大的研究，为大量假定工厂中不同数量和种类的机器运行提供策略。

与装订或洗衣过程不同，我们将重点研究这其中的一小部分：单一机器调度。因为最重要的时间调度问题只涉及一台机器：我们自己。

处理时限

一提到单机调度，我们立马会遇到一些问题。约翰逊的装订调度是基于最小化两机共同工作时间来降低总时间的。然而，在单机调度的情况下，如果我们要完成所有被赋予的任务，那么所有的安排都应该用同样长的时间去完成，这与先后顺序无关。

这一点最基本且违反直觉，值得重复应用。如果你只有一台机器，同时你必须完成所有的任务，那么对于任务的任何排序都将花费相同的时间。

05
时间调度理论

因此,甚至在开始之前,我们就会遇到单机调度的第一堂课:明确你的目标。我们只有知道如何保持得分时才能宣布哪种安排更好。这是计算机科学中的一个主题:在你有一个计划之前,必须首先选择一个衡量指标。而事实上,我们最终挑选的这个指标将直接影响哪种安排方法的实施效果最好。

紧随约翰逊的装订理论,第一批单机调度研究应运而生,这些研究提供了几种合理的衡量指标。对于每一种指标,他们都提出了一种简单的、最优的策略。

这当然是很常见的,比如对有截止日期的任务,我们需要根据延期的程度进行判断。所以我们可以认为,在一批任务中"最大延迟"的任务就是超过截止日期最多的任务——这可能是你的老板在员工绩效评估中会在意的任务。(或者是你的客户在零售或服务过程中可能会关心的任务,其中"最大延迟"的任务对于顾客来说,是跟等待时间直接相关的。)

如果你要降低最大延迟时间,那么最佳策略就是你先从截止日期最近的任务开始,再以此类推逐渐执行。这一策略被直观地称为**最早到期日原则**。(例如,在服务行业,每位客户的"到期日"就是他们走进店的那一刻,这就意味着要按照客户进店的顺序进行服务。)但其中也有很多令人惊讶的问题。例如,每个任务要用多长时间完成是完全不相关的:它不会改变整体计划,所以实际上你甚至不需要知道任务时长,重要的是任务何时到期。

你可能已经使用最早到期日原则来统筹你的工作,在这种情况下,不需要计算机科学来证明这是个明智的策略。但你可能不知道,这就是最优策略。更确切地说，它假设你对一种衡量标准尤其感兴趣，即要减少你的最大延迟。但是，如果这不是你的目标，另一种策略可能就会更适合。

以冰箱为例。如果你是社区支持农业组织的成员，那么每一周或两周就会有很多新鲜农产品被送到你家。每一件产品生产于不同日期，所以你要根据它们的最早到期日期吃这些食物，根据保质期这个顺序吃它们似乎是一个合理的出发点。然而，事实不完全是这样。最早到期日是为了更好地减少最大延迟，这就意味着，它将最大限度地减少你吃到过期食物的概率，但这也许不是从最可口这个标准来衡量的。

也许我们要尽量减少腐烂食物的数量，穆尔的 BM 算法可以帮我们做出最好的计划。穆尔算法认为，我们第一步应该先按照最早过期日，也就是食物的腐烂日期将食物进行排序，最早过期的先吃，一次吃一个。然而，一旦我们意识到，也许不能在过期日之前吃完下一个食物时，我们就会暂停该计划，转过头考虑之前已有的计划，并拿出最大的项目（即一个将吃最长时间的食物）。例如，这可能意味着放弃要吃 6 顿的西瓜，甚至没有考虑尝试此食物之后很快能吃完的所有食物。然后，我们重复这种模式，按照食物的过期日排序，又在计划好的最大项目上停滞。只要我们能按照过期日的先后顺序将剩下的所有食物在过期之前吃完，那我们就完成了计划。

穆尔的算法最大限度地减少需要扔掉的项目数量。当然，你也可以用食物堆肥，或捐到当地的食品站，或者送给你的邻居。在工业或官僚资本的背景下，你不能简单地抛弃一个项目，但过期项目的数量

05
时间调度理论

而不是重要性仍然是你最大的关注点。穆尔的算法并没有关注如何处理那些过期的任务。任何从你的主体安排中分离出来的任务都可以按照任何顺序完成，这都不要紧，因为它们都已经超过时限了。

把事情做好

老子　　　　　　　　千里之行，始于足下。

有时，最后期限并不是我们主要的考虑因素，我们只是想要把事情都做好：在尽可能少的时间里完成尽可能多的事情。这就使这一看似简单的要求很难转化成具体的统筹指标。

其中一种方法就是站在旁观者的角度。我们注意到，在单机调度中，我们所做的任何事情都不能改变我们完成所有任务所需要的时间。但如果每个任务都代表一个等待中的客户，那么就有一种方法能尽量少地占用他们的共同时间。想象一下，从星期一早上开始，你的日程表上有一个为期4天的项目和一个为期1天的项目。如果你在星期四下午完成那个大项目（经过4天），然后在星期五下午完成小项目（经过5天），两位客户会等共9（4+5）天。然而，如果将顺序颠倒，你可以先在星期一下午完成小项目，在星期五完成大项目，那两位客户总共等待的时间只有6（1+5）天。你5天的工作日时长不变，但是这样你就可以为你的客户共节约3天时间。调度理论家称这个标准为"完成时间的总和"。

将完成时间总和最小化可以引申出一个非常简单的优化算

算法之美
ALGORITHMS TO LIVE BY

法——**最短加工时间**：总是先做能最快完成的任务。

即使不是每项工作都有暴躁客户的催促，但用最短加工时间法也可以帮助你把事情做好。（因此，最短加工时间法推荐你先做任何耗时不到两分钟的任务。）当然，这没有办法改变你的工作总量，但最短加工时间法可以尽快减少未完成的任务数，从而抚慰你的心灵。它的完成时间总和这一标准可以用另一种方式来表达：它就像是把重点放在减少待办事项列表的长度。如果每一件未完成的工作就像你身边的一根刺，那么尽快完成简单的任务可能会给你的心情带来一些舒缓。

当然，所有未完成的项目并不都是平等的。扑灭厨房里的火肯定比用邮件熄灭顾客的怒火更重要，虽然前者可能耗费的时间更长。在时间调度中，这种重要性的区别通常用权值这一变量表示。当你在完成你的待办事项时，这个权值可能就是很明显的负担——每完成一项任务都会让你觉得在减轻这种负担。一个任务的完成时间就是你背负这负担的时间，所以最小化加权完成时间总和（也就是每个任务的持续时间乘以它的权值）就意味着是去最小化完成整个日程表所承受的全部压力。

针对这一目标的最优策略是对最短加工时间法的一种完善：将每个任务的权值通过其需要的完成时间进行划分，然后将单位时间重要性（如果你喜欢的话可以称之为"密度"，延续权值的隐喻）结果从高到低排序。虽然可能很难将日常工作的每一个任务都赋予一定的重要性，但这一策略仍然提供了很好的经验法则：只需优先完成那些可能需要双倍完成时间且具有双倍重要性的任务。

05
时间调度理论

在商业环境中,"权值"很容易被理解为完成每个任务所带来的利益数额。按完成时间的长短划分奖励这一想法,因此可以被理解为每项任务的小时率。(如果你是一名顾问或自由职业者,这个小时率可能就已经为你计算好了:只要简单地按照每个项目的大小来划分其费用多少,并根据你的工作方式,将时薪从高到低排序。)有趣的是,这种加权策略也体现在动物觅食研究中,坚果和浆果就相当于美元和美分。动物为了最大限度地提高从食物中积累能量的速率,应该按照获得和食用该食物所需的时间和其热能比值高低来摄取食物——它们似乎也的确是这么做的。

当该原理应用于债务而不是收入时,就产生一个处于黑暗中、后来被称为"债务雪崩"的策略。减债战略是指忽略债务整体的数量和大小,只是把钱注入利息最高的那一笔债务。这就相当于按照单位时间重要性的顺序安排工作。这一策略能尽可能快地减轻债务的总负担。

另一方面,你可能更关心的是减少债务的数量而不是数额,例如,如果无数账单和不停接听催款电话所带来的麻烦对你来说可能比利息更令你烦心,那你就不用考虑权值了,你"只是想把事情解决好"而不是用最短处理时间原则,因此你应该先偿还最小的债务,让这些小债务先被处理掉。在削减债务圈,这种方法被称为"债务雪球",实际上,无论是在大众媒体还是经济学研究中,人们到底应该优先降低债务的数额还是数量仍然是一个具有争议性的话题。

算法之美
ALGORITHMS TO LIVE BY

找出问题所在

　　这将涉及我们之前所讨论的单机调度问题。有人说:"戴一只手表的人知道时间,而戴两只手表的人就不能确定时间了。"计算机科学能给我们提供用单机调度执行的运用不同度量标准的最优算法,但选择哪种度量标准就取决于你自己了。在很多事情中,我们都得决定到底想解决什么问题。

　　这为我们提供了一种激进的方法来重新思考"拖延"这一时间管理的经典问题。我们通常认为拖延是一个错误的算法。但如果它正好相反呢?如果它是一个错误问题的最佳解决方案呢?

　　连续剧《X档案》的一集中,主角马尔德正被吸血鬼攻击,无力反抗,看上去命不久矣,为了自卫,他将一袋葵花籽倒在地板上。吸血鬼无力对抗自己的冲动,俯身拾起一个接一个的葵花籽,在他最终品尝到"马尔德大餐"之前,太阳出来了。计算机科学家称之为"PING攻击"或"拒绝服务"攻击:给系统无数琐碎的事情做,重要的东西就会迷失在混乱中。

　　我们通常把拖延、懒惰或逃避行为联系在一起,但拖延也会出现于在充满热情且想努力完成任务的人(或电脑,或吸血鬼)的身上。在2014年的一项由宾夕法尼亚州立大学戴维·罗森邦进行的研究中,研究者要求受试者将两个沉重的水桶中的一个拿到走廊的另一端。一个水桶在参与者的旁边,另一个则在大厅中间。让实验人员吃惊的是,人们立即拿起身边的水桶,一路将它拎到另一边,径直路过可以让他们少走一段路的另一个水桶。正如研究者所写:"这个看似理性

05
时间调度理论

的选择反映了一种趋势——超前主义,这是我们新提出的一个术语,是指完成任务时为了加速子目标的完成,甚至牺牲额外的体力。"推迟主要项目的工作,去完成各种琐碎的小任务也与此类似,这可以被视为"加速子目标的完成"。这是在换一种方式说,拖延症者也在努力行动,以尽快地减少他们头脑中悬而未决的任务数量。这并不是说他们在完成任务时使用了糟糕的策略,而是他们用一个伟大的策略选择了错误的指标。

在计算机上工作会带来额外的危险,当我们想到并仔细思考我们的调度标准时:用户界面可能会微妙(或不那么微妙)地将自己的度量使用在我们身上。例如,一个现代智能手机用户,已经习惯于看到"未读消息标签"徘徊在应用程序图标之上,令人恐慌的红白数字就是每个特定的应用程序在告诉我们希望我们完成多少任务。如果它是电子邮件收件箱中的未读邮件,那所有的消息都在无形中被赋予相同的权重。我们是否应该运用最短处理时间算法——先处理最简单的电子邮件,再处理更难的,以尽快减少未读邮件的数量呢?

人们的生死都充斥着各种标准。如果所有的任务都同等重要,那么这正是我们应该采取的方法。但是,如果我们不想被琐事所奴役,那么我们需要采取措施来结束这种状况。这首先要确保我们正在解决的单机问题是我们想要解决的问题。(在应用程序未读消息标签问题上,如果我们不能让它们反映我们实际的优先处理顺序,也不能克服减少摆在我们面前的任何数字图像的冲动,最好下一步就把未读消息这一功能关闭。)

重点不只是要把事情做好,更重要的是把权值更高的事情做好——在每一个时刻都做好最重要的工作,这听起来像是治愈拖延症的一个行之有效的方法。但事实证明,仅仅这样还不够。一组计算机调度专家将以一种最戏剧化的方式来感受这一点:在火星表面,全世界的人都在注视着他们。

优先级反转和优先约束

1997年夏,人类迎来一件值得庆祝的大事。人类火星探测车第一次降落在火星表面。价值1.5亿美元的火星探路者飞船加速到每小时16 000英里的速度,穿越3.08亿英里的太空空间,并用太空安全气囊降落在红色岩石状的火星表面。

现在它却被暂停了。

在地球这边,喷气推进实验室的工程师们既担心又为难。探路者号最优先的任务(给"数据总线"输入输出信息)被神秘地忽视,而机器人却在没那么重要的任务上消磨时间。到底发生了什么?难道机器人不应该知道得更多吗?

突然,探路者号发现信息总线在一段不可接受的长时间里都没有被处理,并且没有一个细微的追索来源,它便进行了一次完全重启,使当天剩下的工作能被更好地完成。大约一天后,同样的事情再次发生。

喷气推进实验室团队经过仔细研究,终于成功重现并诊断该行为。其罪魁祸首是一种经典的危险调度行为,称为优先级反转。该行为是指低优先级任务做某些工作时拥有系统资源(这里我们可以说

05
时间调度理论

是访问数据库),但在做该任务时被定时器中断,该定时器使其暂停并触发系统调度器。调度器启动一个高优先级任务,但该任务不能运行,因为数据库已被占用。因此,调度器向下移动优先级列表,改为执行中等优先级工作,而不是高优先级任务(已被阻塞),或低优先级任务(已被锁定在中优先级任务之后)。在这种可怕的状况下,系统的最高优先级有时可以在任意长时间里被忽略。[1]

当喷气推进实验室团队的工程师将探路者号的这一问题识别为优先级反转的情况后,他们立即编写了一个修正代码,并将新代码数传送到百万英里之外的探路者号上。他们穿越太阳系发射的解决方案是什么呢? 那就是优先级继承。 如果发现低优先级任务阻塞高优先级资源,那么所有低优先级任务应该立刻变成系统上的最高优先级任务,"继承"被阻塞的优先级。

喜剧演员米奇·赫德伯格讲述了一件事:"当时我在赌场,我正在做自己的事情,有个人走过来说:'你要挪一下位置,你挡住消防出口了。'我说,如果这里有火灾,我还不会跑吗!"这件事中,保镖的论点是优先反转,赫德伯格的反驳是优先继承。 赫德伯格随便在一个暴徒的面前闲逛,将自己的低优先级(游玩任务)置于他的高优先级(逃生任务)之前。但如果他继承了优先级便不会这样。凶残的暴徒总有一种方式使其他人非常快地继承他们的优先权。正如赫德伯格所说:"只要你是可燃体,且双腿健全,你就永远不会堵住消

---

[1] 具有讽刺意味的是,探路者号的软件团队负责人格伦·里夫斯将该问题归结于"截止日期压力"的错误,并认为在开发过程中修复这个问题被认为是"较低优先级"。因此,其根本原因在某种程度上来说,就是镜像问题本身。

防出口。"

　　这其中值得一提是，想把事情做好的热情不足以避免调度上的陷阱，光有想把重要事情做好的热情也不够。要承诺坚持做你所能做的最重要的事情，如果你一直目光短浅而不远望前方，那么你眼中的整个世界都仿佛处于拖延之中。正如汽车轮胎的旋转一样，只有当你的轮子被卡住时你才会渴望它立即开始运转。歌德曾说："最重要的事情永远不应该受到不重要事情的影响。"虽然这有一定的道理，但它也不都是真的。有时候，最重要的事要等不重要的事情完成之后才能进行，所以这里只有将这些不重要的事情看得跟被阻塞的重要任务一样重要。

　　当某个任务在另一个任务完成之前无法启动时，调度理论家称之为"优先约束"。操作研究专家劳拉·艾伯特·麦克莱表示，她清楚地记得这一原则在她自己家里不止一次地产生了作用。"如果你能看到这些东西，这可能是有用的。当然，安排好三个孩子的一天，有很多需要统筹的事务……孩子们必须先吃完早餐，我们才能出门，如果我不记得递给他们勺子，那他们就不能吃早餐。有时，你忘记做一件小事会导致整个任务的延迟。在调度算法方面，仅仅知道这是什么并使其保持运转就已经大有裨益了。这就是我每天如何安排事情的。"

　　在 1978 年，调度理论研究者简·卡雷尔·伦斯特拉使用了相同的原理帮助他的朋友吉恩搬到伯克利的新家。"吉恩正在拖延一些事，这些事是必须在我们开始其他紧急事情之前就完成的。"伦斯特拉回忆说，他们需要退还一辆面包车，但又需要用这辆车运送一台设备，而又需要用这台设备来修理公寓里的东西。这个修理的任务没那么紧急

05
时间调度理论

（因此它被推迟），但换车是很紧急的。伦斯特拉说："我向他解释道，应该考虑到前任务更加紧急。"伦斯特拉是调度理论的中心人物，因此他有能力给他的朋友提供这个建议，这也带来了特别有趣的讽刺意味。这是一个由优先约束引起的优先级反转的标准案例。可以说，20世纪最优秀的优先约束专家就是他的朋友尤金"吉恩"劳勒。

减速带

劳勒考虑到他一生大部分时间都在思考如何最有效地完成一系列的任务，他便对自己的职业生涯采取了一种有趣的迂回路线。他在佛罗里达州立大学学习数学，后于1954年在哈佛大学攻读研究生，但在获得博士学位前便离开。后又在法学院、军队和机械加工车间工作，1958年他回到哈佛大学，得到博士学位后他开始在密歇根大学工作。1969年，在休假期间他去了伯克利，在一场声名狼藉的反越南战争的抗议中被逮捕。次年，他成为加州大学伯克利分校的一名教师，并获得了计算机科学系的"社会良知"的美誉。他于1994年去世，此后计算机协会设立了劳勒奖，表彰那些体现出计算机科学人道主义潜力的人。

劳勒的优先约束理论的第一次调查表明，它们应用起来十分容易。例如，采取最早到期日算法将一组任务的最大延迟量进行最小化。如果你的任务有优先约束，那只会使事情更加棘手——如果有些任务必须在其他任务之后完成，那你就不能简单地按照到期日的先后顺序来安排任务。但在1968年，劳勒证明了只要你按照从后往前的

算法之美
ALGORITHMS TO LIVE BY

顺序建立时间表就没有问题：只看跟其他没有依赖关系的任务，并把到期日最后的任务排在日程表的最后。然后重复这一过程，每一步都只考虑那些不作为其他（还未做安排的）任务完成前提的任务。

但当劳勒更深入地考虑优先约束时，他发现了一些奇怪的问题。我们所看到的是，如果你想尽可能快地从你的待办事项列表中理清尽可能多的项目，最短处理时间算法就是最佳策略。但是，如果某些任务有优先约束，便没有一个简单或明显的调整原则。虽然这看起来像一个基本调度问题，但无论是劳勒还是其他任何研究人员似乎都没能找到一个有效的解决方法。

然而，事实比这还糟。在那之后不久，劳勒自己也很快发现这一问题属于大多数计算机科学家认为没有行之有效的解决办法的范畴——在该领域被称为"难解性"[1]。影响调度理论发展的这第一个减速带就是一个难以逾越的障碍。

正如我们看到的，在"三倍或无"（要么赢三倍，要么全部输光）的情况下，最优停止理论并没有圣人的指导，每一个问题也并不都能用一个正式答案表达。在调度问题上，其定义就很清楚地表明，每一组任务和约束都有一些最好的调度安排，所以本质上调度问题并不是不可回答的，但它可能没有简单直接的算法帮你在一个合理的时间量里的找到最优安排。

这使劳勒和伦斯特拉这样的研究者面临一个不可抗拒的问题：究竟什么比例的调度问题是难解的？在塞尔默·约翰逊初创调度理论的

---

[1] 我们将在第 8 章详细研究"难解性"这一问题。

05
时间调度理论

20年后，对个人解决方案的探索已变成一项更浩大、更雄心勃勃的研究：通过这一探索可以纵观整个调度理论。

研究人员发现，即使是对调度问题进行最微妙的改变，也经常会跨越易处理和不易处理之间细致而又不规则的分界线。例如，当所有任务都具有相同权值时，穆尔算法就最大限度地减少了过期任务（或腐烂水果）的数量。但如果一些任务比其他更重要，这个问题就变得难解，没有算法可以很轻松地提供最佳安排。同样，如果某些任务必须等到某个时间点才能开始，那几乎所有的安排都会陷入难解的境地。在收垃圾车到来的前一天晚上才能把垃圾倒出去，这可能是一个合理的市政规章，但它会让你的日程安排变得棘手。

对调度理论边界的绘制一直持续到今天。最近的一项调查表明，在所有问题中大约有7%是仍然未知的，就是调度的未知领域。然而，在我们所理解的93%的问题中，现实也并不是很理想：只有9%的问题可以被有效解决，其他的84%已经被证明是难解的。[1] 换句话说，大多数的调度问题都没有现成的解决方案。如果你觉得很难完美地管理你的日程，那也许因为实际上这就是难以管理的。尽管如此，我们讨论过的算法往往是解决那些困难问题的起点——也许不是那么完美的，但至少是可以预期的。

---

[1] 事实也并非数据显示的那么糟糕，因为这包括多机调度问题，更像是管理一组员工而不是管理你的日历。

算法之美
ALGORITHMS TO LIVE BY

放弃所有：抢占和不确定性

谚语 种树最好的时间要么是20年前，要么就趁现在。

到目前为止，我们只考虑了使调度变得更加困难的因素。但有一个转折可以使它更容易：能够中途停止一个任务的执行切换到另一个任务。"抢占"这个属性最后会戏剧性地改变整个游戏。

如果有些任务不能在一个特定的时间开始，那么将最大延迟（为咖啡店的顾客服务）或完工时间（为了快速缩短你的待办事项列表）最小化都越过了难解性那条线。但一旦允许抢占，那就还有其他高效的解决方案。在这两种情况下，经典的策略——最早到期日和最短加工时间，只要进行一个相当简单的修改，就是表现最好的。当任务开始时，将该任务与正在进行的任务进行比较。如果你运用最早到期日原则，新的任务甚至比现在的任务截止日期更早，那么就转换档位，否则它将停滞不前。同样，如果你运用最短加工时间原则，新的任务可以完成的比目前的任务更快，那么先暂停处理这一个，否则就继续你正在做的事情。

现在，如果一周的生意好，一家机械工厂可能会知道在接下来的几天里他们所期望的一切，但是我们大多数人通常都是盲目的，至少部分人是这样。例如，我们可能不确定我们何时才能启动一个特定的项目。（某人会就某个问题给我一个确定的答案吗？）在任何时候，我们的电话或电子邮件都可能弹出一个新任务的消息，添加到我们的

05
时间调度理论

原议程之中。

事实证明,即使你不知道什么时候会开始工作,最早到期日和最短加工时间仍然是最佳的策略,这能够保证你在面对不确定性时表现出最佳状态(平均来说)。如果在不可预知的时刻,你的桌子上突然出现一堆任务,最小化最大延迟仍然是最早到期日的抢先版最佳策略——如果新来的任务比手头上的截止日期更早的话,那就转而执行这一新任务,如果不是就忽略它。同样,最短加工时间的抢先版策略(比较当前任务的剩余完成时间和完成新任务所需要的时间)仍然是最小化完成总时间的最佳方法。

事实上,在面对不确定性时,最短加工时间的加权版本是一种最通用的调度策略。它提供了一个简单的时间管理方法:每接到一件新工作时,通过其将耗费的时间来对其进行重要性的划分。如果该重要性高于当前正在执行的任务,就切换到新任务,不然就坚持当前任务。该算法是调度理论最接近"万能钥匙"的地方,最佳策略并不只是为了解决一个问题,而是许多问题。在一定条件下它所要最小化的并不只是加权完工时间的总和,如我们所期待的,也是超期任务的权值以及这些任务的加权超时数的总和。

有趣的是,如果我们提前知道任务的开始时间和持续时间,想要优化所有其他的指标也都是难解的。所以,调度不确定性的影响揭示了一些违反直觉的东西:在有些情况下,透视是一种负担。即使拥有完全的预知,寻找完美的调度计划实际上也许也是不可能的。相比之下,驻足思考,工作来时反应灵敏,也许不能给你想象中完美的调度执行,但这是你可以做的最好的一件事,也最容易计算。这会带来一些安慰。作为商业作家和编码员的杰森·弗瑞德曾说："直到做出一个万能计划，你才会继续吗？用'猜测'代替'计划'，并放轻松。"当未来充满迷雾的时候，原来你不需要日程表，只需要一个待办事项清单。

抢占并不是随意的：关联转换

谚语　　　　　　　走的越急，就落得越远。

埃伦·厄尔曼　　　程序员不说话，因为他们不能被打断……与其他人同步（电话、蜂鸣器和门铃）只能意味着打断思路。中断就意味着会发生一些错误。你不能中途下车。

所以，调度理论还是告诉人们一个合理而又鼓舞人心的道理。解决许多调度问题时，有最简单和最优算法，而要解决的这些问题都已经非常接近我们在日常生活中遇到的情况。但是，在现实世界中，当涉及实际操作的单机调度问题时，事情就会变得复杂。

首先，人们和计算机操作系统都面临着一个奇怪的挑战：正在进行调度的机器和将要进行计划的机器是同一个。要想理顺你的待办事项清单上的项目，需要你的待办事项列表本身进行优先处理和调度。

其次，抢占也不是随意的。每当你转换任务时，你都要付出代价，这在计算机科学领域被称为上下文切换。当计算机处理器把注意力从给定的程序上转移时，总要付出一定的代价。它需要有效地标记

05
时间调度理论

该任务的位置,并将其所有相关信息放置一边,然后找出它下一步运行的程序。之后,必须取得该程序的所有相关信息,找到它在代码中的位置,最后进入该档位。

这种来回切换并不是"真正的工作",也就是说它们都没有实际提高计算机所切换的程序的状态。这是无用功,每一次上下文切换都在浪费时间。

人类在上下文切换时也会付出代价。对于这一点,我们在以下时刻会有所体会,我们将办公桌上的文件拿来又拿走,电脑上的文件关闭又打开,走进房间却不记得我们要来做什么,甚至我们会大喊:"我在哪里?""我在说什么?"心理学家的研究表明,对于我们来说,任务切换的影响可以包括延迟和错误,影响时间会是几分钟而不是几微秒。任何一个人,如果你在一小时内被中断几次,那么你就有这一个小时什么都做不成的危险。

就个人而言,我们已经发现,编程和写作需要考虑整个系统的状态,所以其进行切换的成本就非常大。我的一位编程的朋友说,正常的一周工作时间不适合他的工作,因为对他来说,一天工作16小时的效率是每天8小时的两倍多。对于布瑞恩来说,他认为写作是一种锻造。金属在具有可塑性之前都要一段时间来加热。他发现,写不到90分钟就不会有什么成果,因为前半个小时几乎出不了成果,除了将"我在做什么?"这个大问题装进他的大脑。匹兹堡大学的调度专家柯克·普鲁斯,也有同样的经历。"如果只有不到一个小时是时间,我就去做些简单的小差事,因为我要花35分钟才能真正弄清楚我想做什么,然后我可能就没有时间去做这件事了。"

算法之美

ALGORITHMS TO LIVE BY

英国作家吉卜林在其 1910 年创作的著名的诗《如果》最后高度呼吁对时间的管理:"如果你能惜时如金,那就利用每一分钟不可追回的光阴……"

真希望是这样。但事实是,我们总会将大量时间花在无用的工作上,比如考虑如何记账和任务管理。这是调度的基本权衡之一。你承担的越多,花费的时间就越多。在极端的噩梦中,这变成一个被称为颠簸的现象。

颠簸状态

《社交网络》　　　　　盖齐:扎克伯格先生,你现在是完全专心地在听吗?

扎克伯格:你只吸引了我的部分注意力——只有最低限额。

计算机多任务处理的过程被称为"线程",你可以想象为在玩一组球。就像一个杂耍者一次只能投掷一个球,而同时其他的球都在空中,计算机中央处理器一次也只能处理一个程序,但可以快速地切换(以 1/1 000 秒为单位),像放电影、浏览网页,或立即提醒你收到的电子邮件。

20 世纪 60 年代,计算机科学家开始思考如何在不同的任务和用户之间实现计算机资源共享的自动化过程。"这是一个激动人心的时刻。"皮特·丹宁说道。他现在是计算机多任务处理的顶级专家,当

05
时间调度理论

时正在麻省理工学院攻读博士学位。令人兴奋又不确定的是:"你会如何划分一个主内存之间的大量工作?如果它们中的某些想变大,某些可能要缩小,而且它们会相互影响,试图窃取'记忆'和所有东西……你如何管理这整套的任务?没有人知道该怎么做。"

一点儿都不奇怪,由于研究人员并不真正清楚他们在做什么,他们付出的努力便遇到了困难。有一件事引起了他们的注意。丹宁说,在一定条件下一个戏剧性的问题"就会出现,由于你不断给多任务处理增加更多工作,在某个时刻,当你超过一个临界阈值时(这个值的准确位置在你未到达之前很难预测),你就会知道。因为这时,系统似乎突然死了"。

想想之前的杂耍者形象。当一个球被抛在空中时,杂耍者有足够的时间将另一个球抛向空中。但如果再加一个球他能处理吗?如果他不把那个球抛向空中,那其他所有的球都会掉到地上。很明显,整个系统就会崩溃。正如丹宁所说:"多增加一个程序就会造成服务的崩溃……这两个例子之间显著的差异最初是违背直觉的,这可能使我们在新程序被引入到拥挤的内存时对服务的期望逐步下降。"相反,这却是灾难性的。虽然我们可以理解一个不知所措的杂耍者,但究竟是什么让这样的事情发生在一个机器上的呢?

这里的调度理论与缓存理论交叉。缓存理论的全部思想就是保持所需项目"工作集"可用,以便快速访问。这其中的一个方法就是让计算机正在使用的信息保存在快存上,而不是在慢存硬盘上。但是,如果一项任务需要跟踪很多事情,那它们就无法被全部存入内存,那么你可能会花更多的时间在内存上录入和提取信息,而没有时间做实际工作。更重要的是，当你切换任务时，新活动的任务可能要给正在进行中的工作集腾出空间，即从内存中删除部分工作组。即将被激活的下一个任务，将重新获得其工作集的部分空间，将它们重新放回内存，这也将再次取代其他信息。这一问题（相互窃取空间的问题）在处理器和内存之间具有层次结构的高速缓存系统中会变得更糟。皮特·泽吉尔斯达是 Linux 操作系统的调度程序的主要开发者之一，他说："缓存对目前的工作量来说还是很柔和的，当你进行上下文切换时，几乎所有缓存都会失效。而这带来的伤害很大。"在极端情况下，一个程序可以运行足够长的时间，把它所需要的项目转换成内存，然后再让路给另一个程序运行，该程序会再运行足够长的时间以覆盖之前的信息。

这就是颠簸：系统全速运行，却一事无成。丹宁第一次诊断出这种现象是在内存管理领域，但计算机科学家现在使用的"颠簸"这一术语是指任何情况下的系统停止，因为它完全被无用功占据。颠簸的电脑不是逐渐停下来，而是像从悬崖上掉下来的。"真正的工作"已经降到了零，这也意味着要走出这种困局几乎是不可能的。

颠簸对于人类来说是一个非常好辨识的状态。如果你曾经有过这样一个时刻，例如你想停止手头上的事情，以便有机会写下所有你应该做的事，但并没有多余的时间，由此你就陷入颠簸状态。对于计算机来说，原因是一样的：每一个任务都基于我们有限的认知资源。如果记住一切我们需要记住的事情就已经占据我们全部的注意力了，或者优先考虑每个任务就已经消耗掉这些任务所需要完成的所有时间，或者我们的思绪在被转化为行动之前就常被打乱，那么这种感觉很令

05
时间调度理论

人恐慌。这就是颠簸,电脑对这一点很清楚。

如果你的系统曾经陷入颠簸(如果你曾经在这样一种状态)那么你可能会想知道计算机科学是如何摆脱这种困局的。在丹宁20世纪60年代的一篇以此为主题的划时代的论文中,他指出,一盎司的预防胜过一磅的治疗。最简单的方法就是获得更多的内存,例如足够的RAM(随机存取存贮器)将所有运行中的程序工作集同时转换为内存,并减少切换所花费的时间。但这一预防颠簸的建议在你深陷其中时却不能帮你。此外,当涉及人类注意力时,我们就会陷入我们已有的事物之中。

另一种避免颠簸的方式是学会说"不"的艺术。丹宁举例说,如果一个系统没有足够的空余内存以保存其工作组,那就应该拒绝添加新的程序,这可以防止机器的颠簸。这是给所有任务繁多者的明智忠告。但这似乎也是一个遥不可及的奢侈品,我们中的一些人发现自己已经超负荷运转,或者无法缩减分配给我们的需求。

在这种情况下,显然已经没有办法工作得更努力,但你可以工作得更——笨。随着思考存储,上下文切换时无用功的一个最大来源就是选择下一步要做什么。这有时也会使实际工作陷入困境。例如在面对收件箱里满满的邮件时,我们从排序理论得知,重复搜索其中最重要的一个邮件进行回答,就会带来$O(n^2)$多个操作步骤——n个邮件每个都要进行n次搜索。这就意味着,如果当你起床后发现收件箱里邮件的数量是平时的3倍,那你就要花比平时长9倍的时间去处理这些邮件。更重要的是,搜索那些电子邮件就意味着在你回复任何一个邮件之前,要将每一条消息都一个接一个地录入你的脑海里:解决存储颠簸的一个万全之策。

  在颠簸的状态中，你基本上没有任何进展，所以即使以错误顺序做工作也比什么都不做要强。不是首先回复最重要的邮件（这需要对整体进行评估，因此可能要比工作本身花更多时间），也许你应该回避这种二次时间流沙，而只是以随机顺序或者屏幕上显示的任何顺序来回复电子邮件。同样的，Linux 操作系统的核心团队在几年前，用一个不太"聪明"的调度师代替了原来的调度师，这位新调度师可能没那么精于优先处理计算，却计算得更快。

  然而，如果你仍然想保持你的优先事项，你还可以争取另一个，甚至更有趣的交易，以重获你的工作效率。

中断合并

  使实时调度变得如此复杂和有趣的部分原因是，它本质上是两个完全不兼容的原则之间的协调。这两个原则被称为反应速度和吞吐量：是指你能多快地进行反应，以及你可以做多少。任何曾经在办公室工作过的人都可以很容易地体会到这两个指标之间的紧张关系。对那些工作是接电话的人来说，这就是部分原因：他们反应速度越快，其他人的吞吐量就越大。

  同样，生活更困难时你必须像一台电脑一样在反应速度和吞吐量之间做出自己的权衡。但矛盾的是，要想把事情做好，最好的策略就是慢下来。

  操作系统的调度程序通常被定义为一个"周期"，其中的每个程

05
时间调度理论

序至少要保证运行自己的那部分任务,这样系统就给每个程序提供该周期的其中一个"切片"。程序运行得越多,这样的一片就越小,每一期发生的上下文切换就越多,这样就要以吞吐量为代价保持反应速度。然而,如果不加以控制,这种保证在每个周期中每一进程至少都会得到一些关注的策略,可能导致灾难。当有足够多的程序运行时,任务切片就会缩得极小,以至系统会将整个切片都花费在上下文切换上,而不是切换到下一个任务上。

罪魁祸首是硬反应保证。因此,现代操作系统实际上为其程序切片设置了一个最小长度,若长度达到该最小值,系统将拒绝再进行细分。(例如,在 Linux 系统中,这个最小切片的值被设定为一毫秒,但就人类而言,现实中这一时间可能至少要几分钟。)如果添加了超越这一数字的进程,周期就会变得更长。这意味着那些进程将不得不等待更长的时间才能轮到被处理,但它们所等待的时间至少要足够做一些事情。

设置花在任何一个任务上的最低时间量,有助于防止过于强调反应速度而完全忽视吞吐量:如果系统最小切片时间比其上下文切换的时间长,则系统永远不会进入一种只进行上下文切换的状态。这也是一个很容易转化为人类生活建议的原则。如"时间盒子"或"番茄时钟"等方法(你随便设置一个厨房定时器或承诺做一个任务)就是这一思想的体现。

但是你应该设置多长时间呢?面对在执行重复任务之间要等待多长时间这样一个问题,比如检查你的电子邮件,从吞吐量的角度来看,答案很简单:尽可能长的时间。但这并不是故事的结尾,毕竟更高的吞吐量也意味着更低的反应能力。

对于你的电脑来说，它必须定期检查的恼人干扰并不是邮件，而是你。你可能不会把鼠标移动几分钟或几个小时，但当你移动鼠标时，你会期望看到屏幕上的指针立即移动，这意味着机器为了跟上你的步伐将耗费大量的努力。检查鼠标和键盘的频率越高，它在输入时就能反应得越快，但是它需要做的上下文切换就越多。因此，计算机操作系统在决定花多长时间来完成一些任务的时候，所遵循的规则很简单：用尽可能长的时间，以免用户感到紧张或迟钝。

当我们离开家去做一件快速完成的差事时，我们可能会说："你甚至不会注意到我已经离开了。"而当我们的机器进行上下文切换去做计算时，在我们发现系统已经切换走之前，其必须由我们所控制。为了找到这个平衡点，操作系统的程序员便转向心理学方面进行研究，心理物理学研究能精确地计算出人类大脑滞后或延迟时所需的毫秒数。比这更密切地关注于用户是没有意义的。

多亏了这些努力，当操作系统工作正常时，你甚至不会注意到你的计算机正在发挥着多么大的作用。即使你的处理器在全速运转，你也可以继续在屏幕上顺畅地移动你的鼠标。顺畅性可能会导致吞吐量的下降，但这是由系统工程师设计的一个权衡：你的系统会尽可能多地花时间与你交流，然后及时刷新鼠标。

再次，这是一个可以应用到人类生活的原则。其寓意是，你应该尽可能长时间地停留在一个任务上，而不是将你的反应降低到最低可接受的限度以下。决定你的反应速度，然后，如果你想把事情做好，就不要超过此反应速度。

05
时间调度理论

如果你发现自己在进行很多上下文切换（因为你在处理一系列短任务），你也可以使用计算机科学的另一个做法："中断联合"。例如，如果你有5张信用卡账单，不要在刚收到第一张账单时就立即支付它，一直等到第五张账单来时再做处理。只要你的账单在到期31天之内，你就可以指定每个月的第一天作为"账单支付日"，然后在这一天，把每张账单放在你的办公桌上开始处理，不管你是在三周前还是三小时前收到的。同样，如果你的电子邮件通信者没有要求你在24小时内回复，你可以限制自己每天只检查一次消息。电脑可以自己做这些事：等到固定时间间隔进行一次检查，而不是在上下文切换时处理那些不相关、不协调的各种子任务。[1]

有时，计算机科学家发现自己的生活中并没有中断联合的存在。谷歌的研究部主任彼得·诺维德说："我今天要跑去市区办三次事，我说'哦，好吧，这只是你的算法中的一个单线错误代码。你应该等待，或者把这些事先添加到待办事项列表中，而不是按顺序一个一个执行，因为他们每次只增加一个'。"

就人类而言，我们会中断联合邮政系统，就像它们的投递周期一样。因为信件一天只揽收一次，所以你若投寄迟了几分钟，你的信件就要多花24个小时才能送达。考虑到上下文切换的成本，其原因应该是显而易见的：你每天最多只能被账单和信件打断一次。更重要的是，我们的24小时邮政系统要求的最小反应速度就是：你在收到信

---

[1] 由于每当计算机想要我们进行某种操作时，它们往往会弹出错误信息和对话框，这种行为是有点儿虚伪的。用户界面以一种中央处理器本身很少容忍的方式要求提起用户的注意。

后的 5 分钟或 5 小时回复邮件，并没有任何区别。

在学术界，上班时间就是一种中断联合。而在私营部门，中断联合提供一个最恶毒的办公室礼仪的救赎观：每周例会。无论其缺点是什么，定期会议都是我们对自发的中断和计划外的上下文切换的一种最好防御。

也许最小上下文切换生活方式的守护神就是传奇程序员高德纳·克努斯。"我一次只做一件事，"他说，"这就是计算机科学家们称之为批处理的方法，它是用来代替交替进出的。因此我不交替进出。"克努斯不是在开玩笑。2014 年 1 月 1 日，"2014 版克努斯排版"出现了，他在其中修正了该软件过去 6 年来所报告出现的所有错误代码。他在报告最后愉快地说道："敬请期待 2021 版！"同样的，克努斯直到 1990 年才有第一个电子邮箱的地址。"电子邮件对于那些在生活中扮演着重要角色的人来说是件美妙的事情，但我并不是这样的人，我的身份是在底层，我所做的事情需要很长时间的学习和不断的集中精力。"他每 3 个月查收一次他的邮政邮件，每 6 个月查收一次传真。

但是，你并不需要事事都参照克努斯的极端原则，以期望我们生活中有更多事可以使用中断联合作为一个设计原则。邮局遵照这种原则的情况很少，在其他地方，我们需要为自己建立原则，或进行要求。各种能发出声音的设备都有"请勿打扰"模式，我们可以手动切换打开和关闭一整天，但这种工具都太生硬。相反，我们可能会想进行一些设置，为中断联合提供一个明确的选择。这就相当于在设备内部进行的人类时间尺度。它每 10 分钟提醒我一次，然后告诉我一切细节。

06

贝叶斯法则

预测未来

伯特兰·罗素 　　人类获得的所有知识都是不确定的、不准确的和不全面的。

安妮 　　明天太阳会照常升起。你可以用你的一切来打赌太阳会出来。

1969年，J. 理查德·戈特三世在普林斯顿攻读天体物理博士学位之前，他去欧洲旅行了一趟。他看见了柏林墙，那是8年前建成的。站在墙的影子下，这仿佛是冷战的一个鲜明象征，他开始思索这墙会将东德和西德地区继续分割多久。

从表面上看，试图做出这种预测有些荒谬。即使撇开地缘政治的不可预测性不说，这个问题仅在数学上似乎就很可笑：因为它试图从一个单一数据点进行预测。

但是，尽管这看起来很可笑，但我们总是会根据需要做出这样的预测。你到了一个外国城市的公共车站，也许其他游客已经站在那里等了7分钟。下一班车什么时候到？继续等待是否值得？如果是这样的话，在放弃之前你应该再那等多久？

或者你的一个朋友已经和某人约会了一个月，希望得到你的建议：邀请他们一起参加即将到来的人的婚礼是否太早？这种关系已经有了一个良好的开端，但是什么时候开始制订计划比较合适呢？

谷歌的研究部主任彼得·诺维德曾进行过一次题为"数据的不合理有效性"的著名演讲，该演讲深究了"数十亿琐碎的数据点最终如何能被理解"。媒体不断告诉我们，我们生活在一个"大数据时代"，计算机可以筛选这数十亿的数据点并发现一些肉眼看不到的细节。但跟日常生活联系最密切的问题往往是另一种极端。我们的生活充满"小数据"，我们就像看到柏林墙的戈特一样，也就是通过一个单一的观察，做一个推论。

那么我们一般怎么做呢？我们又应该怎样做？

故事发生在 18 世纪的英国，那时，有一个研究领域对伟大的数学思想家来说是不可抗拒的（对那些神职人员也是如此），那就是赌博。

贝叶斯牧师的倒推理

大卫·休谟 　　因此，如果我们相信过去的经验，并把它作为我们判断未来的标准，那这些标准就一定不是确定的。

250 年前，贝叶斯牧师就很重视小数据预测问题，他来自英国迷人的温泉城镇坦布里奇韦尔斯，是一位长老会的牧师。

贝叶斯设想，如果我们买 10 张新的、不熟悉的抽奖彩票，其中有 5 张中奖，那么要估计中奖概率就似乎相对容易：5/10，或 50%。但是，如果我们只买了一张彩票，并赢得奖品呢？我们真的认为中奖

06
贝叶斯法则

的概率就是1/1,或是100%的?这似乎过于乐观,不是吗?如果是这样的话,那中奖概率应该是多少?我们应该猜多少呢?

对于那些曾在不确定性推理历史上产生如此重大影响的人来说,贝叶斯自己的故事也具有讽刺的不确定性。他出生于1701年或者1702年,出生地是英国的赫特福德郡,或是伦敦。在1746年,或1748年,或1747年,抑或是1749年,他写了一篇在数学界最具影响力的论文,他却未将它发表,并继续做其他事情。

在这两个事件之间我们有了更多的把握。作为牧师的儿子,贝叶斯去爱丁堡大学学习神学,并像他父亲一样被任命为牧师。他对数学和神学感兴趣,并在1736年为牛顿全新的"微积分"理论写了一篇慷慨激昂的辩护书,以回应乔治伯克利主教对牛顿的攻击。这使他在1742年当选为皇家学会的成员,并被赞誉为"擅长几何、数学和哲学学习的绅士"。

1761年贝叶斯去世后,他的朋友理查德·普莱斯被要求整理他的数学论文,看是否有可发布的内容。一篇文章引起了他的兴趣,并令他特别兴奋——他说这篇文章"极为出色,值得保存"。这篇论文就论述了本文所讨论的彩票问题:

> 让我们想象一个人在抽奖的时候,对会不会中奖完全不知道,也不知道中奖和无奖的比例如何。让我们进一步假设,他要从他之前了解到的无奖的数量来推测相对的中奖数量,并询问他在这些情况下能做出什么合理的结论。

贝叶斯的关键见解是,试图使用我们看到的中奖和未中奖彩票来分析彩票来源于整体彩票池的方法,本质上是在倒推。他说,要做到这一点，我们需要先用假设向前推理。换句话说，我们首先需要确定，如果各种可能场景都成真的情况下，我们中奖的可能性有多少。这个被现代统计学家称为"可能性"的概率给了我们解决问题所需要的信息。

例如，假设我们买了三张彩票，三张都中奖了。现在，如果这种彩票中奖率特别高，所有彩票都能中奖，那我们的买三中三的中奖率就肯定会一直发生，在这种情况下就是100%的概率。但如果只有一半的彩票能中奖，那我们三张彩票的中奖率就是 $1/2 \times 1/2 \times 1/2$，也就是 1/8。如果1 000张彩票只有一张能中奖，那么我们的中奖率将是 $1/1\,000 \times 1/1\,000 \times 1/1\,000$，也就是 1×10^{-9}。

贝叶斯认为，因此我们应该判断如何能让所有彩票都尽可能中奖而不是一半能中奖，或者尽可能使一半的彩票中奖而不是1/1 000。也许我们生来便拥有这种直觉，但贝叶斯的逻辑思维却给我们提供了为这种直觉定量的方法。在同等条件下，我们应该想象成所有彩票都中奖的概率比一半中奖的概率要高8倍，因为我们在这种情况下买的彩票正好是8倍多的中奖概率（100%与1/8）。同样的，一半的彩票中奖的概率正好是1 000张中一张中奖的1.25亿倍，我们已经通过比较 1/8 和 1×10^{-9} 而得知其中的原因。

这是贝叶斯论证的关键所在。从假设的过去向前推理，并奠定了理论基础，让我们可以向后找到最大的可能性。

这是一个巧妙和创新的方法，但它对抽奖问题没能提供一个完整的答案。普莱斯在向皇家学会提交贝叶斯的研究结果时，他能够确定，如果你买了一张彩票并中奖了，那么至少有一半的彩票都能中奖的概率是75%。但是，考虑概率的概率问题会让人有点儿头晕。更重

06
贝叶斯法则

要的是，如果有人在催促我们："好吧，但是你认为彩票的中奖率到底是多少？"我们仍然不知道该说什么。

如何将所有可能的假设提取到单一的期望值，这一问题将在短短几年后由法国数学家皮埃尔·西蒙·拉普拉斯解答。

拉普拉斯定理

1749年，拉普拉斯生于诺曼底，他父亲送他到一所天主教学校，并希望他成为神职人员。拉普拉斯继续在卡昂大学学习神学，他不像贝叶斯那样一生都能平衡对神学和科学的奉献，因此他最终放弃了做牧师，而专攻数学。

1774年，在完全不知道贝叶斯以前做的工作的情况下，拉普拉斯发表了一篇雄心勃勃的论文，名为"事件原因的概率论"。在这篇论文中，拉普拉斯终于解决了如何从观察到的效果向后推理并找出可能的原因这一问题。

如我们所见，贝叶斯找到了一种比较两种假设的相对可能性的方法。但是在彩票这一问题上，这里的假设几乎就是无穷的——每一个中奖彩票可能的比例。利用微积分这一曾备受争议却受到贝叶斯坚决拥护的数学学科，拉普拉斯能够证明这个巨大范围的可能性，这可以提取成一个单一的预估值和一个非常简洁的数字。他表示，如果我们提前真的不知道彩票的情况，然后当我们第一次买的三张彩票中的一张彩票中奖了，我们可以推测奖池里彩票的总中奖比例为2/3。如果我们买三张彩票，都中奖了，那我们可以推测总中奖比例正好是4/5。

事实上，如果买 n 张彩票共 w 张中奖，那么中奖率就是中奖数加 1，除以所购买的数目加 2，即 $\frac{w+1}{n+2}$。

这种令人难以置信的简单的方法估计概率的简单方法被称为拉普拉斯定律，它很容易就能适用于任何你需要通过历史事件来评估概率的情况。如果你做了 10 次尝试，其中有 5 次成功，拉普拉斯定律估计你的整体成功概率是 6/12 或 50%，这符合我们的直觉。如果你只试一次便取得成功，拉普拉斯给的估计是 2/3，这比假设你每次都赢更合理，也比普莱斯的观点更具可操作性（它告诉我们，50% 或更大的成功概率有 75% 的元概率）。

拉普拉斯继续将他的统计方法应用到广泛的时间问题上，包括评估男孩和女孩的出生率是否真正平均。（他发现，男婴其实比女婴的出生率稍高。）他还写了关于概率的哲学论文，可以说这是给大众读者的第一本关于概率的书，也是最好的概率书之一，此书奠定了他的理论基础并讲述了这些理论在法律、科学与日常生活上的应用。

拉普拉斯定律为我们在现实世界中面对小数据时提供了第一种简单的经验法则。即使我们只进行了一些或一次观察，它也都能给予我们实际指导。想知道你的车晚点的概率吗？你的垒球队会赢吗？数一数过去已经发生的数量再加一，然后除以可能的机会数再加 2。拉普拉斯定律的精髓就在于无论我们有一个单独的数据点或数以百万计的数据，它都同样适用。小安妮相信太阳明天会升起是有道理的，这句话告诉我们：地球已经连续看到太阳上升约 1.6 万亿天，在下一次的"尝试"中看见太阳不升起来的机会，几乎没有可能。

06
贝叶斯法则

贝叶斯法则与先验信念

大卫·休谟

可以想象，所有这些假设都是一致并可以想象的。为什么我们要偏向其中一种，而这一种并不比其余的更一致或可以想象？

拉普拉斯也考虑了另一种修饰贝叶斯理论的方法，这将被证明是至关重要的：那就是如何处理那些比其他假设可能性更大的假设。例如，买彩票时，99%的中奖率是有可能的，但我们可以假设中奖率更有可能只有1%。这一假设应该体现在我们的估算过程中。

说得更具体点儿，例如有一个朋友给你看两个不同的硬币。一个是正常的"公平"硬币，正反两面都具有50-50的概率，另一种是两面都是头像的硬币。他把它们扔到一个袋子里，然后随意地拿出一个，他将硬币旋转一次：是头像。你认为你的朋友旋转的是哪个硬币？

贝叶斯的反向工作方案使这个问题变得简单。那个公平硬币转到头像的概率是50%，另一个双头硬币转到头像的概率是100%。因此，我们可以自信地断言，转到这个硬币的概率是100%除以50%，或朋友掏出双头硬币的概率是它的两倍。

现在考虑下面一次的旋转。这一次，朋友给你看9个公平硬币和一个双头像硬币，把所有10枚硬币都装进袋子，随机抽取一个，并翻转它：还是头像。现在你怎么想？这次是公平硬币还是双头像硬币？

拉普拉斯预料到了这一点，而且答案又一次简单得令人印象深刻。如果和以前一样，一枚公平硬币转到头像的概率正好是一枚双头像硬币的一半。但现在，首先公平的硬币被抽到的概率就是双头像硬币的9倍。事实证明，我们可以把这两个不同的概率都考虑进去，并把它们相乘：这就是说，你朋友持有一个公平的硬币的概率是双头像硬币的4.5倍。

描述这种关系的数学公式，将我们先前持有的观念和我们眼前的证据结合起来，就形成了后来的贝叶斯法则。有点儿讽刺的是，真正重要的工作却是由拉普拉斯完成的。它提供了一个非常简单的解决方案来如何处理现有的信念与观察到的证据：将它们的概率相乘。

值得注意的是，有一些预先存在的信念，在计算这个公式时至关重要。如果你的朋友只是走近你说："我从这个袋子里翻出了一枚硬币，最后转出头像那面。你认为这是一枚公平硬币的概率有多大？"除非你最开始就对袋子里是什么硬币有一定了解，否则你完全无法回答这个问题。（当你对任何一个概率都无从得知的时候，你便无法将两个概率相乘），在硬币翻转之前，你对"袋子里"是什么的感觉，或是说在你看到任何数据之前，每个假设的概率都是真实可能的，这就是所谓的先验概率，或者简称为"先验"。贝叶斯法则总是需要一些先验，即使它只是一个猜测。有多少枚双头像硬币？抽到他们的概率有多大？那么，你的朋友有多大可能是一个骗子呢？

贝叶斯法则依赖于先验概率，这一点在历史上的某些时刻被认为是有争议的、有偏见的，甚至是不科学的。但在现实中，我们的头脑实际上很少会进入一个完全空白甚至停滞的状况。

当你对先验概率有一定的预估时，贝叶斯法则也适用于各种各样的预测问题，无论它们是大数据类型还是更常见的小数据排序。计算

06
贝叶斯法则

彩票获奖概率或扔硬币的概率仅仅是开始。由贝叶斯和拉普拉斯研究出的方法可以在任何时候帮助我们，尤其是当我们遇到不确定性或数据不足的问题和工作时。这正是我们试图预测未来时所面对的情况。

哥白尼原则

谚语 预测本就是一件难事，预测未来尤其如此。

当理查德·戈特看到柏林墙时，他问了自己一个非常简单的问题：我在哪？也就是说，在这一人工建筑存在的全过程中，我是否恰好已经到达了呢？简而言之，他是在从时间角度问一个空间问题，而这一问题正是在400年前深深吸引着天文学家尼古拉·哥白尼的问题：我们在哪？地球在宇宙的什么位置？与前人不同，哥白尼激进地以为地球不是宇宙的中心，也就是说地球没有什么特别的。戈特决定采取同样的关于时间的分析步骤。

他设想，他到达柏林墙的那一刻并不特别，因为这只是柏林墙整个历史中的一瞬。如果有任何一个时刻都有同样的可能性，那么平均来说，他的到来应该是在一个精确的中间点（因为他有50%概率是在此之前到来，或50%的概率是在此之后）。更普遍的是，除非我们确定我们在某个特定时间现象中出现的特定中间点。[①] 如果我们假设我们到达的中间点有精确的时间，那么对于它在未来还可以持续多久的

---

① 这很明显是个讽刺：说到时间，通过假设我们的到来没有什么特殊性从而引申出我们处于最中心位置。

算法之美
ALGORITHMS TO LIVE BY

最佳猜测就变得很明显：确切地说就是它已经存在的时间。戈特看到柏林墙时已经建成 8 年了，所以他最好的猜测是，它将再存在 8 年。（最终，这个数字是 20 年。）

这个简单的推理，被戈特称为哥白尼原则，它可以得出一个简单的算法，能为各类事件做出预测判断。在没有任何先入为主的预测时，我们不仅可以用它来获得对柏林墙终结时间的预测，同时也可以预测任何其他短期和长期现象。哥白尼原则预测道，美利坚合众国作为一个国家将一直持续到 2255 年左右，谷歌将持续到大约 2032 年，你与你的朋友一个月前开始的一段关系将可能再持续约一个月（也许你该告诉他不要参加刚收到的婚礼邀请呢）。同样，它告诉我们要持怀疑态度，例如，《纽约客》杂志封面是一个人拿着一个 6 英寸的智能手机，上面有大家熟悉的网格正方形应用程序图标，标题为 "2525"。但这是令人怀疑的。据我们所知，智能手机刚诞生 10 年，哥白尼原则告诉我们，它不可能出现在 2025 年，更别说 5 世纪后了。到 2525 年，即使还有一个纽约市存在，也会让人感到吃惊。

更实际地说，如果我们正在考虑一份建筑工地的工作，他们的标牌表明 "上一次工程事故发生在 7 天前"，我们可能会想离开，除非这是一份我们计划做得特别短的工作。如果一个城市的公交系统承担不起可以告诉乘客下一班车什么时候会到来这一非常有用却很昂贵的实时提醒系统的话，哥白尼原则表明，可能有一个更简单也更便宜的替代品。那就是简单地显示前一辆公交车到达此处的时间距离现在有多久，这可以为判断下一辆公交车到来的时间提供一个实质性的提示。

但是哥白尼原则就一定正确吗？当戈特在《自然》杂志上发表了

06
贝叶斯法则

他的猜想之后,该杂志收到了很多重要信件。当我们尝试将规则应用到一些比较熟悉的例子时,很容易理解这是为什么。如果你遇到一个90岁的男子,哥白尼原则预测他会活到180岁。同时,每个6岁的男孩都会被预测将在12岁时早逝。

要理解为什么哥白尼原则是合理的,以及为什么它有时不合理,我们需要回归到贝叶斯法则。因为,哥白尼原则尽管具有明显的简单性,但其的确是贝叶斯法则的一个实例。

贝叶斯与哥白尼

在预测未来时,如柏林墙的寿命这类问题,我们需要评估的假设是所有手头上掌握的现象的持续时间:它会持续一个星期,一个月,一年,还是十年?正如我们已经看到的,要应用贝叶斯法则,我们首先需要给每个现象的持续时间分配一个先验概率。事实证明,哥白尼原则正是应用贝叶斯法则并使用了所谓的无信息先验的结果。

起初,这似乎是一个矛盾。如果贝叶斯法则总是要求我们明确事先的预测和想法,我们又怎么能告诉它,我们没有任何预测结果呢?在彩票抽奖的情况下,为无知进行辩护的一个方法就是被称为"统一先验"的方法,这就是认为每个中奖彩票的比例都是相同的。[①] 在柏

[①] 这正是拉普拉斯定理的最简单的形式:假设有 1% 或 10% 的彩票中奖,就跟 50% 或 100% 的可能性一样。$w+1/n+2$ 这一公式便会天真的建议在你买一注强力球彩票未中奖之后,你就有 1/3 的机会赢得下一注——但这一结果却如实地反映了彩票这一不为人所知的概率。

算法之美
ALGORITHMS TO LIVE BY

林墙这一例子中，无信息先验意味着：我们对将要预测的时间范畴一无所知：墙可能会在接下来的 5 分钟或 5 年后倒塌。

除了这些无信息先验，如我们所见，我们供应给贝叶斯法则的唯一一部分数据，事实上就是我们到达柏林墙的时候，它已经存在了 8 年。任何预测它小于 8 年寿命的假设都可以被排除，因为这些假设不能解释我们这里的情况。（同样的，一枚双头像硬币就可以排除字那面的可能性。）任何超过 8 年的预测都是有可能的，但是如果柏林墙要存在 100 万年，那它将是一个很大的巧合，表明我们几乎是接近它存在的最初起点。因此，即使特别长的寿命不能排除，但它也不大可能出现。

当贝叶斯法则与所有这些概率结合——更有可能的短时限就拉低了平均预测，可能性更小但也有一定可能性的长时限又将其拉高，哥白尼原则便出现了：如果我们要预测某个事物还将持续存在多久（在对它没有其他任何了解时），我们可以做出的最好的猜测就是，它将再持续已经存在的时间。

事实上，戈特并不是第一个提出类似哥白尼原则的人。20 世纪 20 年代中期，贝叶斯统计学家哈罗德·杰佛利曾考虑仅仅通过一辆城市有轨电车的序号来确定一个城市有轨电车的数量，并得出了相同的答案：该数字的双倍。一个类似的问题出现得更早，在第二次世界大战期间，同盟国试图估计由德国制造的坦克数量。他们通过所捕获的坦克的序列号，在纯数学估计的基础上进行预测，得出的结果是德国每月生产 246 辆坦克，而通过广泛的（高度危险的）空中侦察所获得的估计表明，这个数字更接近于 1 400。而战后，德国记录显示的真

06
贝叶斯法则

实数字是：245。

在认识到哥白尼原则是无信息先验基础上的贝叶斯法则之后，就可以回答很多关于其有效性的问题。哥白尼原则在我们什么都不知道的情况下似乎是合理的、准确的，如在1969年看到的柏林墙，我们不确定什么时间范畴是合适的。同时，在我们对某一对象的确有所了解时，就会感觉这是完全错误的。预测一个90岁的人能活到180岁是不合理的，这恰恰是因为我们关于人类寿命已经了解了很多——在这种情况下，我们就可以预测得更好。我们给贝叶斯法则带来的先验信息越丰富，我们便能从中得到越有用的预测。

真实世界的先验……

从广义上讲，世界上有两种类型的事物：倾向于（或围绕）某种"自然"价值的事物，以及与之相反的事物。

人类的生命跨度显然是属于前一类。它大体遵循所谓的"正态"的分布，也被称为"高斯"分布（这是以德国数学家卡尔·弗里德里希·高斯命名的），同时因其分布的形状特征也被形象地称为"钟形曲线"。这种形状能很好地表现人类的寿命，例如，美国男性的平均寿命集中在76岁左右，曲线顶端的两边呈现急剧下降的趋势。正态分布往往都有一个适当的比例：一位数的寿命往往会被认为是悲惨的，三位数的寿命是非凡的。自然世界的许多其他事情也都呈现正态分布的趋势，从人的身高、体重、血压，到城市正午的温度，或是果园的果实直径。

世界上有许多事物看起来似乎并不呈现正态分布，但这只是因为你没有长远地看。例如，美国一个城镇的平均人口是 8 226 人。但是如果你要按人口统计该城镇数量图表，你就不会看到像钟形曲线那样长远才能实现的东西。还有很多小镇的人口远不足 8 226 人，同时，某些重要城镇的人口会比平均人口要大得多。这种模式就是所谓的"幂律分布"，也被称为"无标度分布"，因为他们可以在多个尺度的范围表达数量：一个城市能有几十，数百，数千，数万，数十万，甚至数百万名的居民，所以我们不能以一个单一的数值来定义一个"正常"的城镇有多大。

幂律分布可以描述在日常生活中一系列与城镇人口分布类似的现象：大多数都低于平均值，少数是超过的。电影的票房收入，其范围可以是从 4~10 位的数字，这是另一个例子。有些电影根本挣不了那么多钱，但偶尔也有像《泰坦尼克号》这样的高票房电影。

事实上，一般来说，货币是一个充满权力法则的领域。幂律分布可以描述人民的财富和人民的收入。例如，美国的人均收入是 55 688 美元，但由于收入大致是呈幂律分布的，这样我们便会得知，平均值以下的人会比平均值以上的要多，而平均值以上的人的收入可能高得几乎偏离了图表。事实也的确如此：美国 2/3 的人口收入低于平均收入，但前 1% 的人的收入几乎是平均水平的 10 倍。这 1% 中的前 1% 的人的收入又是其余 99% 的 10 倍。

人们常常感叹"富人会变得更富有"，实际上"偏好依附"的过程是产生幂律分布的最可靠的方法之一。我们使用最多的网站往往就是最有可能获得导入链接的网站，拥有最多人追随的网络红人就是最有可能获得新支持者的人，最有声望的公司就是最有可能吸引新客户

06
贝叶斯法则

的公司,最大的城市就是最有可能吸引新居民的城市。在这每一种情况下,幂律分布都会得出这个结果。

贝叶斯法则告诉我们,在基于有限的证据进行预测时,很少有事情是和好的先验一样重要的,也就是说,我们期望证据可以从分布结果中得出。因此,良好的预测最开始要有良好的直觉,要能感觉到我们何时在处理一个正态分布,何时在处理一个幂律分布。事实证明,贝叶斯法则为我们处理这些情况各提供了一个简单但显著不同的预测经验法则。

他们的预测规则

本·勒纳　　　　　　　你是指"这会一直"朝好的方向发展吗?

为了验证哥白尼原则,我们看到,当给贝叶斯法则一个无信息先验时,它会一直预测事物的总寿命为目前寿命的两倍。事实上,无信息先验的可能性有很宽泛的尺度,柏林墙可能继续存在几个月或几千年,这个尺度就是幂律分布。对于任何幂律分布,贝叶斯法则表明,一个合适的预测策略就是**相乘法则**:将迄今观察到的数量乘以一些常数。对于无信息先验,这个常数一般是2,哥白尼预测的方法由此得来;在其他幂律的情况下,所乘的数将取决于你工作的精确分布。例如,对于电影票房,它正好是1.4。所以,如果你听到一部电影到目前为止已经赚了600万美元,那么你可以猜测,它总共将赚840万美元。如果它现在赚了9 000万美元,那么可以预计的最高票房将是1.26亿美元。

算法之美
ALGORITHMS TO LIVE BY

幂律分布不能表明它们所描述的现象的自然范畴，这就直接导致了相乘法则的出现。因此，唯一能给我们的预测提供一些关于范畴的想法的就是我们所拥有的单一数据点，比如柏林墙已经存在8年了。单一数据点的值越大，我们可能要处理的范畴也就越大，反之亦然。当然这种情况也是有可能的：这部电影的票房现在是600万美元，而实际上它只是在第一个小时票房惊人，它更可能是一个只有几百万美元票房的电影。

另一方面，当我们将正态分布作为贝叶斯法则的先验时，我们会得到一个非常不同的指导。我们会得到一个"平均"规则，而不是相乘法则：使用分布的"自然"平均数作为指导。例如，如果有人还没达到平均寿命，那么就直接将其年龄预测为平均值。随着他们的年龄增长并超过平均水平，就预测他们还会再活几年。遵循这一规律为90岁和6岁的两个人给出的合理预测年龄分别为94岁和77岁。（6岁的孩子的预测寿命比76岁的平均寿命略高是因为他已经顺利度过了婴儿期：这样我们就知道他不处于分布的尾端。）

电影的时长就像人类的寿命，也遵循正态分布：大多数电影都在100分钟左右，某些特殊的电影时长处于分布的两端。但并不是所有的人类活动都是这样的。诗人迪安·杨曾经说过，每当他听一首带编号的诗时，如果读者开始念第四节，他的心就会一沉：如果有三个以上的部分，杨就会重新开始，静坐细听。事实证明，杨的沮丧完美体现了贝叶斯法则。通过对诗的分析可发现，它不同于电影的时长，诗歌更接近于幂率分布而不是正态分布：因为大部分诗是短的，除了某些史诗。所以说到诗歌，首先你要确保有一个舒适的座位。正态分布

06
贝叶斯法则

的东西似乎太长了，最后必然会很快结束。但幂律分布的东西存在的时间越长，你可以预测它继续下去的时间就越长。

在这两个极端之间，生活中实际上还有第三种事物：那些不具有更大或更小可能性结束的事物，只因为他们已经持续存在了一段时间。有时候事情是简单的、不变的。丹麦数学家瓦格纳·厄兰研究了这种现象，他将独立事件之间的间隔形式化并推导出带有他名字的函数：厄兰分布。这条曲线的形状不同于正态分布或幂律分布：它有一个类似翅膀的形状，峰值上升较缓，尾部下降的趋势比幂律分布得快，但比正态分布得缓。在20世纪初，他为哥本哈根电信公司工作，用这种分布曲线来模拟在电话网络中连续通话的时间。自那以后，厄兰分布也被用于城市规划以及汽车和行人交通的建设模型中，并被网络工程师在设计互联网的基础设施时使用。自然世界中存在多个维度，其中发生的事件彼此也是完全独立的，它们之间的间隔从而就落在了厄兰曲线上。放射性衰变就是一个例子，这意味着厄兰分布完美地预测了盖革计数器的下一次提示声何时会发出。其在描述例如政客在众议院的任职时间这类的人类活动时也表现不俗。

厄兰分布给出了第三种预测法则——**相加法则**：总是预测事物只会再持续一个常量。我们经常听到的"只需5分钟！……（5分钟后）再给我5分钟！"这往往表现了人们的某种特征，比如说，当一个人准备离开房子或办公室，或完成一些任务的最后时间，这似乎预示着在对现实做出估计时可能出现的一些慢性故障。不过，在一个人不符合厄兰分布的情况下，无论如何，这种话都可能是正确的。

例如，如果一个赌场纸牌爱好者告诉他不耐烦的配偶，他会在赢得一次21点后就停手（赢的概率约为20∶1），他会很高兴地预测："我再买20次就会赢了！"20次后她又回来，问他要让她再等多久，那么，他的答案将是不变的："我再买大约20次就会赢！"这听起来像是我们这位不懈的赌鬼已经进入短期记忆丧失模式了，但事实上，他的预测是完全正确的。事实上，无论他们过去或目前的状态是怎样的，分布结果会产生相同的预测，这一结果被统计学家称为"无记忆性"。

这三个非常不同的最佳预测模式——相乘法则、平均法则和相加法则都是通过将贝叶斯法则应用到幂律、正态和厄兰分布上得出结果的。因为这些预测的出现，这三种分布也给我们提供了不同的指导，让我们知道对某些事件应该有多惊讶。

在幂律分布中，某个事物已经存在的时间越长，我们可以预测它继续存在的时间也就越长。因此，幂律事件让我们等待的时间越长，就会让我们更加惊奇，尤其在它发生前的一刻。一个国家、一个公司或一个机构，年复一年地变得更加强大，所以当它崩溃时总是令人震惊。

在正态分布中，如果事件提前发生就会令人惊讶，因为我们期望它们达到平均水平，但当它们推迟发生时不会如此。的确，到了这一点，它们似乎推迟发生了，所以我们等待的时间越长，我们就会越期待。

在厄兰分布中，通过定义的事件无论何时发生都不会给我们带来更多或更少的意外。任何事情的状态都有可能结束，不管它已经持续了多久。毫无疑问，政治家总是会对他们下一次的选举进行准备。

赌博的特点类似于稳态预期。例如，如果你所等待的轮盘赌注的

06
贝叶斯法则

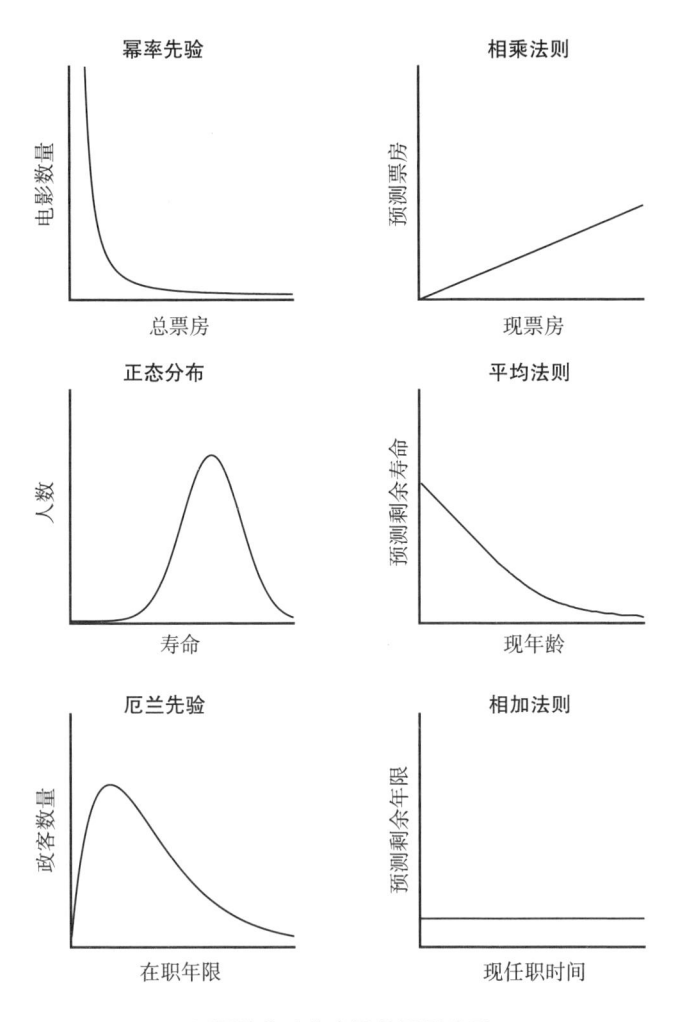

幂率先验	相乘法则
电影数量 / 总票房	预测票房 / 现票房

正态分布	平均法则
人数 / 寿命	预测剩余寿命 / 现年龄

厄兰先验	相加法则
政客数量 / 在职年限	预测剩余年限 / 现任职时间

不同的先验分布及其预测法则

算法之美
ALGORITHMS TO LIVE BY

胜利是呈正态分布的,那么平均法则将适用于此:在一个坏运气后,它会告诉你,你的号码应该会随时中奖,在输了更多次之后会更快出现。(在这种情况下,它的影响会持续到下一次胜利,然后停止。)相反,如果你等待的胜利呈现幂律分布,那么相乘法则会告诉你胜出盘会一次接着一次出现。(在这种情况下,如果你这局胜出了就应该继续下注,如果长时间没有胜出就该停手。)然而,当面对无记忆分布时,你就进退两难了。相加法则告诉你,现在赢的机会和一小时前一样,一小时后也如此。一切都没有什么变化。你没有因为长时间的等待而得到大奖,也没有一个转折点会告诉你何时应该停止你的损失。在电影《赌棍》中,肯尼·罗杰斯提出了一个著名的建议,他说,你必须"知道什么时候走开,或知道什么时候继续",但对于无记忆分布而言,没有一个绝对正确的退出时间。这可能就是为什么这些游戏会让人上瘾的部分原因。

知道你所面对的是什么样的分布十分重要。当哈佛大学的生物学家和作家斯蒂芬·杰伊·古尔德发现自己得了癌症后,他的第一个念头就是去阅读相关的医学文献。然后他发现为什么他的医生会劝阻他这样做:患他这种癌症的病人有一半在确诊8个月内死亡。

但是这一个统计数字(8个月)并没有告诉他任何关于幸存者的分布。如果这是一个正态分布,那么平均法则将给出一个相当明确的预测,告诉他还可以活多久:约8个月。但是,如果它是幂律分布,尾部延伸到右侧,那么情况就会大不相同:相乘法则会告诉他,他活得越久,就会有越多的证据证明他能活得更长。进一步阅读后,古尔德发现:"分布确实是强烈右偏,长(但比较小的)尾巴延长数年以上，都超过 8 个月的中位数。我看不出我为什么不应该待在那条小尾巴上，我长长地松了一口气。"古尔德在确诊后又活了 20 年。

小数据与思维

三个预测法则——相乘、平均和相加适用于日常生活的各个方面。在这种情况下，人们一般都非常善于使用正确的预测法则。汤姆在读研究生时，和麻省理工学院的乔希·特南鲍姆一起进行了一个实验，实验要求人们对生活中的各种常量进行预测，如人类的寿命、电影的票房以及众议院议员任职时间等，每个问题只提供一条信息：现年龄、现票房或现任职时间。然后，他们比较了人们所预测的结果和应用贝叶斯法则的结果。

事实证明，人们所做的预测与贝叶斯法则所得出的预测非常接近。直觉上，人们做出不同类型的预测也是遵循在现实世界中的不同分布——幂律、正态和厄兰分布。换句话说，虽然你可能不知道或不清楚某种情况是需要用相乘法则、平均法则，还是相加法则，但你每天做的预测往往隐含在这些分布中，它反映了日常生活中出现的不同情况，以及不同的行为方式。

根据我们对贝叶斯法则的了解，这一出色的人类表现显示了可以帮助我们进行预测的重要因素。小数据是大数据的变相。往往，我们能从少量的或一个单一的观察结果得出正确预测结果的原因是，我们在这方面的先验如此丰富。不管我们是否知道，我们似乎已经在头脑中储存下惊人准确的先验，例如关于电影的票房和时长、诗的长度，以及任职时间，更不用说人类的寿命。我们不需要特意收集这些先验，因为我们从这个世界中不停地吸收着它们。

事实上，就整体而言，人们的直觉似乎接近于贝叶斯法则的预测，也可以将各种先验分布逆向转换，即使这很难得到权威的真实数据。例如，对客户服务保持不变是人类经验中一个相当常见的一面，但没有公开的数据集表明好莱坞票房收入的保持时间。但是，如果人们是通过他们的经验进行预测，我们就可以使用贝叶斯法则，通过挖掘人们的期望对世界进行间接探测。当汤姆和乔希要求人们从一个单一的数据点来预测保持时间时，结果表明受试者使用的是相乘法则：人们预计的总等待时间是他们等待时间的一倍多。这与将幂律分布作为先验相一致，其中广泛的尺度也是可能的。只希望你不要因为等待时间而终结在"泰坦尼克号"上。在过去的10年中，这样的方法使认知科学家能够从视觉、语言等各个领域识别人类的先验分布。

然而这里有一个关键的警示。在我们没有良好先验的情况下，我们就无法很好地预测。例如，在汤姆和乔希的研究中有一个主题，人们的预测在这个主题上全都系统地偏离了贝叶斯法则，那就是预言埃及法老统治的长度。（恰巧，法老王的统治遵循厄兰分布。）在这个问题中，人们只是没有足够的日常接触以产生一个直观的感觉范围的价值观，所以他们的预测肯定也十分困难。准确的预测需要充足的先验知识。

这具有许多重要的含义。我们的判断背叛了我们的预期，我们的期望又背叛了我们的经验。我们对未来的计划揭示了我们生活的世界以及我们自己经历过的方方面面。

06
贝叶斯法则

我们的预测体现出我们自己

20世纪70年代初期，沃尔特·米歇尔在其著名的"棉花糖实验"中曾试图分析延迟满足的能力是如何随着年龄的增长而发展的。在斯坦福大学的一所幼儿园里，研究者对一组3~5岁的孩子进行了意志力测试。每一个孩子面前都会出现一种美食，如棉花糖，并被告知参与实验的成人马上要离开一会儿。如果他们想吃那些糖，可以马上吃。但是，如果他们忍着不吃等到实验者回来，便会得到多一颗糖。

有些孩子由于抵制不了美食的诱惑，就立即吃了。有些孩子坚持了整整15分钟，直到实验者返回，并得到了两颗糖。但也许最有趣的就是那些等待了一会儿但后来还是没忍住吃掉糖的孩子。

在这种情况下，这些孩子在努力抗争，抵制诱惑，但最终还是败下阵来，失去了额外的棉花糖，这被解释为体现出一种非理性。如果你要屈服，为什么不立即屈服并免受折磨？但这完全取决于孩子认为自己处于什么样的状况。正如宾夕法尼亚大学的乔·麦奎尔和乔·凯布尔所指出的，如果需要大人回来的时间呈幂律分布（逾期缺席意味着比预想的等待时间更长），那么在某个时候减少损失就是完美决定。

换句话说，抵制诱惑的能力至少部分取决于预期而不是意志力。如果你预测大人会在很短的时间后回来（有点类似正态分布），那么你就应该能够坚持下去。平均法则表明，经过痛苦的等待，要做的事情还是在那里：实验者应该随时会返回。但是，如果你不知道消失的时间会有多长（与幂律分布一致），那么这就是一场艰苦的战斗。相乘法则表明，现在漫长的等待还只是未来漫长等待的开头。

算法之美
ALGORITHMS TO LIVE BY

  这次棉花糖实验后的几十年，沃尔特·米歇尔和他的同事们又重新观察当时的参与者在后来的生活中表现如何。令人惊讶的是，当时等到两颗糖的孩子长大后比其他人更成功，甚至他们的学术能力评估测试成绩也更高。如果棉花糖实验测试的是意志力，那么这就是一个强有力的证据，证明了学习自我控制可以对一个人的生活有多大的影响。但是，如果测试是关于意愿，而不是预期，那么这就体现了一个完全不同的，也许更凄美的故事。

  罗切斯特大学的一组研究者最近研究了先验经验在棉花糖实验中是如何影响人们的行为的。在提到棉花糖之前，实验中的孩子们先进行了一个艺术项目。实验者给了他们一些平常的艺术品，并承诺很快会有更好的东西给他们。但是，他们并不知道，孩子们被分为两组。其中一组的实验者很诚信，返回时履行承诺，带来了更好的艺术品。而另一组的实验者并未信守承诺，回来时只给孩子们一个道歉，什么都没带回来。

  艺术项目完成后，孩子们接下来就去参加标准棉花糖实验。在这个实验中，之前认为实验者是不可靠的孩子更可能在大人回来之前就吃掉棉花糖，失去获得第二颗糖的机会。

  在棉花糖实验中失败，并在以后的生活也没那么成功的人可能跟缺乏毅力没什么关系。可能是因为当时那些孩子认为大人是不可靠的：他们说的话不能相信，他们离开的时间长度也是随意的。学习自我控制是一个重要的问题，但在一个成年人始终能信赖的环境中成长也是同样重要的。

06
贝叶斯法则

机械复制时代的先验

路德维希·维特根斯坦　　这就好像有人要买好几份同样的晨报来确保报纸上说的是真的。

安妮·迪拉德　　他仔细看他所读的内容，因为那是他要写的东西。他很认真学习他所学的内容，因为那是他将会懂得的东西。

正如贝叶斯法则告诉我们的，做出准确预测的最好方法就是准确地了解你所预测的事情。这就是为什么我们能很好地预测人类的寿命，但是当被问及预测法老的统治时间时却不尽如人意。

作为贝叶斯法则的一种好方法，它以正确的比例表现世界——具有充分合理的先验，并适当校准。总的来说，对于人类和其他动物来说，这种情况是自然发生的。通常，当有什么东西使我们感到惊奇时，它应该让我们吃惊，而当它不应该让我们吃惊的时候，它就不会。即使我们所积累的偏见不是客观正确的，这些偏见通常还是会合理地反映我们所生活的世界的特定部分。例如，生活在沙漠气候中的人可能高估了世界上的沙量，而生活在极地的人可能高估了雪的总量。但他们都能很好地适应自己的生态环境。

然而，当一个物种学会使用语言时，一切就开始瓦解。我们所谈论的并不是我们所经历的事情——我们主要谈论的是有趣的事情，而这些事往往也是不寻常的。根据其定义，事件总是或多或少地在其适当的频率发生，但语言并不完全是这样。任何经历过蛇咬伤或雷击的人，都会在他们余下的生命中复述那些奇异的故事。这些故事是如此不寻常，因此会被人不断谈起。

之后，在与他人沟通和保持准确的先验世界之间有一种奇怪的压力。当人们谈论感兴趣的事或说一些他们认为听众也会感兴趣的故事时，就偏离了我们的经验统计。这使得经验统计很难保持适当的先验分布。而随着印刷术、新闻和社交媒体的发展，这种挑战会不断增加，并使我们人类这个物种能够机械地传播语言。

想想你见过多少次失事的飞机或汽车。你完全可能看过以下某个场景——失事的汽车可能就在你旁边的道路上，而飞机坠毁可能发生在另一个大陆，这些消息都是通过互联网或电视传输给你的。例如，在美国，从2000年起到现在，在商业飞机上失去生命的总人数不足以填满卡耐基音乐厅，甚至一半都没有。相比之下，美国在同一时间段死于车祸的人数就超过了怀俄明州的全部人口。

简单地说，媒体对事件的报道并不与其在世界上发生的频率相符。社会学家巴里·格拉斯纳指出，在20世纪90年代美国的谋杀率下降了20%，然而在那段时间里，美国新闻中所报道的枪支暴力事件却增加了600%。

如果你想成为一个具有准确直觉的贝叶斯主义者——如果你想自然地做出准确的预测，而不必考虑什么样的预测规则是适当的，你就需要保护你的先验。相反，这可能意味着要关闭消息来源渠道。

07

过度拟合
不要想太多

当查尔斯·达尔文试图决定是否应该向他的表妹艾玛·韦奇伍德求婚时，他拿出一支铅笔和一纸张，并衡量了每一个可能的后果。关于结婚的好处，他列举了孩子、陪伴和"音乐与女性聊天的魅力"等因素。相反，关于婚姻中的不利因素，他列举了"可怕的时间损失"、没有自由去他想要去的地方、亲戚的负担、孩子带来的花费和焦虑、担心"也许我的妻子不喜欢伦敦"，以及花在买书上的钱变得更少等。衡量这一系列因素使取得胜利的渠道变得十分狭窄，最后，达尔文潦草地用拉丁文写道："结婚——结婚——结婚，这被证明了。"达尔文自己用英文重述了这一数学结论："这证明结婚是必要的。"

在达尔文所处的时代，优劣对比已经被推崇，而这在一个世纪前已被本杰明·富兰克林认可。为了克服"令我们困惑的不确定性"，富兰克林写道：

> 我的方式是在一张纸的中间画一条线，将其一分为二，一半写上优势，另一半写劣势。然后在几天的考虑之中，我用不同的方式考虑不同动机的短期提示，考虑在不同的时间该措施可能带来的利弊。当我把它们聚集在一个视图时，我努力评估它们各自的权重。我会找到两项看起来能抵消的因素，然后把它们都划

掉：如果我找到一个优势因素的权重相当于两个劣势因素，我就划掉三个。如果我判断两个正面理由相当于三个负面理由，我会划掉五个。这样，我就找到了平衡所在，如果经过一两天的考虑，任何一方都不会有任何重要的新理由出现，我便可以相应地做出决定。

富兰克林甚至认为这是一个计算公式，并说："我从这种方程式（所谓的道德或保守的代数）中发现了很大的优势。"

当我们在考虑思考过程时，很容易认为想到更多自然会更好：你列出的利弊越多，越能做出更好的决定。关于股票的价格走向，你能辨别的相关因素越多，能做出的预测更准确；你花在工作上的时间越多，能写出的报告越好。这肯定是富兰克林法则存在的前提。在这个意义上，达尔文对结婚与否的"代数"分析，尽管有些古怪，但似乎也是一种非常合理甚至是值得称赞的方法。

然而，如果富兰克林或达尔文已经进入机器学习研究的时代，也就是教会计算机如何根据经验做出良好判断的科学，他们会看到道德代数的基础被不断动摇。想一想思考的力度和考虑的因素这些问题，就是统计人员和机器学习研究人员所称的"过度拟合"这个棘手的问题的核心。处理这个问题可以揭示出，刻意地较少思考也是一种智慧。意识到过度拟合的问题可以改变我们投资、就餐、健身，甚至祭祀的方法。

07
过度拟合

反对复杂性案例

《飞燕金枪》 任何你能做的,我都可以做得更好。我做任何事都可以比你做得好。

每一个决定都是一种预测:你还没有尝试过的东西你会有多喜欢;某个方向,以及不常走的路(或者更多)是否能走得通。每一个预测,都涉及两方面不同的重要内容:你知道的和你不知道的。也就是说,它试图制定一种理论,来解释你以往的经验,并提供一些对未来的猜想。一个好的理论,当然两方面都会照顾周全。但事实上,如果每一次预测都要顾全双方,那么就会产生一些难以避免的矛盾关系。

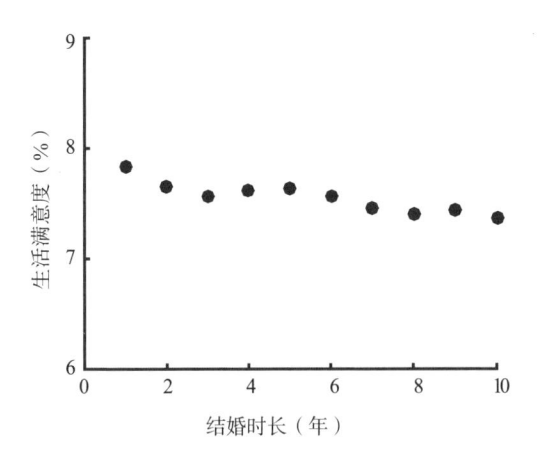

结婚不同时长的生活满意度

作为这种矛盾关系的一个例证,让我们来看一个可能与达尔文有关的数据集,上图是最近在德国进行的一项研究:前10年的婚姻生活中，人们对生活的满意度。图表上的每一个点都取自研究本身，我们的工作是找出符合这些点并延伸到未来的一条线的公式，使我们能够跨越这十年的标记预测未来。

这个可能的公式将只使用一个单一因素来预测生活满意度——自结婚以来的时间。这将在图表上创建一条直线。另一种可能性是使用两个因素，时间和时间的平方，产生的线将是一个 U 形抛物线，这可以分析出一个潜在的更复杂的时间和幸福之间的关系。如果我们扩大公式，让其包含更多的因素（时间的立方等），这条线将会有更多的拐点，越来越多的"弯曲"和波动。当我们进入九因素公式时，我们就可以分析出非常复杂的关系。

从数学上讲，我们的双因素模型包含了所有进入单因子模型的信息，并且还有另一个因素可以使用。同样，九因素模型可以利用双因素模型中的所有信息，还包括潜在内容。根据这种逻辑，九因素模型似乎总是能给我们带来最好的预测结果。

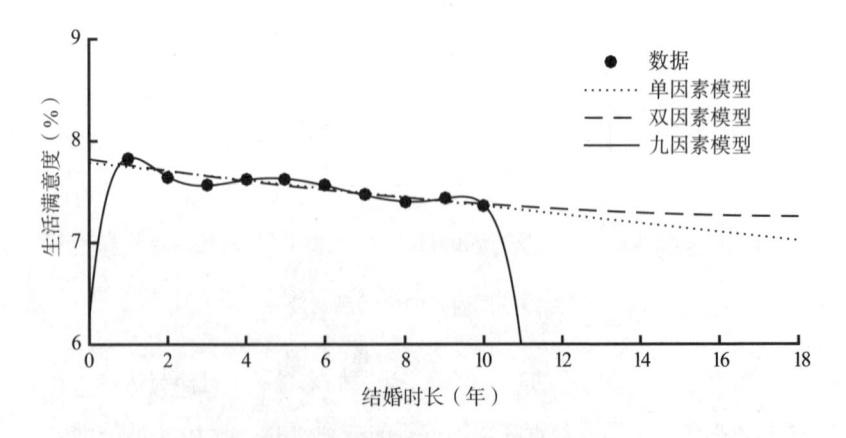

使用不同数量因素的模型对生活满意度的预测

07
过度拟合

但事实证明,并非如此简单。

这些模型应用到前期数据上的结果如上图所示。不出所料,单因素模型错过了很多更精确的数据点,虽然它也能分析出蜜月后开始衰落的基本趋势。然而,它的直线预测法预测这种下降将永远持续下去,最终导致无限的痛苦。这个轨迹听起来好像不太正确。双因素模型更接近拟合的调查数据,其弯曲的形状就是不同的长期预测,表明在初始下降之后,随着时间的推移,生活满意度会慢慢达到一种稳定水平。最后,九因子模型通过了图表上的每一个点,它本质上就是一个完美并适合所有研究数据的模型。

从这个意义上说,九因素公式似乎是我们最好的模型。但如果你看看对没有被研究到的年限的预测,你会知道它是多么有用:它预测到了婚前的恐惧,结婚后几个月的欢欣愉悦,之后仿佛坐过山车一样的颠簸,以及十年后的急转直下。相比而言,由双因素模型预测的结果与心理学家和经济学家关于婚姻和幸福所预测的最一致。(顺便说一下,他们认为,这只反映出他们对生活的满意度回归了正常的基线水平,而不是对婚姻本身有任何不悦。)

其中的启示是这样的:的确,若模型中包含更多的因素,从定义上来说,会更拟合我们已经现有的数据。但更好地拟合现有数据并不一定意味着会得出更好的预测结果。

诚然,像单因素公式的直线这样过于简单的模型,可能无法分析出数据中的基本模式。如果真相看起来像一条曲线,就没有任何一条直线能正确表达。另一方面,像这里的九因素模型这样过于复杂的模型,就会对我们碰巧观察到的数据点过于敏感。正是因为它是如此精

算法之美
ALGORITHMS TO LIVE BY

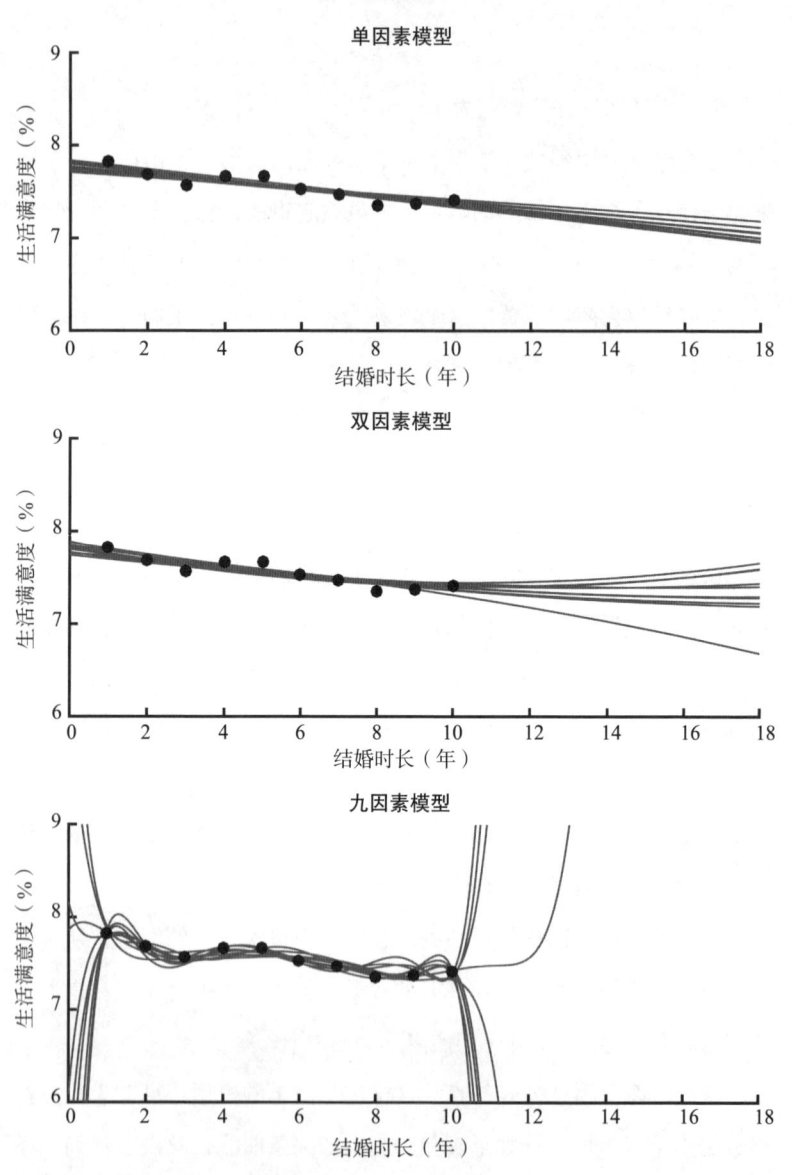

单因素模型

双因素模型

九因素模型

注：加入少量的随机数据"噪声"（模拟重新由一组新的参与者参加的调查得出的结果）在九因素模型中会产生巨大的起伏，而单、双因素模型相比会更加稳定，与他们的预测也更一致。

07
过度拟合

细地调整以适应特定的数据集,所以它所产生的解决方案高度可变。如果研究的对象发生变化,同一基本模式也会发生细微变化,那么单、双因素模式会或多或少地保持稳定状态,但九因素模型将从研究中的一个例子剧烈回旋到另一个。这就是统计学家所称的过度拟合。

因此,机器学习的最深刻的真理之一就是,事实上,并非使用一个更复杂的模型就会更好,它需要考虑更多的因素。这个问题不仅仅是额外的因素可能会提供递减的回报,比一个简单的模型效果更好,还不足以证明增加的复杂性。相反,他们可能会使我们的预测效果急剧恶化。

数据崇拜

如果我们现有的丰富数据是一个完全有代表性的样本,完全没有错误,并完全代表我们正试图评估的对象的话,那么使用最复杂的模型确实是最好的方法。但如果我们试图找到完全适合我们的模型数据时,只要有一个因素不符合以上条件,我们就不能将模型完美地拟合于数据之上,就会有过度拟合的风险。

换句话说,当我们处理经常遇到的数据噪声或估算不准时,过度拟合就会随时构成危险。例如在数据收集或被报道过程中可能出现错误。有时被调查的现象,如人类的幸福,是很难进行定义的,更不用说测量了。由于其灵活性,我们可用的最复杂的模型可适用于数据中出现的任何模式,但这意味着即使这些模式在噪声的掩护下仅仅是魔怪和幻影,他们也必须这么做。

算法之美
ALGORITHMS TO LIVE BY

纵观历史，宗教教义都警告他们的追随者要反对偶像崇拜，例如崇拜雕像、绘画、文物和其他有形的文物，以及代替那些有形之物所代表的无形的神。例如第一条诫命就是警告不许膜拜"任何偶像或任何类似的在天堂存在的东西"。在《列王纪》中，一条奉上帝之令出现的青铜蛇成为人们崇拜和敬香的对象，而不是上帝本身。（上帝有些不高兴。）从根本上说，过度拟合就是对数据的一种偶像崇拜，产生的原因是将重心放在我们能够测量的数据而不是真正重要的问题上。

我们所拥有的数据和我们想要的预测之间的差距几乎无处不在。当做出重大决定时，我们只能通过考虑现在对我们重要的因素来猜测什么会让我们稍后更愉悦。（正如哈佛大学的丹尼尔·吉尔伯特所说，未来的我们往往会"支付大价钱来去除自己曾经花了大价钱文在身上的文身"）。当我们做财务预测时，我们只能看过去的股票价格，而不是未来的价格。即使在日常的小事中，这种模式仍然存在：写电子邮件时，我们会自己通读一遍，以预测收件人读到的效果。因此，在公共调查中，我们自己生活中的数据也总是嘈杂纷乱的，充其量是我们真正关心的一种间接测定的方法。

因此，考虑越来越多的因素和在模型分析上花费的更多努力，会导致我们进入将错误的事物最优化的误区。正如上文提到的，向青铜蛇而不是其身后蕴含的更大力量祈祷。

过度拟合无处不在

一旦你了解了过度拟合，你就会发现它随处可见。

07
过度拟合

例如，过度拟合解释了我们具有讽刺意味的味觉。如果按照进化论来说，味蕾的整个功能都是为了防止我们吃坏掉的东西，那么为什么我们最喜欢吃的食物都被认为是对我们的健康有害的呢？

答案是，味觉是我们身体的健康指标。脂肪、糖和盐是重要的营养物质，在长达几十万年的时间里，食用含有这些物质的食物是持续性饮食的一个合理方法。

但当我们能够改善所食用的食物时，这种关系就被打破了。我们现在可以把脂肪和糖添加到食物中去，但这些食物的量已经超出我们身体可承受的健康范围，但是我们还是只喜欢吃那些食物，而不是吃蔬菜、谷物和肉类这些构成人类正常饮食习惯的食物。换句话说，我们可以过度拟合食物的味道。我们越能熟练地操纵食物（我们的生活方式和祖先的生活方式就越不一样），只有一种度量之下的味道就越不完美。人类因此变成诅咒，使我们能够拥有我们想要的东西成为一种危险，即使这些可能并不是我们真正想要的正确的东西。

注意：当你去健身房减掉由于吃糖带来的多余的体重时，你也可能会对健身过度拟合。明显的身体健康的表征，例如低脂肪和高肌肉量，很容易测量，它们也可以降低心脏病和其他疾病的风险。但它们也是一种不完善的间接测定方法。对表征过度拟合——采用极端的饮食来降低身体脂肪以及服用类固醇来增强肌肉，也许会让你的身体状况看起来非常好，但只是看起来而已。

过度拟合也表现在运动中。例如，汤姆是一名击剑运动员，从少年时代就一直断断续续地练击剑。击剑运动最初的目标是教人们如何在一场决斗中捍卫自己，故出自"防御"一词。现代击剑用的武器是类似于被用于训练在这种场景中使用的东西。(佩剑尤为如此，不到 50 年前，佩剑仍然被用在正式的决斗中。)但引进电子计分设备——装在剑顶端的一个按钮，一有碰击便会记录下来，这改变了这项运动的性质，在真正决斗中没什么作用的技术已经成为击剑比赛中的关键技能。现代击剑运动员使用柔性叶片，使他们可以向对手身上的按钮"甩尾"，只要触碰的力量足够就可以被记录下来并得分。结果，他们看起来更像是在甩一个金属鞭子，而不是用剑切或插。它本是一种令人兴奋的运动，但运动员因为奇怪的计分工具而对策略过度拟合，因此灌输真实的剑术技能就变得不那么重要了。

但是，也许没有哪个领域中存在的过度拟合是和商业世界一样显著的。史蒂夫·乔布斯说："激励结构是有效的，所以你对激励别人做的事必须非常小心，因为不同的激励结构产生的不同后果是你所不能预料的。"萨姆·阿尔特曼是创业孵化器 Y 联合机构的总裁，他也认同乔布斯的警告："公司将按照首席执行官所做的任何估量决策发展。"

事实上，要想出一些具有某种有悖常理的激励手段或衡量方式十分困难。20 世纪 50 年代，康奈尔大学管理学教授 V.F. 里奇韦编录了一系列例如"主机性能测量的不良后果"等研究。就业安置公司的工作人员对他们所进行的访谈的数量进行评估，这促使他们要尽可能快地开会，少花时间在开会上实际是帮助他们的客户尽快找到工作。在一个联邦执法机构，每月发放绩效工资的调查人员被发现他们在月底会挑选较容易的案件，而不是最紧迫的案件进行调查。在一家工厂，过度专注于生产指标会导致主管忽视维护和修理，这会带来灾难隐患。这样的问题不能简单地被认为是实现管理目标的失败。相反，是

07
过度拟合

另一方面：对本就错误的事物进行无情和聪明的优化。

21世纪进入实时分析的转变只会使指标的危险更加激烈。谷歌的数字营销师阿维纳什·考希克曾警告说，试图让网站用户看到更多广告，这就会很自然地发展成将网站塞满广告："当你按每千次展示费用的基础来支付，激励机制就是试图在每一页尽可能多地塞入广告，（同时）确保访问者看到了网站上最可能的页面……激励机制会将焦点从重要的实体上移除，例如你的客户，并将其放置在次要的实体上，例如你的广告商。"网站可能在短期内获得更多的钱，但塞满广告的文章，缓慢加载的多页幻灯片，以及耸人听闻的标题从长久来说会失去读者。考希克的结论是："真正的朋友是不会让朋友去测量页面浏览量的，永远都不会。"

在某些情况下，模型和现实世界之间的区别就是生死问题。在军事领域和执法部门，例如重复的机械训练被认为是灌输火线技能的一个关键手段。我们的目标是演练某些运动和战术要点，使它们成为完全自动的技能。但当过度拟合在此出现时，一切就可能是灾难性的。比如，曾发生这样一个故事，警察发现自己在枪战中竟会花时间将弹壳收在口袋里——这是在射击场上培养起来的良好习惯。作为美国前陆军游骑兵和西点军校心理学教授戴夫·格罗斯曼曾写道："在许多真实枪战中，当硝烟散去，军官们会震惊地发现自己的口袋里有许多空弹壳，但他们自己完全不记得是如何放到那里的。在一些场合，殉职的警察被发现手中还握着空弹壳，他们死在执行一个渗入他们身体里的行政程序的过程中。"同样，美国联邦调查局被迫改变其训练，因为他们发现有些特工在开完两枪之后会本能地将武器收入枪套中（这是训练的标准程序），无论他们是否击中目标，也无论威胁是否仍然存在。这样的错误在执法和军事领域被称为"训练的伤疤"，这反映了一个事实——人们可能会对自己的准备过程过度拟合。在一个特别戏剧性的案件中，一名军官本能地将枪从攻击者手中抢走，然后又本能地将枪交还给他——就像他在训练中一次又一次地与他的训练者所做的那样。

检测过度拟合：交叉验证

因为过度拟合最初作为一种理论是完全符合现有数据的，所以它似乎很难被发现。我们如何能区别一个真正的好模式和一个过度拟合的模式呢？在教学领域，我们如何区分一个擅长所有科目的班级，和一个仅能"通过考试"的班级？在商业世界中，我们怎么能区别一个真正的明星员工和一个过度拟合公司关键绩效指标或老板看法的员工？

区分这些情况确实具有挑战性，但并非不可能。机器学习的研究已经得出了一些具体的策略以检测过度拟合，而最重要的问题之一就是所谓的**交叉验证**。

简单地说，交叉验证意味着不仅要评估模型是否适合给出的数据，还要看它是如何概括没有见过的数据。矛盾的是，这可能要使用更少的数据。在婚姻的例子中，我们可能会在随机的两个点位上"退缩"，使我们的模型适合其他 8 个点位。然后，我们将采用这两个测试点，并用它们来衡量各种功能是如何概括出他们已经给出的这 8 个

07
过度拟合

"训练"点位之外的内容。这两个点就像是煤矿中的金丝雀：如果一个复杂的模型重合了那8个点位但又和那两个试验点差距很大，这很可能是过度拟合在产生作用。

除了保留一些可用的数据点，也可以考虑测试完全来自其他评价形式的数据模型。正如我们已经看到的，代理指标的使用——可作为营养的代替，或很多情况下作为研究者勤奋的代表加以解决，可能导致过度拟合的情况发生。在这种情况下，我们需要交叉验证我们正在使用的主要性能措施，而不是其他可能的措施。

例如，在学校里，标准化考试提供了许多好处，包含一种明显的规模经济：学生可以被大批量地、迅速地进行分级。然而，除了这些测试，学校还可以使用不同的评价方法，例如写一篇文章或参加口头考试，以此随机评估一小部分学生，例如一个班中的一名学生，或100个学生中的一个。（因为只有少数学生会以这种方式进行测试，用这种二级评价方法，规模就不是一个大问题。）标准化测试会提供即时的反馈，例如你可以让学生每星期参加一个简短的计算机考试，并用图表实时分析学生的进步。此时，二级数据点就可以被用来进行交叉验证，以确保学生真正获得知识。事实上，标准化测试的目的也是测量这个，而不是让学生简单的考得更好。如果一个学校的标准化考试成绩上升，而其"非标准化"方面的表现却在向相反的方向移动，管理人员便会意识到一个明确的警告——"应试教育"已经出现，学生的技能开始对考试本身这个机制出现过度拟合。

交叉验证也给执法和军事人员提供了一个建议，希望他们能获得良好的反应能力，而不是养成从训练过程本身被强行注入的习惯。正如写文章和口语考试可以交叉验证标准化测试,偶尔不熟悉的"交叉培训"评估,便可以用来测试反应时间和射击精度是否能适应不熟悉的任务。如果不能,那么这便是一个强烈的信号,表示应该改变原有的训练方案。虽然没有什么能够确保实战万无一失,但这样的演习至少应事先警告"训练疤痕"很可能已经形成。

如何应对过度拟合:惩罚复杂性

无名氏　　　　　　如果你不能简单地解释一个问题,那你就
　　　　　　　　　　没有完全理解它。

我们已经看过一些过度拟合出现的方式,及其检测和测量的方法。但是我们能做些什么来缓解这个问题呢?

从统计的观点来看,过度拟合是我们对看到的实际数据太过敏感的体现。那么,解决方案也是直截了当的:我们必须平衡我们的愿望,找到我们应该使用的对抗复杂性的模型进行分析。

在几个相互竞争的模型中选择一种方法就是奥卡姆的剃刀原理,它表明,所有的事情都是平等的,最简单的假设可能就是最正确的那个。当然,事情很少是完全平等的,所以在数学背景下,如何应用像奥卡姆剃刀这样的原理并不是清楚明了的。面对这一挑战,在20世纪60年代,苏联数学家安德烈·季霍诺夫给出了一种答案:引入一个额外项来计算惩罚更复杂的解决方案。如果我们引入复杂性惩罚,那么更复杂的模型需要做的不仅是做得更好,更重要的是解释数据以证

07
过度拟合

明其更大复杂性的合理性。计算机科学家将这个原则——使用约束来惩罚模型的复杂性,称为**正则化**。

那么这些复杂性惩罚是什么样的呢?在1996年,由生物统计学家罗伯特·蒂什拉尼发现的一种算法,被称为**套索算法**,这被用作对模型中各因素总和的惩罚。[①] 通过将这种下行压力放到因素的总权重上,套索算法将驱使它们降为零。只有对结果有很大影响的因素才能保留在方程中,因此有可能将一个过度拟合的九因素模型转化为一个简单的、更强大的、只有最关键因素的公式。

像套索算法这样的技巧在目前的机器学习时代无处不在,但同一类原则——复杂度惩罚原则同样也出现在自然界中。由于受到时间、记忆、精力和注意力的限制,活的生物体几乎可以自动地朝着简单化方向发展。例如,新陈代谢的负担对生物体的复杂性起到了刹车作用,对过度精细的机体运行引入了热量惩罚机制。一个人的大脑每日消耗的总热量是摄入量的1/5,这证明了进化的优势,我们的智力为我们提供了大脑贡献的、肯定不止消耗量那么多的燃料。另一方面,我们也可以推断,从进化论的角度来说,一个更复杂的大脑可能无法提供足够的报酬。我们的聪明程度符合我们的需要,而不是任意的更高程度。

同样的过程也被认为在神经水平上发挥作用。在计算机科学中,基于大脑的软件模型被称为"人工神经网络",它可以学习大脑任意复杂的功能,甚至比我们之前的九因素模型更灵活,但正因为它非常

---

① 这相当于数学上的变量系数绝对值之和。

灵活，所以也更容易过度拟合。实际上，生物神经网络在回避这个问题，因为它们需要用它们的表现来换取维持运行的成本。神经科学家建议，大脑应在任何给定的时刻尽量减少神经元的数量，像套索算法那样执行同类的复杂性下行压力。

然而语言又是另一种自然的套索：复杂性受到更长时间的说话和对听众注意力时限的惩罚。商业计划被压缩到电梯营销，生活忠告只有在足够简洁易懂的情况下才能成为谚语般的智慧之语。需要记住的东西都必须经过固有的记忆套索。

启发法

经济学家哈里·马科维茨凭借拓展了现代投资组合理论而获得1990年的诺贝尔经济学奖。他开创性的"均值–方差投资组合优化"理论告诉投资者如何在不同的资金和资产之间进行最优分配，在同一风险程度下收益达到最大化。所以当轮到马科维茨投资自己的退休储蓄时，他似乎应该是最胜任此项工作的人。他决定怎么做呢？

> 我应该计算资产阶级的历史协方差，并得出有效前沿。相反，我想象如果股市大涨，但我却没有入市（或如果它大跌，我却都投资在此）那我一定很悲伤。我的意图是尽量减少我未来的遗憾。所以我在债券和股票上的投资是一半对一半。

他为什么要这样做呢？诺贝尔奖得主的故事和他的投资策略可以作为人类非理性的一个例子：面对现实生活的复杂性，他放弃了理性

07
过度拟合

的模型，转而遵循一个简单的启发法则。但正是由于现实生活的复杂性，一个简单的启发法实际上可能是理性的解决方案。

当涉及投资组合管理时，事实证明，除非你对市场信息非常有信心，你便可以忽略这些信息。应用马科维茨最优资产配置方案要求能对不同投资的统计资产做出良好的估计。在这些估计中，一旦犯错误，便可能会导致完全不同的资产分配，就可能增加风险。相比之下，你的钱均匀地分散在股票和债券上，你就不会受到可观察到的所有数据的影响。这种策略甚至不尝试拟合自己的投资类型的历史业绩，因此不会出现过度拟合的状况。

当然，仅仅使用一半对一半的分配方法并不一定是复杂性的最佳选择，但这里就有一些东西可以谈谈。如果你碰巧知道一组投资的期望均值和期望方差，那么使用均值–方差组合优化的最优算法就是其中一个最佳原因。但当正确估计的可能性很低，同时模型过于重视那些不值得信任的量时，那么警报应该在决策过程中响起：应该进行正则了。

受到例如马科维茨的退休储蓄的启发，心理学家格尔德·吉仁泽和亨利·布莱顿认为，人们在现实世界中使用的决策捷径在许多情况下，正是这种能做很好的决定的思维。"与广泛持有的处理得越少，准确度就越低的观点不同，"他们写道，"启发式的研究表明，更少的信息、计算和时间，其实是可以提高准确度的。"支持启发式思想的人更喜欢简单的答案，用更少的因素，或更少的计算，这正展现出"少即是多"的效果。

然而，对模型的终极复杂性进行处罚并不是减轻过度拟合的唯一途径。你还可以通过控制输入数据的适应速度来推动模型走向简单化。这使过度拟合可以照亮我们的历史——无论是作为一个社会，还是作为一个物种。

人类进化中的过度拟合

《疾病与新食物摄入前的关联》　一只活着的老鼠所吃过的每一样食物，都一定没有杀死它。

20世纪90年代中期到2013年，美国的豆奶销量翻了两番多。但截至2013年年底，根据新闻报道，它的畅销似乎已经是过去时了，豆奶的销量远落后于杏仁奶的销量。食品和饮料研究员拉里·芬克尔在《彭博商业周刊》上这样说道："坚果现在很流行，大豆听起来更像是老式的保健食品。"以推广豆浆而闻名的丝滑公司（正如其名字所暗示的），在2013年年末报告说，仅在上个季度，杏仁奶的产品销量就增长了超过50%。同时，其他饮料，例如椰子汁的领先品牌维塔可可，2014年度所报告的销售额就比2011年翻了一番——自2004年以来增加了惊人的300倍。正如《纽约时报》所说："椰子汁似乎在我们模糊又熟悉的领域，已经从无形发展到不可避免的存在了，中间没有一丝停顿。"同时，在2013年，羽衣甘蓝的销量就增长了40%。2012年羽衣甘蓝最大的采购商是必胜客，他们把它放在沙拉上作为装饰。

07
过度拟合

人类生活的一些最基本的领域，比如我们应该把什么吃进我们的身体里，似乎很奇怪地都被那些昙花一现的潮流主宰着。使这些潮流席卷世界的部分原因是我们的文化能迅速做出改变。现在，信息比以往任何时候都更快地渗透到社会中，而全球供应链使消费者能够迅速改变他们的购买习惯（市场营销也鼓励他们这样做）。如果有特别的研究正好表明某些东西对健康有益，例如八角，它便会在一周内充斥整个博客，下一周就开始登上电视节目，并在 6 个月内出现在几乎每一家超市，接下来就有专门的八角食谱出版。这惊人的速度既是幸事又是一种祸害。

相反，如果我们观察生物（包括人类）的进化方式，我们会注意到一些有趣的现象：变化发生得很缓慢。这意味着，现代生物的属性不仅受制于它们目前所处的环境，也由它们过去的历史共同塑造而成。例如，人类神经系统奇怪的交叉分配（左侧身体由右侧大脑控制，反之亦然）反映出脊椎动物的进化史。这种现象被称为"交叉"，该理论出现在早期脊椎动物进化过程中（相对于它们的头，身体扭曲 180 度这个过程中），无脊椎动物如龙虾和蚯蚓的神经索是在"肚子"一侧，而脊椎动物的神经索是沿着脊柱生长的。

人类的耳朵又提供了另一个例子。从其功能的角度看，它是一种通过震动放大（主要通过三大骨骼系统：锤骨、砧骨、镫骨）将声波转化成电子信号的系统。这个放大系统是很惊人的，但它的具体工作原理有很多是与历史的限制有关的。事实证明，爬行动物的耳朵里只有一根骨头，但哺乳动物的下颌骨缺少其他的骨头。这些下颌骨显然被使用在哺乳动物的耳朵里了。所以我们耳朵解剖学上的确切形式和

算法之美
ALGORITHMS TO LIVE BY

配置反映出我们的进化史至少和反应出的听觉问题一样多。

过度拟合的概念给我们提供了一个能在进化的压力下看到其长处的机会。虽然交叉神经纤维和改变用途的颌骨似乎已经是最理想的安排，但至少我们应该认识到，我们并不一定要让进化去完全优化生物，以适应生态环境的每一点改变，这样做会使其对环境的变化极其敏感。另一方面，必须利用现有的材料，施加一种有用的约束。这使得它很难引起生物体结构的急剧变化，更难拟合。作为一个物种，受制于过去，就使我们不能完全地调整以适应目前所知的情况，但这有助于我们在未知的未来保持身体强健。

一种相似的洞察力可能帮助我们抵制人类社会快速转变的潮流。说到文化，传统对进化起着制约作用。一点点的保守主义，一种偏向历史的偏见，可以使我们对抗起起落落的时尚循环，进行缓冲。当然，这并不意味着我们应该忽略最新的数据。努力跳向乐队花车（寓意赶潮流），但不一定真要跳到它的上面。

在机器学习中，缓慢移动的优点最明显地出现在一种称为**早期停止**的正则化技术中。当我们在本章开头看德国婚姻调查数据时，我们直接研究了最适合的一、二、九因素模型。然而在许多情况下，调整参数寻找给定数据的最佳拟合是其自身和内部的一种过程。如果我们提前停止这个过程，不允许模型变得太复杂，会发生什么呢？再次，那些似乎乍一看像是被漠视或不彻底出现的东西，相反，在自己的权利下就是一种重要策略。

例如，许多预测算法都是先寻找单一的最重要的因素，而不是直接跳跃到多因素模型。只有找到第一个因素后，才会去寻找第二重要

07
过度拟合

的因素添加至模型,然后再找下一个。因此,在过度拟合有机会出现之前,它们的模型可以让过程在短时间内停止,阻止过程变得过于复杂刻意。计算预测的一个相关方法在一次只考虑一个数据点,模型在添加更多的数据点之前会调整到新的点。同样在那种情况下,模型的复杂性逐渐增加,所以将过程停止并变短有助于防止过度拟合。

这种设置(更多的时间就意味着更复杂)成为很多人类行为的特征。给自己更多时间去决定某件事并不一定意味着你就会做出更好的决定。但它的确会保证你最终会考虑更多的因素、更多的假设、更多的利弊,从而对风险过度拟合。

汤姆成为教授的经历正是这样的过程。他在上第一学期的第一堂课前,花了大量的时间完善他的讲座——1小时的课他准备了超过10小时。第二学期,他教了另一个班级,他无法再投入那么多的时间,然后就开始担心他的课将会变糟。但是奇怪的事情发生了:学生们更喜欢上第二学期的课。事实上,相比第一学期的课,他们更喜欢第二学期的课。结果汤姆发现,那些额外的时间都花在了令人困惑的细节上,而这些细节只会让学生们感到困惑,汤姆再次上课的时候,就把这些内容从课堂上去除了。汤姆最终意识到,这个问题在于,他一直把自己的品味和判断当作自己学生的衡量标准(该代理指标作为一个近似值效果相当不错,但它不值得过度拟合),这解释了为什么额外花时间精心"完善"的所有幻灯片都适得其反。

在各种机器学习任务中,正则化的有效性表明,我们可以通过有意识地思考和少做一些事情来做出更好的决定。如果我们最先想到的因素可能是最重要的因素,那么如果思考的量超过某一个度的话,就不仅是浪费时间和努力，它将会让我们找到更糟糕的解决方案。早期停止为理性的论证而不是一味地推理提供了基础。但是把它变成实用的建议还需要回答一个问题：我们什么时候应该停止思考？

何时应该想得更少？

就像所有涉及过度拟合的问题一样，如何尽早停止取决于你能衡量的标准和真正重要的因素之间的差距。如果你了解了所有的事实，它们就不会有任何错误和不确定性，你可以直接评估什么对你来说是重要的，然后不要过早的停止。思考的时间长而努力：模型的复杂性和付出的努力都是值得的。

但事实并非如此。如果你有很高的不确定性和有限的数据，那么务必提前停止。如果你不清楚你的工作将如何被评估，以及由谁来评估，那么你就不值得花额外的时间来对你自己（或者其他人）的特质做出所谓完美的判断。不确定性越大，你所能衡量的东西和真正重要的东西之间的差距就越大，你就越应该注意过度拟合的风险，也就是说，你越喜欢简单，就应该越早停下来。

当你真正处于黑暗中，最好的计划将是最简单的。当我们对预期不确定，而且得到的数据杂乱无章时，最好的办法就是用一支粗的画笔来画画，用宽大的笔触来思考。有时候，照字面意思来处理就行。正如企业家杰森·弗里德和戴维·H. 汉森解释的那样，在他们需要头脑风暴的时候，他们就会用越粗的笔（这是一种用来表达简单化的聪明的方式）：

07
过度拟合

当我们开始设计某样东西时，我们会用一个大而粗的记号笔勾勒出一些想法，而不是圆珠笔。为什么呢？因为圆珠笔的笔尖太细了。它们的分辨率太高。它们会促使你担心一些你不应该担心的事情，比如完善阴影，或者使用虚线。你最终会专注于那些不应该关注的事情。

记号笔不会局限住我们。你只能画出形状、线条和盒子。这很好。你最开始应该担心的是大局。

正如麦吉尔大学的亨利·明茨伯格所说："如果我们从一个无法衡量什么是最重要的前提出发，又会发生什么？"我们必须用一些非常可怕的东西来代替衡量，那就是判断。

前期停止的结果是，有时这不是一个在理性和我们的第一直觉之间做出选择的问题。我们的第一反应可以是理性的解决方案。决策越复杂、越不稳定、越不确定，就越要理性。

再回到达尔文的例子，是否求婚的问题可能已经基于最初他所确认的几个利弊点得到了解决，后续增加的利弊点则会增加考虑时间和焦虑，但并没有帮助他做决定（并且很可能阻碍它）。他脑子里似乎有个想法，那就是："如果一个人的一生像一只蜜蜂一样工作，工作，其他什么都不做，这是无法忍受的。"孩子和陪伴（他所提到的首要优点）正是那些最终使他选择结婚的原因。他对书的预算是干扰项。

然而，在我们对达尔文提出批评，把他描绘成一个根深蒂固的过度思考者之前，我们应该再到他的日记中看一看。在他日记的复本中可以看到一些有趣的东西。达尔文不是富兰克林，他在数天内添加了各种各样的考虑因素。尽管他对这一改变命运的选择很认真，但达尔文在他的笔记写到日记本底部的时候，还是下定了决心。他正在对那一页进行正则化。这让人想起了早期停止和套索算法：任何没有出现在页面上的东西都不能帮助他做出决定。

当达尔文下定决心要结婚时，他立即开始思考时间的问题。"什么时候结婚？马上还是再等等？他在另一份关于利弊的清单上列出了他的愿望：从幸福的考虑到某些"奇怪"的开支，再到他长期以来想乘坐热气球和去威尔士旅行。但在这一页的最后，他下定决心"不要在意，相信运气"。结果，在几个月的时间里，他向艾玛·韦奇伍德求婚，这是一段美好的关系和幸福家庭生活的开始。

08

松弛
顺其自然

2010年，梅根·贝洛斯正在普林斯顿大学攻读化学工程博士学位，她的研究围绕着如何将氨基酸放入蛋白质链中，以产生具有特殊特征的分子。（"如果你能最大限度地发挥两种蛋白质的结合能，就能成功地设计出一种生物功能的多肽抑制剂，这样你就能真正抑制疾病的进展。"）当时她也在为自己的婚礼做准备。在婚礼前，她为安排座位而苦恼。

现在已经有9个大学朋友坐在一起，贝洛斯正在发愁再让谁加入才能让这样一个小小的团体凑够10个人一桌。更糟糕的是，她数了数发现自己有11位亲戚。将谁从尊敬的父母席上分出去呢，她又该怎么向他们解释呢？还有像她的童年邻居和保姆，或者她父母的同事，他们在婚礼上根本不认识什么人怎么办？

这个问题似乎和她在实验室里研究的蛋白质问题一样困难，她被问题打败了。一天晚上，当她盯着座位图时，"我意识到我博士论文中的氨基酸和蛋白质跟我的婚礼上人们的座位之间确实存在着一对一的关系。"贝洛斯向她的未婚夫喊了一声，便开始写方程式。氨基酸变成了客人，结合能变成了相互关系，而分子之间所谓的"紧邻相互作用"就是邻近的相互作用。她可以利用自己研究中的算法来安排自己的婚礼。

算法之美
ALGORITHMS TO LIVE BY

贝洛斯想出一个用数字来定义所有宾客之间关系的方法。如果某个人不认识另一个人,他们会得到 0 分,如果他们认识,会得到 1 分,如果他们是夫妻,会得到 50 分。(新娘的妹妹给所有想坐在一起的人打 10 分,作为一种特殊的特权。)然后,贝洛斯指定了一些约束条件:例如最大桌容量和每桌的最低分值,这样就不会有一桌变成"混杂"组,坐的都是陌生人。她还整理了这个项目的目标:最大限度地提高每桌客人之间关系的得分。

婚礼上有 107 人,11 张桌子,每张可容纳 10 人。这意味着大约有 11^{107} 种可能的座位安排:这是一个 112 位的数字,是一个大于 2 000 亿的天文数字,这个数字在可观测的宇宙中可使原子(仅仅 80 位数)数目相形见绌。在周六晚上,贝洛斯把这份工作提交到她的实验室电脑里进行处理。当她周一早上来上班的时候,它还在分析。她把迄今为止找到的最好的结果提取出来,然后把它放回到蛋白质设计上。

即使有一个高性能的实验室计算机集群和整整 36 小时的处理时间,这个程序也无法评估潜在座位安排的极小部分。可能性是真正能获得最高分的最佳解决方案,从来没有出现在它的排列中。不过,贝洛斯对计算机的分析结果感到满意。"它识别出我们已经遗忘的关系。"她说。计算机提供了令人愉快的、非传统的可能性,人类计划者甚至从来没有考虑过。例如,它提议将她的父母从家庭餐桌上"删除",以他们多年未见的老朋友代之。计算机的最终建议是一项各方都同意的安排,尽管新娘的母亲忍不住做了一些人为调整。

就连普林斯顿实验室的总计算能力都无法找到完美的座位分配计

08
松 弛

划，这一点似乎令人十分惊讶。在我们讨论过的大多数领域中，直接的算法可以保证最佳的解决方案。但是，正如计算机科学家在过去几十年里所发现的那样，无论我们的计算机处理速度有多快，我们如何巧妙地对它们进行编程，一个问题的完美解决方案都是不存在的。事实上，没有人能像计算机科学家那样理解，在面对看似无法控制的挑战时，你既不应该永远辛苦工作，也不应该放弃，但我们将会看到第三种尝试。

最优化的难度

美国内战之前，亚伯拉罕·林肯在起草《解放奴隶宣言》或发表葛底斯堡演说之前，在伊利诺伊州的斯普林菲尔德当过一段时间的"草原律师"，他每年都要去第八巡回审判庭两次，这样坚持了16年。作为一名巡回律师，这意味着要在14个不同郡县的城镇里进行巡回审理，在数周内要骑行数百英里。规划这些线路带来了一个自然的挑战：如何在尽可能少的英里数内到达所有要去的城镇，而不重复经过任何一个城镇。

这是一个数学家和计算机科学家所熟知的"约束优化"问题：如何找到一组变量的最佳排列，并给出特定的规则和记分法。事实上，这是最著名的优化问题。如果它在19世纪被研究过，它可能会被称为"草原律师问题"，如果它在20世纪初出现的话，它可能会被戏称为"投递无人机问题"。但就像秘书问题一样，它出现在20世纪中期，一个明确的名称是"旅行推销员问题"。

路线规划问题直到20世纪30年代才得到数学界的关注,但后来发展迅猛。数学家卡尔·门格尔在1930年谈到了"邮政信使问题",他指出,没有比直接简单地尝试每一种可能性更容易的解决办法了。哈斯勒·惠特尼在1934年的普林斯顿大学演讲中提出了这个问题,当时数学家梅里尔·弗勒德(你可能记得第1章中所提到的,他也被认为是第一个提出解决秘书问题方法的人)已经开始思考这个问题了。20世纪40年代,当弗勒德搬到加州时,他把它介绍给兰德研究所的同事,这个问题的标志性名字最早出现在数学家茱莉亚·鲁宾逊1949年发表的论文中。当这个问题席卷数学圈时,它似乎并不容易普及。虽然许多当时最伟大的人都痴迷于它,但似乎没有人能够真正在这方面取得进展。

在旅行推销员这一例子中,问题不在于电脑(或数学家)是否能找到最短的路径:理论上,一个人可以简单地列出并测量所有的可能性。更确切地说,问题在于随着城镇数量的增加,连接它们的可能路线也会越来越多。路线仅仅是城镇的一个命令,所以用蛮力去一一尝试是可怕的"阶乘时间"——在计算上相当于把一副牌扔在空中从而进行分类,直到它们按顺序落到地上。

问题是:是否有希望做得更好?

几十年的研究几乎都没能很好地解决旅行推销员问题。例如,弗勒德在第一次遇到此问题后的20多年(也就是1956年)写道:"在处理这个问题时,很有可能需要采取一种完全不同的方法。事实上,可能不存在解决这个问题的通用方法,而且那些看似不可能的结果也是有价值的。"10年之后,这种情况更加糟糕。"我猜想,"杰克·埃

08
松　弛

德蒙兹写道,"对于旅行推销员问题,没有好的算法。"这些话是有预见性的。

定义的难度

20世纪60年代中期,国家标准与技术研究所的埃德蒙兹和IBM(国际商业机器公司)的艾伦·科巴姆一起定义了一个可行的解决方案。他们断言,所谓的科巴姆——埃德蒙兹论断表明:如果一种算法运行在所谓的"多项式时间",即$O(n^2)$、$O(n^3)$,或者n的任意次方,那么该算法应该被认为是"有效的"。如果我们知道如何使用一种有效的算法来解决问题,那么该问题就会被认为是"可处理的"。相反,我们不知道如何解决的问题,被认为是"不可处理的"。"除了最小的尺度以外,最棘手的问题是电脑无法处理的问题,无论电脑多么强大。

这相当于计算机科学的核心洞察力。量化一个问题的难度是可能实现的。但有些问题就是……很难。

旅行推销员的问题在哪里?奇怪的是,我们还不太确定。1972年,在伯克利的理查德·卡普证明了旅行推销员问题与一个有争议的边缘性问题有关联,而这个问题还没有被明确证明是可解决的(或者是不可解决的)。但到目前为止,还没有找到解决这些问题的有效方法,大多数计算机科学家认为其中没有什么可找的。因此,在20世纪50年代所设想的旅行推销员问题的"不可能解决的结果"很可能就是它最终的命运。更重要的是,许多其他的寻找最优化问题,从政治战略到公共卫生到火灾安全等,都是同样棘手的问题。

但是对于那些与此类问题搏斗的计算机科学家来说,这个结论并不是故事的结局。相反,它更像是对武器的召唤。认定一个问题是不可解决的,你不能只是举手投降。正如日程安排专家简·卡雷尔·伦斯特拉告诉我们的:"当问题很困难时,并不意味着你就可以忘记它,这意味着它只是处于不同的状态。即使这是一个很厉害的敌人,你还是要打这场仗。"这就是这个领域所发现的无价之宝,我们也可以从中学到:如何最好地解决那些最佳答案似乎遥不可及的问题,如何学会放松。

放松吧

伏尔泰 完美就是遇到优秀的敌人。

当别人告诉你要放松的时候,可能是因为你紧张,对要做的事情过于在意。当计算机科学家们面对一项艰巨的挑战时,他们的头脑也想放松,他们会传阅《放松方法或分散放松技巧介绍》(*An Introduction to Relaxation Methods or Discrete Relaxation Techniques*)一书。但是他们不会放松自己,他们只能会放松问题本身。

在计算机科学中最简单的放松形式之一就是**约束松弛**。在这项技术中,研究人员消除了一些问题的约束,并着手解决他们希望得到解决的问题。然后,在他们取得一定的进展之后,他们试图再将约束添加进去。也就是说,在把问题带回现实之前,他们会让问题暂时更容

08
松　弛

易处理。

例如，你可以让销售人员多次访问同一个城市，让他自由地来回，从而松弛旅行推销员问题。在这些宽松的规则下找到最短路径会产生所谓的"最小生成树"。（如果你喜欢的话，你也可以把最小生成树看成是连接每个城镇到至少另一个城镇所需的最少里程。以下是最短的旅行路线和最小生成树路线。）事实证明，解决这个更宽松的问题对于计算机来说基本上不需要时间。虽然最小生成树不一定能直接解决真正的概率问题，但它还是相当有用的。首先，生成树可以自由回溯，它制定的路线将永远不会比真正的解决方案路线要长，因为它必须遵循所有的规则。因此，我们可以使用轻松的问题——幻想，作为对真实的更低的约束。如果我们计算出某一组特定城镇的最小生成树距离为100英里，那我们便可以确定，旅行推销员所走的距离一定不会小于这个数。如果我们找到一条110英里长的路线，那我们可以确定它比最好的解决方案最多长10%。这样我们就能明白，我们离真正的答案有多近（即使不知道它到底是什么）。

更好的是，在旅行推销员的问题上，最小生成树实际上是开始寻找真正解决方案的最佳起点之一。类似这样的方法甚至可以让解决旅行推销员最大的问题成为可能——找到最短的路线，让地球上的每一个城镇都能在不到0.05%的（未知的）最佳解决方案中得到解决。

虽然我们大多数人都没有遇到过正式的约束松弛的算法版本，但它的基本内容对几乎所有在人生中遇到过重大问题的人来说都是很熟悉的。如果你不害怕，你会怎么做？这可能是你在指导顾问办公室或

算法之美
ALGORITHMS TO LIVE BY

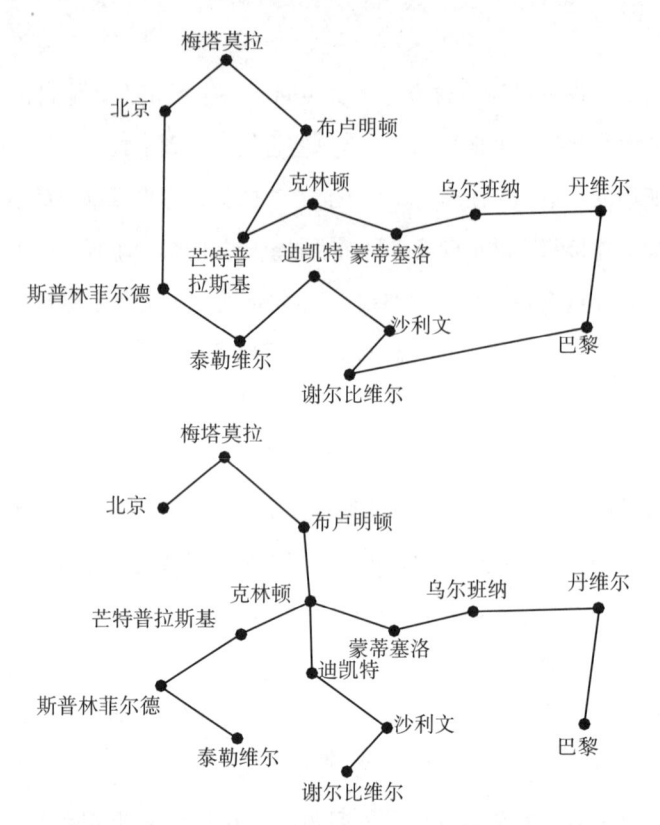

林肯1855年司法巡回最短旅行路线（上）和最小生成树路线（下）

激励性研讨会上听到的话。如果你不能失败，你会怎么做？同样，在考虑工作或职业问题时，我们会问你，如果你中了彩票，你会怎么做？或者，换个策略，如果所有工作收入都一样，你会做什么？这种思想练习背后的想法正是约束松弛的过程：为了使棘手问题具有可伸缩性，为了在理想的世界中取得进展，这都可以被移植到真正的世界中。如果你不能解决你面前的问题，就去解决一个简单点儿的问题，

08
松 弛

然后看看这个解决方案是否能让你在一个成熟的问题中找到一个起点，或者一盏指路明灯。也许它可以。

松弛不能为你提供完美答案的捷径。但是计算机科学也可以量化松弛在时间和解决方案质量之间产生的比例权重。在很多情况下，这个比例是戏剧性的、没有头脑的，例如，一个答案跟一个 1×10^{-15} 的完美答案相比，至少有一半好。这个道理简单而深刻：如果我们愿意接受足够接近的解决方案，那么即使是一些最严重的问题也可以用正确的技术来解决。

临时移除约束，如最小生成树和"如果你中了彩票会怎么办？"等例子，是最直接的算法松弛形式。但还有另外两种更微妙的松弛形式在最优化研究中反复出现，它们被证实在解决这一领域最重要、最棘手的问题时具有重要作用，例如从城市规划和疾病控制到体育竞争的培养，都有直接的现实意义。

无数灰色地带：持续的松弛

旅行推销员问题，就像梅根·贝洛斯寻找最佳座位安排的问题一样，是一种特殊的最优化问题，称为"离散优化"，即在解决方案中没有平滑的连续统一体。推销员要么到这个镇子，要么到那个镇，你要么在5号桌，要么在6号桌。两者之间没有灰色地带。

这样的离散优化问题就在我们身边。例如，在城市里，规划者试图把消防车放置在一个能在同样固定时间内（比如5分钟），到达区内不同住宅的地方。从数学上讲，每辆消防车都能在5分钟内从所处位置到达任何可以到达的区内住宅。挑战在于找到最小的地点集合，这样所有的房子都能被覆盖。威斯康星大学麦迪逊分校的劳拉·艾伯特·麦克莱说："整个火灾和紧急情况领域都采用了这种覆盖模型，而且效果很好。""这是一个很好的、很清晰的模型。"但由于一辆消防车要么存在于某个地点，要么不在这个地方，因此计算最小集就涉及离散优化。正如麦克莱所指出的，"这就是很多问题在计算上变得困难的地方，因为你不能这样做一半，那样做一半"。

离散优化的挑战也出现在社会环境中。想象一下，你想为你所有的朋友和熟人举办聚会，却不想花邀请信所需要的信封和邮票的钱。因此，你可以决定向几位关系好的朋友发出邀请，告诉他们"把我们认识的人都带过来"。你最理想的发现是，你的最小朋友圈认识你社交圈子里的所有人，这可以让你"舔"最少的信封，还能让每一个人都能参加。当然，这听起来似乎是为了省买邮票的几块钱，但这恰恰是政治竞选活动经理和企业营销人员想要解决的问题，即最有效地传播他们的信息。这也是流行病学家研究的问题，例如，给人口中最低数量的人接种疫苗，以保护整个社会免受传染病的威胁。

正如我们所指出的，离散优化对整数的要求（例如一个消防部门只可以有一辆、两辆、或三辆车在车库里，而不是两辆半或 π 辆消防车）使离散优化问题难以解决。事实上，消防车问题和派对邀请问题都是难以解决的：没有普遍有效的解决方案。但是，事实证明，确实存在许多有效的策略来解决这些问题的连续版本，其中任何分数或小数都是可能的解决方案。研究人员面对一个离散优化问题，可能会很羡慕地盯着这些策略，但他们可以做的还很多。他们可以试着把离散

08
松 弛

问题放宽到一个连续问题,然后看看会发生什么。

在邀请问题上,将其从离散优化松弛到连续优化,意味着一个解决方案可能会告诉我们向某一人发送一个 1/4 的邀请,问另外一个人发 2/3。这到底是什么意思?很明显,这不是最初问题的答案,但是,就像最小生成树一样,它确实给了我们一个起点。有了轻松的解决方案,我们可以决定如何将这些分数转换回现实。例如,我们可以选择在必要的时候简单地把它们围起来,向每个收到"半个邀请"或以上的人发出邀请。我们也可以把这些分数当作概率来解释,例如在松弛的解决方案告诉我们要放半辆消防车的地方分别扔硬币,然后实际上,只在最后扔出硬币头像一面的地方放置消防车。在这两个例子中,随着这些分数转化为整数,在原始的离散问题中,我们便会有一个有意义的解决方案。

最后一步,和任何松弛方式一样,那就是问自己,与我们可能想出的最好的解决方案相比,这个解决方案有多好,我们可能会用详尽的方法检查每一个可能的答案。事实证明,对于邀请函问题,连续松弛与凑整将给我们一个容易计算的不错的解决方案:数学保证你能邀请到所有你想要邀请的人,而最多发出计算机通过直接计算所给出的最佳解决方案两倍的邀请。同样,在消防车问题上,连续松弛问题很可能很快地让我们在一个舒适的范围内得到最佳答案。

持续松弛并不是一颗神奇的子弹:它仍然没有给我们提供有效的方法以得到真正的最佳答案,只能得出它们的近似值。但是,提供最佳邮寄或接种方案的两倍选择仍远比未优化的选择要好。

算法之美
ALGORITHMS TO LIVE BY

只是一张超速罚单：拉格朗日松弛算法

《公主新娘》　　　维齐尼：不可思议！

　　　　　　　　伊尼戈·蒙托亚：你一直用这个词。我认为这个词的真正意思可能和你想表达的不太一样。

有一天，当布莱恩还是个孩子的时候，他向他母亲抱怨他必须做的事情：他的家庭作业、他的家务……"从技术上讲，你做任何事情都不是必需的，"他的母亲回答道，"你不必按照老师说的去做。你不必按我说的去做。你甚至不必遵守法律。所有事情都会产生后果，你要想好你是否愿意承担这些后果。"

布莱恩的童心被打击了。这是一种强有力的信息，是一种意识、责任、道德判断的觉醒。这也是另一种东西：一种强大的计算技术，被称为**拉格朗日松弛算法**。拉格朗日松弛算法背后的理念很简单。优化问题有两个部分：规则和计分。在拉格朗日松弛法中，我们采用一些问题的约束并将它们放入计分系统中。也就是说，我们采用那些看似不可能的方法，然后将其降级为高昂代价。（例如，在婚礼座位最优化问题中，我们可能会放松对每桌最多 10 人的限制，这样可以让桌子上的人坐得满满的，但也会有一些空间上的弊端）当一个优化问题的约束说："做这个，或者其他！"拉格朗日松弛会回答："如果不做又会怎样呢？"一旦我们可以越界，哪怕只是一点点，甚至付出高昂的代价，那么原先无法处理的问题就会变得可以处理了。

拉格朗日松弛算法是关于旅行销售员问题和计算机科学中的其他

08
松　弛

难题的理论文献的重要组成部分。它们也是许多实际应用程序的关键工具。举个例子，想想卡内基–梅隆大学的迈克尔·特里克（我们在第3章中提到过他），他负责美国职业棒球大联盟和美国大学生篮球联赛的很多日程安排。我们没有提到过他是如何做事的。每年的时间表的组成都是一个巨大的离散优化问题，因为过于复杂，任何计算机都无法直接解决。所以每年特里克和他在体育日程安排组的其他同事们都用拉格朗日松弛算法来完成任务。每次你打开电视或在体育场坐下时，你都知道当晚的球场上有哪些球队要打比赛。这并不一定是最优匹配，但已经非常接近最优了。为此，我们不仅要感谢迈克尔·特里克，更要感谢18世纪法国数学家约瑟夫·路易斯·拉格朗日。

在安排一个体育赛季的赛事时，特里克发现我们之前所讨论的连续松弛并不一定会让他的生活变得更轻松。"如果游戏玩了一半就结束，你便没有得到任何有用的东西。"最终得到多少派对邀请或消防车的分配结果是一回事，如果有必要的话，这些数字都可以被四舍五入。但是在体育运动中，整数限制——有多少个队打一场比赛，总共有多少场比赛是在进行中，以及每支球队会和其他队交手多少次，在这些情况下都太强大了。"所以我们不能在这个方向上松弛，我们必须保持模型的基本（离散）部分。"

尽管如此，我们必须做一些事情来处理这个问题的复杂性。因此，"我们必须与联盟合作，松弛他们可能想拥有的一些约束"，特里克解释说。在一个体育赛季中，这种约束的数量是巨大的，它不仅包括来自联盟基本结构的要求，还包括各种各样的特殊要求和道德准则。联赛乐于接受赛季后半段与前半段是完全一致的，只是主场和客

算法之美
ALGORITHMS TO LIVE BY

场的比赛是相反的。某些联赛不想要这样的结构，但仍然要求在第一轮对阵完所有其他球队之前不要跟一个队交手第二次。一些联赛坚持让最著名的球队在决赛阶段才出场，一些球队不能在特定的时间进行主场比赛，因为他们的球场上还有其他比赛有冲突。在美国大学生篮球联赛的例子中，特里克还必须考虑来自转播比赛的电视网络的限制。电视频道早就提前决定好一年里转播什么样的节目，并将之定义为"A 类比赛"和"B 类比赛"（也就是能吸引最多观众的比赛）。例如，杜克大学对阵北卡罗来纳大学的比赛一直是 A 类比赛。各频道随之安排每周有一场 A 类比赛和一场 B 类比赛，但这两场比赛也不能同时进行，以免分散收视率。

不出意料，考虑到所有这些要求，特里克便发现，只要通过软化这些严格的约束条件就能使计算体育赛程成为可能。

一般来说，当人们第一次拿一份体育活动安排给我们时，他们会说："我们从不做 x，也从不做 y。"然后我们看了他们的日程安排，我们说："嗯，去年你做过两次 x，做过三次 y。"然后对方会说："哦，是啊，好吧。除此之外，我们从来没有这样做过。"然后我们再看回前年……我们通常会意识到有些事情是他们认为永远不会做的。棒球界的人认为，扬基队和大都会队从来都不同时进行主场比赛。但这并不是真的，从不是真的。他们也许在一年的同一天里会有 3 场，或许是 6 场比赛同时进行。但是对于整个赛季，每个球队都有 81 场主场比赛，这又是相当罕见的，人们可能就会忘了这回事。

08
松　弛

有时，需要一些外交手腕，但拉格朗日松弛算法通过让一些不可能的事情被降级为惩罚，将匪夷所思的变成不可取的，使我们取得进步。正如特里克所说，与其花费时间去寻找一个无法达到的完美答案，使用拉格朗日松弛法可以让他问一些问题，比如"你的答案能怎样的接近"。事实证明，如果已经足够接近了，就足以让每个人都快乐，比如联盟、学校、网络，以及点燃每年3月疯狂的炙热火焰（即美国大学篮球繁忙冠军赛季）。

学会松弛

在计算问题展现给我们的各种方式中，优化问题（一部分是目标，一部分是规则）仍可以说是最常见的。而离散优化问题，我们的选择是二选一，没有中间地带，这是最典型的选择。在这里，计算机科学做出了一个令人沮丧的结论。许多离散优化问题确实很难。该领域最杰出的人物都想不出一个得到完美答案的方法，而他们实际上是更致力于证明不存在这样的方法，而不是寻找方法。

如果没有其他的事情，这应该会让我们感到些许安慰。如果我们面对的问题看起来粗糙、棘手、无法处理——好吧，那我们可能是对的。拥有一台电脑也未必能帮上忙。

至少，除非我们能学会松弛才能有所进展。

有很多方法可以对一个问题进行松弛，我们已经看到了三个最重要的问题。首先，约束松弛，简单地消除一些约束，在回到现实之前，先在更宽松的问题上取得进展。第二，持续松弛，将离散的或二

算法之美
ALGORITHMS TO LIVE BY

进制的选择变成连续体：当决定是选冰红茶还是柠檬水时，先想象一个 50∶50 的"阿诺德·帕尔默"混合，然后再向上或向下延展。第三，拉格朗日松弛，把不可能的变成仅仅是惩罚，要学会扭曲规则的艺术（或打破规则，并接受后果）。例如，摇滚乐队在决定将哪些歌曲放入一个有限的专辑中时，就要面对计算机科学家称之为的"背包问题"——将一组不同大小和重要性的项目装进一个有限的集合中的难题。在严格的公式中，背包问题是众所周知的棘手问题，但这并不妨碍我们松弛的摇滚明星们做决定。正如几个著名的例子所证明的那样，有时候稍微超过城市的宵禁，并付出相应的惩罚，好过把节目限制在适当的时间内。事实上，即使你没有违规，你也可以想象它具有启发性。

保守的英国专栏作家克里斯托弗·布克说，"当我们无意识地受到想法的驱动开始行动时，一段时间里似乎一切顺利"，但因为"这虚幻永远不可能成为现实"，它将不可避免地导致一个多阶段崩溃："梦""挫折""梦魇""爆炸"。"计算机科学描绘了一个戏剧性的乐观看法。再说一遍，作为一种最优化技巧，松弛就是被个人想法所驱使。也许这是造成这种差异的部分原因。

松弛给我们带来了许多好处。首先，它保证了真正解决方案的质量。如果我们在制定日程，想象我们可以神奇地在镇上随意穿梭，这将会让我们瞬间明白，每天只能安排 8 个时长为一小时的会议。这样一个固定的设置预期可能在我们面对完整的问题时十分有用。第二，松弛方式的设计是为了与现实相匹配，这给了我们从另一个方向解决问题提供了范围。当连续松弛告诉我们给某些人打半支疫苗时，我们

08
松　弛

可以给那些人直接注射一支或多支疫苗，最终获得一个容易计算的解决方案——最多需要接种两次疫苗。也许我们可以接受这一点。

每当我们遇到一个故障时（除非我们愿意花无数时间去追求完美），难题就会要求我们不许躲避，想象更简单的版本，并首先解决这些问题。当应用正确时，这不仅是一种个人想法，也不是幻想或白日梦。这是我们取得进步的最好方法之一。

09

随机性
何时应用随机?

迈克尔·拉宾　　我必须承认，在这一领域工作多年之后，许多算法问题的随机性对我来说是非常神秘的。它是有效的，是起作用的。但它为什么是绝对神秘的又是如何保持的？

随机性似乎与理性相反，它是放弃问题的形式，也是最后一招。实际却远非如此。在计算机科学中，随机性的作用是惊人的且日益重要，这一点告诉我们，利用机遇可以成为解决最困难问题的一个有效的方法。事实上，有时没有任何其他方法是有用的。

与标准"确定性"算法不同，我们通常想象的电脑使用，每次都以完全相同的方式一个步骤紧随另一个之后，而随机算法是使用随机生成的数字来解决问题。最近，在计算机科学上的研究表明，在某些情况下，随机算法能够比所有已知的确定性算法更快地生成较难问题的答案。虽然它们并不能保证每一次都有最优解决方案，但随机算法可以用很少的时间就得到接近最优化的惊人答案，这都仅仅通过战略性地扔几个硬币就能确定。

这里有一个深刻的信息是，在某些问题上，随机的方法甚至比最好的确定性的方法都要优秀。有时候，解决问题的最好办法是依靠运气，而不是试图完全地分析出答案。

但仅知道随机性有用还不够，你需要知道什么时候该依靠运气，以什么方式，以及在什么程度上。最近的计算机科学提供了一些答案，尽管故事在几个世纪前就开始了。

抽样

1777年，乔治-路易斯·雷克勒，布冯伯爵，发表一个有趣的概率分析结果。如果我们把一根针扔到一张画了线的纸上，这根针有多大可能性会和纸上的一条线相交呢？布冯的研究表明，如果针短于两条线之间的距离，答案是$2/\pi$乘以针的长度除以两线之间的距离。对于布冯来说，推导出这个公式就已经足够了。但在1812年，皮埃尔-西蒙·拉普拉斯（也就是我们在第6章提到的英雄）指出，这个结果还有另一层含义：一个人可以仅通过针掉在纸上来估计π的值。

拉普拉斯的提议指出了一个深刻的普遍真理：当我们想要了解一个复杂的量时，我们可以通过抽样来估计它的值。这正是他利用贝叶斯法则帮助我们完成工作的一种计算。事实上，有些人追随拉普拉斯的建议，进行了他所建议的实验，实验证实这是可能的（尽管不是特别有效）——用这个实践的方法去估计π的值。[1]

---

[1] 有趣的是，偶然间，其中的一些实验对π值的估计似乎产生了比预期更好的效果，这表明他们可能是故意缩短了最佳停止点，或者干脆伪造。例如，1901年，意大利数学家马里奥·拉扎里尼据说做了3 408次实验，并最终估计$\pi \approx 355/113 = 3.1415929$（$\pi$到小数点后7位的实际值是3.1415927）。但如果针与纸上的线相交的机会只有一次，那估计会没那么精确（3.1398或3.1433），这让拉扎里尼的报告显得可疑。拉普拉斯可能已经发现，我们可以使用贝叶斯法则来确认，这个结果不太可能来自一个有效的实验。

09
随机性

将针扔到画了线的纸上几千次是一种有趣的消遣（对一些人来说），但这需要计算机的发展，使取样成为一种实用的方法。之前，当数学家和物理学家们试着用随机性来解决问题时，他们必须辛苦地用手来计算，这就很难产生足够的样本以带来精确的结果。尤其是在第二次世界大战期间，洛斯阿拉莫斯美国国家实验室开发的计算机为计算带来了飞跃。

斯塔尼斯拉夫·乌拉姆是一位数学家，他曾助力于开发原子弹。他在波兰长大，1939年移居美国，并于1943年加入曼哈顿计划。在短暂回归学术界后，他于1946年回到了洛斯阿拉莫斯，从事热核武器设计。但他患了脑炎并做了脑部急救手术。当他从疾病中恢复过来时，他担心自己是否能恢复数学能力。

康复期间，乌拉姆玩了很多纸牌，尤其是单人纸牌（也称为克朗代克）。正如任何一个纸牌游戏玩家所知道的那样，某一些洗牌方式就是会让游戏无法获胜。乌拉姆也是这样玩的，他问自己一个自然的问题：洗出能获得胜利的好牌的概率是多少呢？

在像单人纸牌游戏这样的游戏中，你可以通过各种可能性的空间来推理，这几乎让你无法抗拒。翻第一张牌，还有52种可能的游戏来跟踪。翻第二张，对于第一张有51种可能性。这意味着在我们开始玩之前，已经有了成千上万种可能性。斯科特·菲茨杰拉德曾写道："一流的智力，就是大脑中能够同时存在两种对立的想法，它们还能同时正常运转。"这或许是真的，但真正一流的智商、人类群者其他任何东西，并不能同时存在80×10^{67}种可能的洗牌方式，且还依然有希望继续正常运转。

算法之美
ALGORITHMS TO LIVE BY

在尝试了一些复杂的组合计算并放弃之后,乌拉姆开始了一种不同的方法,它的优势就是其具有的简单性:去玩游戏就好了。

我注意到,可能更实用的(尝试)是放下牌,跟着过程发展进行实验,只是注意成功出现的比例,而不是试图计算出所有组合的可能性,这种可能性都是以指数倍递增的,最后的数量大得惊人,除了最基本的情况,没有其他办法估计。这在智力上即使不是完全的羞辱,结果也是惊人的,理性或传统思维的局限会给人一种没那么可怕的感觉。在一个非常复杂的问题中,实际的抽样要好于对所有的可能链都进行检验。

当他说"更好"时,请注意,他并不一定是指抽样分析比详尽的分析能为你提供更精确的答案:抽样过程中总会有一些错误存在,虽然可以通过确保样品真正的随机性以及提高样品的数量来减少这种错误出现的可能。他说"抽样会更好"的意思是,因为它最终会给你一个答案,而其他方法都无法做到。

乌拉姆的想法(抽样可以在其他分析方法失败时取得成功)在解决洛斯阿拉莫斯出现的一些困难的核物理问题时也至关重要。核反应是一种分支过程,可能也会像纸牌那样疯狂地增加:一个粒子分裂为两个,每一个都可能会撞击其他的,再导致它们分裂,一直这样发展下去。准确地计算出这一过程中某些特定结果的可能性,在许多粒子的相互作用下,都已经难到几乎不可能的程度。但如果进行模拟,每一次的交互作用就像打开一张新的纸牌,提供了一种选择。

乌拉姆与约翰·冯·诺伊曼进一步发展了这个想法,并与另一位

09
随机性

来自曼哈顿计划的物理学家尼古拉斯·梅特罗波利斯合作,在洛斯阿拉莫斯的计算机上实现了这个方法。梅特罗波利斯将这一方法(将详尽的概率计算用抽样模拟进行代替)命名为**蒙特卡罗法**,这种方法因摩纳哥的蒙特卡罗赌场而得名,因为该场所同样依赖于变幻莫测的机会与运气。洛斯阿拉莫斯的团队便能够用它来解决核物理中的关键问题。今天,蒙特卡罗方法已经成为科学计算的基石之一。

许多如计算亚原子粒子的相互作用或在纸牌上的获胜机会这样的问题,是它们内在具有的概率,所以通过像蒙特卡罗法这样随机的方法来解决这些问题很有道理。但关于随机性的作用也许最让人惊讶的是,它可以被用在机会看似发挥不了作用的情况下。即使你想要回答一个只有"是"或"否","真"或"假"的答案的问题(其中没有任何其他可能性)掷几个骰子仍然是解决方案的一部分。

随机算法

第一个在计算机科学中展示随机算法广泛应用的人是迈克尔·拉宾,这一展示令人惊讶。他1931年出生于德国的布雷斯劳("二战"后,该地变为波兰的弗罗茨瓦夫),拉宾的祖辈有很多都是犹太拉比。他的家人于1935年离开德国巴勒斯坦,他从那时起,开始从他父亲为他铺下的犹太教之路转到美丽的数学之路——他在希伯来大学本科生涯的早期就研究了阿兰·图灵的理论,后又移民到美国普林斯顿大学攻读博士学位。拉宾赢得相当于计算机科学界的诺贝尔奖的图灵计算机科学奖,因为其扩展了理论计算机科学,以适应在"不确定性"

的情况下，一台机器不被要求去做出单一选择，而是可能有多个路径可以走。在1975年的休假中，拉宾来到麻省理工学院，寻找一个新的研究方向。

他发现其中存在一个最古老的问题：如何识别质数（素数）。利用算法寻找质数至少可以追溯到古希腊时期，当时的数学家使用一个简单的方法称为厄拉多塞筛算法。该算法的工作原理如下：要找到所有小于n的质数，首先要写下所有从1到n的序列中的数字。然后去掉所有是2的倍数的数字，除了2本身（就是去掉4、6、8、10、12等）。取下一个还没有划掉的最小的数（在本例中，就是3）并划掉所有这一数字的倍数（6、9、12、15）。继续这样下去，最后剩下的数就是质数。

几千年来，对质数的研究，如G.H.哈代所说，一直被认为是数学中"最明显无用的分支之一"。但在20世纪，它开始变得有用，它成为密码学和网络安全的关键。事实上，把质数相乘比把它们因数析出要容易得多。足够大的质数（例如一个千位数）的乘法可以在几分之一秒内完成，但析出因数就可能需要几百万年，这就产生了所谓的"单向函数"。在现代加密术中，例如，当只有发送方和接收方知道秘密质数相乘能得到巨大的合数时，便可以将这个数公开传播而不用担心了，因为对该产品的密码析出因数将耗费任何企图窃取者太长时间而不值得尝试。因此，几乎所有的安全通信网络，无论是商业、银行还是电子邮件，都是从寻找质数开始的。

对密码的这种应用突然使查找和检查质数的算法具有非常重要的作用。虽然厄拉多塞筛算法是可行的，但它的效率并不高。如果你想

09
随机性

要检查一个特定的数是否是质数（或称测试其"素性"），筛算法需要试图除以所有质数直到其平方根。检查一个6位的数字是否为质数，需要将它除以168个所有少于1 000的质数，这好像还不是太糟糕。但检查一个12位的数字是否为质数，就要将它除以78 498个小于100万的质数，那么这就明显开始失控了。现代密码学中使用的质数有几百位长（还是忘了它吧）。

在麻省理工学院，拉宾遇到了加里·米勒，他是加州大学伯克利分校计算机科学系的毕业生。在米勒的博士论文中，他开发出了一种有趣的、有发展潜力的，也更快的算法，用于测试优先级，但有一个小问题：它并非永远有效。

米勒发现一组方程（用 n 和 x 两个数表示），如果 n 是质数，无论 x 代入什么值，它总能成立。如果该方程式不成立，即使只有一个 x 的值，n 也不可能是质数。在这些情况下，x 被称为对抗素性的"证人"。然而，问题是误报：即使 n 不是质数，这个方程仍然会在某些时候成立。这让米勒的想法无法确定。

拉宾意识到，这是一个超出通常确定的计算机科学世界中被认为有价值的领域。如果 n 实际上是非质数，那么多少个 x 的可能值会给出误报并认为它是一个质数？拉宾指出，答案不超过1/4。所以对于一个随机的 x 值，如果米勒的方程成立，只有1/4的概率 n 不是质数。关键是，每次我们采样一个新的随机 x，并用米勒的方程检验这个 n 是质数的方法，但结果不是，就要再以4的倍数往下降。重复这个步骤10次，假阳性的概率是 4^{-10}——小于0.001‰。仍然没有足够的确定性？再检查5次，就会下降到0.000 001‰。

算法之美
ALGORITHMS TO LIVE BY

沃恩·普拉特是另一位麻省理工学院的计算机科学家,他研究了拉宾的算法,并在冬天的一个深夜算出结果,而拉宾正在家里举办一个光明节聚会。拉宾记得是在午夜前后接到的电话:

"迈克尔,我是沃恩。我得出了这些实验的结果。快去拿铅笔和纸,把结果写下来。"他说,$2^{400}-593$ 是质数。所有的素数的结果 p 中小于 300 的用 k 表示。$K \times 338 + 821$ 和 $k + 823 \times 338$ 的两个结果是孪生素数。[①] 这些构成了那时已知的最大孪生素数。我听后觉得头发都竖了起来。真是难以置信。真是难以置信。

米勒–拉宾素数测试,就现在所知的,给我们提供了一种用任意程度的确定性快速识别即使特别大的质数的方法。

这里,我们可能会问一个哲学问题——"是"的意思是什么。我们已经非常习惯于数学应该是一种确定的领域,如果我们听到一些数字"可能是质数"或"几乎肯定是质数"一定觉得非常奇怪。"肯定到底是有多肯定呢?"在实践中,加密互联网连接和数字交易的现代加密系统,被设置的误报率在 1×10^{24} 以内。换句话说,这是一个有 24 个零的小数,比地球上一粒沙粒还小。这个标准是在将米勒–拉宾测试应用仅 40 次之后产生的。的确,你从来不会完全确定,但是你可以非常接近确定,或是非常快确定。

尽管你可能从来没有听说过米勒–拉宾测试,但你的笔记本电脑、平板电脑和手机都对其很熟悉。在其被发现后的几十年,它仍然在许

[①] 孪生素数是连续奇数,并且都是质数,比如 5 和 7。

09
随机性

多领域中被用作查找和检查素数的标准方法。当你在网上使用信用卡时，它也在幕后工作着，几乎任何时候安全通信都是在空中或通过电线发送的。

在米勒和拉宾的成果问世之后的几十年里，我们不知道是否会有一种有效的算法，允许以确定性的方式，用绝对的确定性对素性进行测试。2002年，印度理工学院的三位科学家的确发现了这样一个方法，但像米勒—拉宾这样的随机算法要快得多，因此今天仍在实践中使用。

对于其他一些问题，随机抽样仍然是唯一已知的有效解决途径。数学中有一个奇特的例子，就是所谓的"多项式身份测试"。"如果你有两个多项式表达式，如 $2x^3+13x^2+22x+8$，以及（$2x+1$）×（$x+2$）×（$x+4$），找出这些表达式实际上是否为相同的函数（通过算出所有乘法，然后比较结果），这会非常耗时，尤其是随着变量数量的增加。

在这里，随机性提供了一种可以推进向前的方法：生成一些随机的 x 并将其代入。如果这两个表达式是不同的，那么如果它们对随机生成的输入给出相同的答案，这将是一个很大的巧合。如果它们对第二个随机输入又给出相同的答案，这将是更大的巧合。如果连续三次随机输入都相同又是更大的巧合。因为没有已知的确定性算法可有效地测试多项式身份，这种随机的方法（重复观测快速接近确定性）是我们可以使用的唯一实际的方法。

算法之美
ALGORITHMS TO LIVE BY

抽样的优势

多项式身份测试表明，有时我们的工作是更好地检查随机的价值（从我们想知道的两个表达式中取样），而不是试图理清它们的内部工作。在某种程度上，这似乎相当直观。现在有两种难以区别的设备，要确定它们是两种不同的设备还是两种相同的设备，我们大多数人都会随意地按下按钮，而不是打开箱子来检查线路。而且我们也不会特别惊讶，例如，一个电视中的毒枭只要用刀随机划开货物中的几捆，便可以对整批货物的质量有一定的把握。

不过，也有一些案例中我们没有使用随机性，也许我们应该用。

可以说，20世纪最重要的政治哲学家是哈佛大学的约翰·罗尔斯，他为自己设定了一项雄心勃勃的任务：试图协调两个看似对立的关键理念：自由与平等。当一个社会更自由，或者更平等时，它会更"公正"吗？这两者真的必须互相排斥吗？罗尔斯提出了一种他称之为"无知之幕"的问题。他说，想象一下，你即将出生，却不知道自己出生后是怎样的：男人还是女人，富人还是穷人，城市还是农村，有病还是健康。在了解你的地位之前，你必须选择你所生活的社会。你想要什么？罗尔斯认为，拉开无知之幕，对各种社会安排进行评估，我们会更容易对理想中的安排达成共识。

然而，罗尔斯的思想实验没有考虑到的是，在这样的幕布后面理解一个社会的计算成本。在这种假设下，我们怎么可能希望掌握所有相关信息？暂且不提正义和公正的重大问题，并尝试运用罗尔斯的方法仅仅对例如健康保险条例等提出改变。也许，在美国，出生后成为

09
随机性

中西部的一名镇书记的概率,乘以不同的卫生保健计划的分布,这可用在中西部直辖市上,再乘以保险精算数据提供的可能性,例如胫骨骨折的概率,再乘以在中西部医院可能的保险计划所给定的,胫骨骨折的一般处理的平均医疗费用。那么,拟议的保险修订对国家来说是"好"还是"坏"?我们几乎不能指望用这种方式评估一个受伤的心,更不用说数亿人的生命了。

罗尔斯的哲学批评家们详细地讨论了我们应该如何从无知的面纱中获得信息的问题。例如,我们是否应该尝试尽量扩大平均幸福、中位数幸福、总幸福或别的什么,其中的每一种方法都很著名,但其却将自己置身于有害的反乌托邦之中,如作家厄休拉·勒吉恩所设想的奥米勒斯城的文明——开放。在这个国家里,繁荣与和谐无处不在,一个孩子却被迫生活在悲惨的境地。这些都是应得的批判,而罗尔斯故意回避了这些问题,因为我们不知道如何处理从幕布后面得到的信息。然而,也许更大的问题首先是如何收集这些信息。

答案很可能来自计算机科学。麻省理工学院的斯科特·阿伦森说,他感到很惊讶,计算机科学家还没有对哲学产生更大的影响。他怀疑,部分原因在于他们"无法将他们所能补充的东西与哲学的概念集合联系起来"。他阐述道:

> 人们可能会认为,一旦我们知道某些东西是可计算的,无论计算起来需要10秒还是20秒,这显然是工程师应该关心的,而不是哲学家。但是如果问题是10秒:101 010秒,那么这个结论就不太明显了!事实上,在复杂性理论中,我们所关心的数量差

距通常是极为巨大的，以至人们也必须考虑到它们的质量差距。例如，这就是看一本400页的书和阅读所有400页的书之间的区别，或者是写下一个千位数字和从1数到那个数的区别。

计算机科学为我们提供了一种方法来明确评估所有可能的社会规定，例如胫骨受伤。但幸运的是，它还提供了处理这种复杂性的工具。基于抽样的蒙特卡罗算法是该工具箱中最有用的方法之一。

比如说，当我们需要理解国家医疗改革时，由于它是一个庞大的机构，太复杂而很难轻易理解，我们的政治领导人通常会给我们提供两件事：精心挑选的个人轶事和汇总的统计数据。当然，这些轶事丰富而生动，却不具有代表性。几乎任何一项法律，无论多么开明或具有误导性，都会让一个人过得更好，而另一个人过得更糟，因此精心挑选的故事不会提供更广泛模式的任何观点。另一方面，总的统计数据则恰恰相反：它全面却薄弱。例如，我们可能会了解到，在全美国，平均保费是否下降，但并不是要了解这种变化在一个更细微的层面上是如何产生的：对于大多数人可能会下降，但是奥米勒斯城风格使一些特殊群体（本科生、阿拉斯加人，或孕妇）陷入困境。一个统计数据只能告诉我们部分的故事，它掩盖了任何潜在的异质性。我们甚至不知道我们需要哪些统计数据。

由于统计数据和政客们最喜欢的故事都不能真正引导我们通过成千上万页的立法提案，因此，一位蒙特卡罗计算机科学家提出了一种不同的方法：抽样。对随机样本进行仔细的检查，可能是一种用以理解太复杂而不能直接理解的东西最有效的方法。当涉及处理质量不可

09
随机性

控的问题时，它们棘手而复杂，不能被完全理解，比如单人纸牌或原子裂变、素性测试或公共政策，抽样提供了一种最简单，也是最好的方法来解决问题。

我们可以看到这种方式与直接给钱的慈善捐助项目类似，它将现金无条件的转移分配给生活在肯尼亚和乌干达的极度贫困的人。它吸引了人们的注意力，在许多层面上重新思考传统的慈善行为：不仅是其不寻常的使命，而且是在其过程中体现出的透明度和问责制。最新的现状显示很成功。

项目助理丽贝卡·兰格写道："如果你经常查看我们的网站、博客或脸书主页，你可能已经注意到一些你并不常见的内容：我们收件人的故事和照片。"问题不在于其他慈善机构提供的那些热情洋溢的故事并不真实。准确地说，他们刻意选择展示成功的事例，使得人们不清楚能够获得多少信息。所以，直接给钱的慈善项目决定要对这个传统进行改变。

每周三，该慈善团队随机挑选一组现金接受者，派出一名工作人员现场采访他们，并逐字逐句地发布工作人员的现场采访记录，无论发生什么都按照此步骤执行。例如，这是他们第一次经历这样的采访，这个女人叫玛丽，她用这笔钱来买铁皮屋顶：[①]

> 她能做一间更好的房子，那是一个铁皮房子。她还可以为自己的房子买套沙发。她的生活已经发生了变化，因为以前每当下

[①] 注意，我们故意选取了网站上的第一个故事，也就是说，我们没有通读过所有的故事并特意选出一个来分享，因为这将会破坏我们的初衷。

雨的时候，那个漏水的屋顶就会把房子里的东西都泡在水里。但由于有了资金支持，她才有能力把房子做得更好。

兰格写道："我们希望这能让你对所分享的所有类型的信息都有信心，甚至能激发你把其他组织也带到更高的标准。"

三部分的权衡

约翰·济慈   这让我非常惊讶，品质决定一个人的成就，尤其是在文学领域，这是莎士比亚所大量拥有的。负面能力也如此，也就是，当一个人陷入不确定、神秘、怀疑时，在事实和理性之外没有任何急躁的行为。

约翰·斯图亚特·密尔   没有绝对的确定性，但对于人类生活的目的来说，却有足够的保证。

计算机科学通常是一个权衡利弊的问题。例如，在我们讨论第3章的计序时，我们注意到在计序前花费的时间和在搜索时花费的时间之间的权衡。在第4章讨论缓存时，我们探讨了占用额外空间的权衡（缓存的缓存进行缓存）来节省时间。

时间和空间是计算机科学中最常见的权衡的根源，但是最近，关于随机算法的研究表明，还有另一种需要考虑的变量：确定性。正如哈佛大学的迈克尔·米特增马赫所说："我们要做的是想出一个答案来

09
随机性

节省你的时间和空间,并权衡第三个维度:错误概率。"他被要求用最喜欢的例子来权衡不确定性,他并没有犹豫。"一位同事刚才说,应该做一个饮酒游戏,每当幻灯片上出现一次这个词,你就该喝一杯,你听说过布隆过滤器吗?"

米特增马赫说,要理解布隆过滤器,想想像谷歌这样的搜索引擎,它要覆盖整个网络并索引每一个可能的全球资源定位器(URL)。网页包含了超过一万亿个不同的全球资源定位器,平均每个定位器的长度大约为77个字符。当搜索引擎查看某个全球资源定位器时,它如何检查页面是否已经被处理了?仅仅存储访问过的所有定位器列表将会花费巨大的空间,并且反复搜索这个列表(即使已经完全排好序)都可能会成为一场噩梦。事实上,治疗后很有可能比疾病本身更糟糕:换句话说,每次检查都确保我们不会重新索引页面,这可能比直接索引两次页面更耗时。

但是,如果我们只需要确保这个全球资源定位器对我们来说是新的,那会怎么样呢?这就是布隆过滤器的用武之地。以其发明者伯顿·H.布隆命名,布隆过滤器的工作原理与拉宾–米勒–素性测试非常相似:这个全球资源定位器被输入一系列的方程式,这些方程式会对"实现向量"(witness)的新奇性进行检查。(这些方程不会说"n不是质数,"而是说"我没有见过n"。)如果你可容忍的错误率仅为1%或2%,那么就将结果存储在概率数据结构中,例如像布隆过滤器,它将会为你节省大量的时间和空间。这种过滤器的用处并不仅限于搜索引擎:布隆过滤器已经附带了许多最近的网络浏览器,用来检查一些已知的恶意网站的网址,而且它们也是比特币等加密货币的重要组成部分。

米特增马赫说:"那些错误权衡空间的想法,我认为问题在于人们不会把它与计算联系在一起。他们认为计算机应该给你答案。所以当你在算法课上听到这个的时候,'它应该给你一个答案,这可能不是正确答案'(我乐意认为当学生听到这个的时候,就会把注意力集中在此)。我认为,人们在自己的生活中没有意识到他们做了多少事情,并接受了这一点。"

山、谷和陷阱

理查德·肯尼 这条河蜿蜒曲折,因为它无法思考。

随机性也已被证明是解决离散优化问题的一种强大武器,比如为美国全国大学篮球联赛安排比赛日程,或者为一个旅行推销员设计最短路线。在前一章中,我们看到了松弛可以在很大程度上减少这些问题,但是随机性的策略性运用已经成为一种可论证的,甚至是更重要的技术。

想象一下,你正在为一次游览世界10个城市的度假做准备,你自己遇到了旅行推销员问题:你将从旧金山出发并最终回到旧金山,中途要经过西雅图、洛杉矶、纽约、布宜诺斯艾利斯、伦敦、阿姆斯特丹、哥本哈根、伊斯坦布尔、德里和京都。你可能不太担心这条路线的总长度,但你可能确实想把旅行的资金花费降到最低。首先要注意的是,尽管10个城市听起来好像不是很多,但在这里,可选择

09
随机性

的旅游线路的数量是 10 的阶乘：超过 350 万。换句话说，并没有实际的方法可以简单地检查每一种排列方法，并最终选择价格最低的一种。但你必须做得更聪明才行。

这是你第一次尝试设计一个行程，你可能会想着买从旧金山出发的（假设是西雅图）最便宜的航班，然后再买从那里到其他城市（假设为洛杉矶）最便宜的机票，然后再买（到纽约）最便宜的机票，以此类推，直到你到达第十个城市，再从那里飞回旧金山。这是一个所谓的"贪婪算法"的例子，你也可以把它看作是一种"近视算法"：一种目光短浅的算法预期在每一步中获得最好的东西。在调度理论中，正如我们在第 5 章看到的，一个贪婪的算法（例如，总是做最简单的工作，而不考虑长远）有时这可能是一个问题所需要的。在这种情况下，对于旅行推销员问题，贪婪算法给出的解决方案可能并不可怕，但它可能与你能做的最好的选择差很远。

一旦你完成了基本路线设计，你可能会对一些备选方案进行测试，方法是对城市的顺序进行轻微的调整，然后看看是否能有改进。例如，如果我们先去西雅图，然后去洛杉矶，我们可以试着用相反的顺序到这些城市：先去洛杉矶，再去西雅图。在任何给定的行程中，这 11 段路程的顺序都是可以前后调换的。那么我们都试一试，然后用最省钱的那一种。从这里开始，我们有了一个新的行程计划，我们可以开始改变这个计划，再次寻找最好的地方改进。这是一种被称为"**爬山**"的算法，因为通过搜索解决方案，发现有些方案更好，有些更糟，这通常被认为像是山和谷的风景，而你的目标是到达最高的山峰。

最终，你会得到一个比所有排列顺序都更好的解答。不管哪两个相邻的点互换，都不会再有任何一个排序能更胜于它。就在这里，爬山停止了。这是否意味着你可能只发现了一个所谓的"局部最大值"，而不是所有可能性的全局最大值。山顶的风景有时是骗人的。你可以知道你正站在山顶上，因为四周的地都会更低。但可能会有一座更高的山，就在另一个山谷的后面，隐藏在云之后。

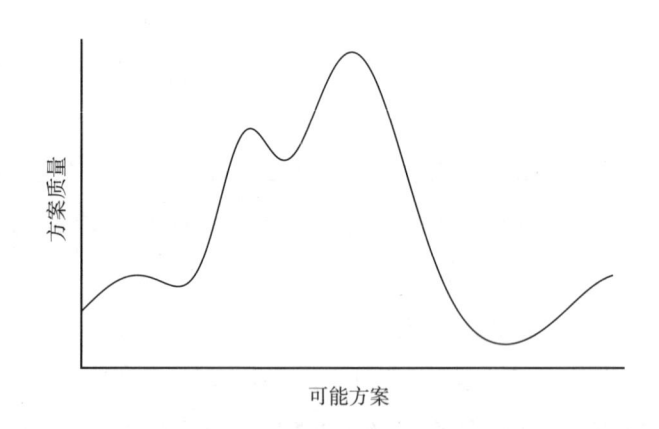

"错误风景"：描述了解决方案质量如何在不同的可能性之间变化

想想龙虾陷阱里的龙虾：可怜的动物，它并没有意识到离开笼子就意味着要回到笼子的中心，它需要到笼子中心才能出去。龙虾陷阱只不过是由线构成的局部最大值——一种致命的局部最大值。

在旅行计划一例中，幸运的是，局部最大值没有那么致命，但是它们具有相同的特点。即使我们找到了一个无法通过任何细小调整来改进的解决方案，我们仍然有可能遗漏了全局最大值。真正的最佳旅

09
随机性

行路线可能需要对旅行方案进行彻底的修整：以不同的顺序来安排整个计划路线，例如，一路向西而不是向东。如果我们想继续寻求改进，我们可能需要暂时恶化我们的解决方案。随机性提供了一种策略（实际上有好几个策略）就是这么做的。

局部最大值之外

其中一种方法就是用所谓的"抖动"来增大爬山算法。如果你看起来像是被卡住了，那就把它混合起来。做一些随机的小调整（即使它们的情况更糟），然后再回到爬山算法，看看你最后是不是在一个更高的山顶上。

另一种方法是，当我们达到一个局部最大值时，要完全地打乱我们的解决方案，然后从这个随机的新起点重新开始。这种算法被称为"随机重复爬山法"，或者，更鲜明的叫法是"猎枪爬山法"。他说："当一个问题中遇到很多局部最大值时，这一策略被证明非常有效。例如，计算机科学家在尝试破译密码时使用了这种方法，因为有很多方法可以解密一条看起来很有用的消息，但最终无疾而终。在解密过程中，有一段看起来接近于合理的文本并不意味着你肯定是在正确的轨道上。因此，有时最好不要过于依赖一个既定的初始方向，而只是从头开始。

但还有第三种方法：当你用于某个问题时，不要变成全量的随机性，每次你做决定时都要使用一点儿随机性。这是由洛斯阿拉莫斯的团队开发出来的一种技术，它采用了蒙特卡罗法，被称为"**梅特罗波**

利斯算法"。梅特罗波利斯算法就像爬山算法一样，都尝试在解决方案上进行不同的小规模调整，但它们有一个重要的不同之处：在任何一个给定的点上，它都有可能接受坏的调整和好的调整。

我们可以想象把这个应用到我们的假期计划问题上。之后，我们再次试图通过对不同城市位置上的调整来改变提出的解决方案。如果一个随机生成的结果会给我们旅行路线的调整带来改进，那么我们可以一直接受它，并继续在此基础上进行调整。但是，如果这种改变会让事情变得更糟，我们还是有机会将事情继续下去（尽管，越糟糕继续的机会就越小）。这样，我们就不会在任何地方停滞太长时间了：最终我们会尝试另一种解决方案，尽管它花费更大，同时有可能在路上提出一个新的更好的计划。

无论是抖动、随机重启，还是偶然的恶化，随机性对于避免局部最大值都是非常有用的。随机不仅仅是处理棘手优化问题的可行方法，在许多情况下，它是必不可少的。然而，有一些问题挥之不去。你应该使用多少随机性？何时使用？考虑到像梅特罗波利斯算法这样的策略可以无限地改变我们的行程，你怎么知道你已经完成了？对于正在研究最优化的科研人员来说，这些问题有一个惊人的确定答案将来自另一个领域。

模拟退火算法

20 世纪 70 年代末和 80 年代初，斯科特·柯克帕特里克认为自己是一名物理学家，而不是计算机科学家。柯克帕特里克对统计物理学

09
随机性

尤其感兴趣,这门学科会用随机性来解释某些自然现象,例如与退火相关的物理学内容,以及材料在加热和冷却时改变状态的方式。退火过程中最有趣的特性或许是材料冷却的速度往往会对其内部结构产生巨大的影响。柯克帕特里克解释道:

> 从熔体中生长出一个晶体要经过细致的退火过程,首先要将物质熔化,然后缓慢地降低温度,并且要在冰点附近的温度上花费很长时间。如果这一步没有完成,该物质脱离平衡,那么产生的水晶将会有许多缺陷,或者该物质就可能成为一个玻璃,没有序结晶。

当时,柯克帕特里克在IBM公司工作,该公司当时最大、最棘手也是最神圣的问题之一就是如何在IBM制造的芯片上铺设电路。这个问题有许多可能的解决方案可供考虑,还有一些严格的约束。一般来说,最好是把组件放在一起,但不要太近,否则就没有空间了。当你移动任何东西时,你必须重新计算所有的线路在新的假设性布局中是如何运行的。

当时,这个过程是由IBM公司内部的一个神秘的专家型人物所引导的。正如柯克帕特里克回忆的那样:"在IBM公司,他是最优秀的人,他在芯片上挤进去更多电路……他用一种最神秘的方式来解释他在做什么。他不想把实际操作告诉你。"

柯克帕特里克的朋友和IBM的同事丹·盖拉特对这个问题很感兴趣,很快这个问题就吸引了具有敏锐洞察力的柯克帕特里克。"物理系统研究的方法是把它们加热,然后再冷却,让系统自行编组。"这样一来，似乎就把所有最优化问题都当成是一件很自然的事情，就像是你想要组织的自由度是小的原子，或者是自旋，或者是你有的任何东西。"

在物理学中，我们所说的"温度"实际上是一种速度——在分子尺度上的随机运动。柯克帕特里克的解释是，这是一种直接的类似于随机的抖动，可以添加到爬山算法中，有时可以使其从更好的解决方案回溯到较差的方案中。事实上，梅特罗波利斯算法最初在物理系统中是为了模拟随机行为而设计的（在这种情况下，是核爆炸）。那么，柯克帕特里克想知道的是，如果你像处理退火问题那样处理最优化问题，比如如果你"加热"，然后再慢慢地"冷却"会发生什么？

在上面的去 10 个城市度假的例子中，我们可以从"高温"开始，完全随机地选择我们出发的路线，从所有可能的解决办法中挑出一个，不管价格是多少。然后，当我们考虑对城市排列顺序进行调整时，我们可以用掷骰子的方法开始慢慢地"冷却"我们的搜索。一个高等级的变化总是有意义的，但是我们只会在骰子出现 2 点或者更多的时候，才会选择较低的变化。之后，如果骰子掷出 3 点或更多——然后是 4 点，之后是 5 点，我们只会通过提高价格来进一步降低这样的随机性。最终，我们主要都是在向上爬，只有当偶尔掷出 6 点在时才会做出低级别改变。最后，我们将只会向上爬坡，直到我们到达下一个局部最大值。

这种方法被称为**模拟退火算法**，这似乎是将物理学映射到问题解决上的一种有趣方法。但它有效吗？在更传统的最优化问题的研究人员中，对该算法最初的反应是，整个方法似乎有点儿太过隐晦了。

09
随机性

柯克帕特里克说:"我无法让数学界人士相信,这些复杂的东西与温度,以及充满类比的东西都是真实的,因为数学家都被训练得不相信直觉。"

但是,对这种基于类比的方法的不信任很快便会消失:在IBM公司,柯克帕特里克和盖拉特使用模拟退火算法设计出比那些专家设计的更好的芯片布局。他们并没有对他们的秘密武器保持沉默,让自己成为神秘的权威人物。而是在《科学》杂志上发表了他们的方法,并将其公开给其他人,在接下来的几十里,这篇论文将被引用多达32 000次。到目前为止,模拟退火算法仍然是最优化问题在该领域最具前景的处理方法之一。

随机性,进化和创造力

1943年,萨尔瓦多·卢里亚并不知道他的发现将会为他赢得诺贝尔奖,他以为只是去参加一个舞会。卢里亚是一名从墨索里尼统治下的意大利搬到美国的移民,他父亲之前生活在意大利,卢里亚是一名研究细菌如何从病毒中获得免疫的研究人员。当他在印第安纳大学附近的一个乡村俱乐部参加了一场教师聚会时,他的研究还远未达到他所想的程度。

他当时看着他的一个同事玩老虎机:

> 我不是一个赌徒,当我取笑一个赌徒不可避免会遭受损失时,他突然中了头奖(大约3美元)他给了我一个鄙视的眼神,

然后走开了。就在那时，我开始思考老虎机真正的数字命理学：在这样做的时候，我突然意识到老虎机和细菌的突变有一些可以相互借鉴的地方。

20世纪40年代，人们还不知道细菌对病毒的耐药性（以及对抗生素的耐药性）是如何产生的。它们是在细菌中对病毒的反应，还是仅仅是正在发生的突变偶尔产生的耐药性？似乎没有办法设计出一种可以提供决定性答案的实验，直到卢里亚看到那台老虎机，并突然顿悟。卢里亚意识到，如果他培育了几代不同的细菌，然后把最后一代细菌暴露在病毒中，就会发生两种截然不同的事情。如果耐药性是对病毒的反应，他认为在所有细菌培养基中，无论它是第几代，几乎都有相同数量的耐药细菌出现。另一方面，如果耐药性来自偶然突变，他可能会看到一些更不平均的东西（就像老虎机的奖金一样）。即大多数代系的细菌都不会显示出耐药性，一些代系中可能会有一个"孙"代的培养基出现突变，产生耐药性。在极少数情况下，如果在"家族谱系图"上有几代细菌都发生了适当的突变，那将会有一个"大奖"出现——所有的"孙辈"细菌都将产生耐药性。卢里亚立刻离开了舞会，并开始实验。

在经历了几天的紧张、不安的等待后，卢里亚回到实验室检查他的菌落。大奖出现了。

卢里亚的发现是关于机会的作用：关于随机与偶然突变是如何产生病毒的耐药性的。但这至少在某种程度上，也是由于机会发挥的作用。在正确的时间，正确的地点，卢里亚看到的老虎机触发了一个新

09
随机性

的想法。关于发现的故事往往也有类似的时刻：牛顿的苹果（可能是杜撰的），阿基米德在浴缸里说"我发现了"，以及被忽视的培养青霉素的培养皿。的确，这是一个普遍现象，因此有一个新词就被发明出来：1754 年，霍勒斯·沃波尔基于《锡兰三位王子》（锡兰是斯里兰卡古时的名字）的童话冒险故事，编了一个新词"意外发现"（serendipity），故事中的王子们"总是能意外地、睿智地发现一些他们不想追求的东西"。

随机性的这种双重作用是生物学的一个重要组成部分，也是主要发现之一，反复吸引了那些想要解释人类创造力的心理学家的注意。威廉·詹姆斯提出了这个想法的早期实例。1880 年，詹姆斯被任命为哈佛大学的心理学助理教授，并在 10 年后出版了他在心理学上的权威理论。他在《大西洋月刊》上发表了一篇文章《伟人，伟大的思想和环境》。这篇文章以他的论点开篇：

> 我的知识从未注意到，有一种非凡的平行，一方面存在于社会进化的事实和种族的精神发展之间，另一方面存在于如达尔文先生所阐述的，社会进化与动物的进化之间。

在詹姆斯写作的时候，"动物进化"这个概念仍然是十分新鲜的（在 1859 年《物种起源》出版和达尔文本人还活着的时候）。詹姆斯讨论了进化思想如何应用于人类社会的不同方面，并在文章的最后转向了思想的进化：

> 新的概念、情绪和积极倾向的发展最初都是以随机图像、幻

想、意外萌发的自发变化在过度不稳定的人类大脑中的功能活动等形式产生的，外部环境只是用来证实或否定、采用或拒绝、保存或毁灭这种想法（就是选择），简言之，它会因为类似的分子事故，选择形态和社会变化。

詹姆斯因此将随机性视为创造力的核心。他相信，在最具创造力的人中，这种特质是被放大了的。在他们面前，他写道："我们似乎突然被引入了一个思想沸腾的大锅中，一切都在一种令人困惑的状态中叫嚣和摆动，在这种状态下，伙伴关系可以立即加入或松开，单调的例行程序是未知的，而意料之外似乎是唯一的规律。"（注意，与这里的"退火"直觉相同，来源于温度的隐喻，混乱的排列就相当于热量。）

詹姆斯理论的现代实例出现在唐纳德·坎贝尔的著作中，他是一位生活在100年后的心理学家。1960年，坎贝尔发表了一篇论文，题为"在其他知识处理过程中的创造性思维的盲变与选择性保留"。就像詹姆斯一样，他以他的中心论点开篇："一个盲目的变异和选择性的保留过程是所有归纳成果、所有知识的真正增加，以及所有的系统适应环境能力增长的基础。"和詹姆斯一样，他也受到了进化理论的启发，他认为创造性的创新行为是新思想产生的结果，是随机产生的，人类精明的头脑保留了这些思想的精华。坎贝尔完全支持他的论点，并引用了其他科学家和数学家关于他们的研究发现的背后故事。19世纪物理学家和哲学家恩斯特·马赫和亨利·庞加莱都似乎提供了一个和坎贝尔相似的解释，马赫走得很远，他宣称"因此这解释了牛

09
随机性

顿、莫扎特、理查德·瓦格纳以及其他人所说的话,他们说,想法、旋律及和声会全部涌向他们,而他们只是留下那些正确的"。

关于激发创造力,一种常见的技术就是引入一个随机元素,比如人们必须与之建立联系的一个词。例如,音乐家布莱恩·伊诺和艺术家彼得·施密特创造了一种被称为"间接策略"的卡片,以解决创造性问题。先选择一张卡片,任何一张卡片,你将会得到一个关于你的随机的新视角。(如果这听起来工作量太大,你现在可以下载一个为你挑选卡片的应用程序。)伊诺认为,对他们开发这些卡片的原因与逃离局部最大值有很明显的相似之处:

> 当你处于某一事物的中心时,你就会忘记最明显的事物。你从工作室出来,你会想"我们为什么不记得做这个或那个"?这些(卡片)真的只是将你从框架中抽离出来,打破了一点儿上下文的限制,所以你不是一个在工作室专注于一首歌的乐队,但是你是活着的人,并生活在这个世界上,你还知道很多其他东西。

随机地抖动,从框架中跳出来,专注于一个更大的范围,这提供了一种可以离开可能的局部较好的方法,然后回到追求可能的全球最优的方法。

你不需要像布莱恩·伊诺那样给你的生活增加一点儿随机的刺激。例如,维基百科提供了一篇"随机文章"的链接,而汤姆多年来一直把它作为他的浏览器的默认主页,每当他打开一个新窗口时,都会看到一个随机选择的维基百科条目。虽然这还没带来什么惊人的发现,但他现在对一些鲜为人知的话题(例如智利武装部队使用的刀)有了

算法之美
ALGORITHMS TO LIVE BY

很多了解，他觉得其中一些已经丰富了他的生活。（例如，他了解到葡萄牙语中有一个词表示一种"模糊却坚持的渴望，想得到某些不存在或不可能存在的东西"，这是一个我们仍然无法用搜索引擎解决的问题。）这带来的一个有趣的副作用就是，他现在对维基百科上的主题有了更清晰的认识，而且对随机性的真实情况也有了更清晰的认识。例如，那些他感觉与他有某种联系的页面（关于他所知道的人或地方的文章）出现的频率令人尤为惊讶。（在一次测试中，在两次重新载入之后，他成为"西澳大利亚州立法委员会的成员"，他在西澳大利亚长大。）知道这些实际上都是随机产生的，让他在余生中可以更准确地评价其他"巧合"。

在现实世界中，你可以通过加入一个社区支持的农场来随机选择你的蔬菜，这个农场每周都会给你送一盒农产品。正如我们之前看到的，加入社区支持农业项目的确可能会造成调度问题，但送来了你通常不会买的水果和蔬菜，这是让你在菜谱轮换中被击败的最好方法。同样地，每月的书、酒和巧克力俱乐部可以让你接触到那些你从来没接触过的各种书本知识、品酒技巧以及味觉体验。

你可能会担心，通过抛硬币做出的决定可能会带来麻烦，尤其是与你的老板、朋友和家人在一起的时候。确实，将随机性融入你的生活并不一定是成功的秘诀。1971年卢克·莱恩哈特（真实名字是乔治·科克罗夫特）写的一篇经典小说《骰子人生》，给我们讲述了一个警示故事。它的叙述者——一个用掷骰子来做决策的人，最后很快就终结在我们大多数人可能想避免的情况下。

但也许这只是一个小知识的例子，它是一件危险的事。如果《骰

09
随机性

子人生》中的人物能对计算机科学有更深刻的理解，他做事就会有一些指导。首先，从爬山算法可以得知：即使你有执行坏主意的习惯，你也应该坚持执行那些好的想法。第二，从梅特罗波利斯算法可知：你有执行一个坏主意的可能性与该想法的糟糕程度成反比。第三，从模拟退火算法可知：你应该提前实现随机性，在完全随机的状态下迅速冷却，随着时间的推移，使用越来越少的随机性，当接近冰点时，持续的时间最长。再让自己回火（照字面意思理解）。

这最后一点也发生在小说作者自己身上。很明显，科克罗夫特自己与他的主人公没有什么不同，他在自己的生活中"切"出一段时间，与他的家人在地中海的帆船上生活，像是一种缓慢的布朗运动。然而，在某一点上，他的退火计划冷却了下来：他在纽约州北部的一个湖上舒适地定居下来。他现在已经80多岁了，他仍然在那儿心满意足地生活着。"一旦你到了某个地方，你就会很高兴，"他在《卫报》上这样表示，"如果你再到处折腾，那就太傻了。"

10

网 络

我们如何联系？

温顿·瑟夫和鲍勃·卡恩　联系一词有各种各样的含义。它可以指两个实体之间的物理或逻辑路径，可以指路径的流动，可以进一步指一个与路径的设置相关的动作，也可以指两个或多个实体之间的关联，无论它们之间有没有路径。

E.M. 福斯特　只有连接。

一封长途电报以一句奇怪的话开头——1844年5月24日，塞缪尔·F. B. 莫尔斯站在美国最高法院的庭院，给他在巴尔的摩的助手艾尔弗雷德·韦尔发了一封电报，里面引用了《圣经》旧约中的一段经文："上帝创造了什么。"对于任何一个新建立的关联，我们首先要问的都是"它是如何开始的"，这个源头无法帮助我们预测未来。

1876年3月10日，亚历山大·格雷厄姆·贝尔给他的助手打了历史上第一个电话，说的话有点儿类似于悖论。"华生先生，来吧，我想看到你。"同时证明了它有的能力以及无法超越的物理距离。

手机始于一次炫耀——1973年4月3日，摩托罗拉的马丁库珀走在第六大道上，当时曼哈顿的行人都在看他，他正打电话给他的对手——来自美国电话电报公司的乔尔·恩格。他说道："乔尔，我正用

算法之美
ALGORITHMS TO LIVE BY

手机在给你打电话。一个真正的手机：一个手持的、便携的、真正的手机。"（"我不太记得他具体说了什么，"库珀回忆道，"但那一瞬间真的很安静。我想象他在咬牙切齿。"）

之后，短信出现了，在 1992 年 12 月 3 日：任职于电信公司的尼尔·帕普沃思提前祝沃达丰公司的理查德·贾维斯"圣诞快乐"。

互联网的开端，不知何故，比刚提到的这些都更卑微、更不吉利。1969 年 10 月 29 日，加州大学洛杉矶分校的查理·克莱恩通过阿帕网络（ARPANET）给斯坦福大学研究中心的比尔·杜瓦尔发送了有史以来第一条从电脑到电脑的信息。消息内容是"登录"（login）一词（或者应该是这个词，如果接收机器在接收了"lo"两个字母后没有崩溃的话）。

Lo——克莱恩努力让其听起来很有预示性、像《圣经》旧约那样，尽管他自己也没能成功。

人际关系的基础是协议，它是对程序和期望的一种共同的约定，从握手和问候到礼仪、礼貌，以及所有的社会规范。机器连接也不例外。协议是我们如何在同一页上找到的内容，事实上，这个词的根源是希腊语中的 protokollon 一词，意思是"初次黏合"，它指的是书或手稿上的外页。

在人际关系方面，这些协议证明了一种微妙却又持久的焦虑来源。我在很多天前给某人发了一条消息，但我怀疑他们根本没有收到？现在是中午 12 点 5 分，我们的通话定在中午，我们都在期待对方打来电话吗？你的回答似乎很奇怪，是我听错了，还是你听错了？再说一遍好吗？

10
网　络

我们大多数的通信技术（从电报到文本）仅仅为我们提供了一种新的渠道，用以体验人与人之间那些熟悉的挑战。但是，随着互联网的发展，计算机不仅成为一种渠道，也成为终点：对那些说话的人来说。因此，他们需要为解决自己的沟通问题负责。这些机器对机器的问题，以及它们的解决方案，都是在模仿和照亮我们自己。

分组交换

我们现在所认为的"互联网"实际上是许多协议的集合，但其中的主要内容（如此之多，以至于它经常被理解为互联网的同义词）是所谓的传输控制协议，即TCP。这是温顿·瑟夫和鲍勃·卡恩在1973年的一次演讲和1974年的一篇论文中首先提出的，他们还提出了他们所设想的"互联网络"的语言。

传输控制协议最初使用的是电话线，但更恰当地说它是邮件的演变，而不是电话。电话使用所谓的"电路交换"：系统在发送方和接收方之间打开一个通道，只要通话持续，就可以在两个方向之间提供持续的带宽。电路交换对人类的相互作用有很大的意义，但早在20世纪60年代，就很明显地能看出，这种模式对机器通信是不适用的。

正如加州大学洛杉矶分校的莱昂纳多·克莱洛克所回忆的那样：

> 我知道，电脑在说话的时候不会像我现在这样——不停地说。否则它们就会爆炸！它们会安静一会儿。过了一会儿，他们

突然又爆发了。而且,你不能把通信连接用于几乎从来不说话的东西,但是只要它想要说话的时候,它就要立即访问。所以我们不得不使用电话网络,它是为连续的通话而设计的(电路交换网络)但它有些不同。

对于电话公司来说,他们似乎不太愿意谈论他们协议的根本转变。网络研究人员范·雅各布森曾说,不采用电路开关被认为是疯狂的"绝对异端之举"。克兰罗克是这样回忆他与电信行业的故事的:

> 我去了美国电话电报公司,那里有当时最大的网络,我向他们解释,你们应该给我们提供良好的数据通信。他们的回答是,你在说什么?美国是一座铜矿,所以到处都是电话线,直接用吧。我说,不,不,你不明白。打电话只需要35秒,而你们最少按3分钟收费,而我想发送100毫秒的数据!他们的回答是:"小男孩,走开。"于是,这个小男孩就和其他人一起走开了,但他之后开发了这项技术,抢了那些人的饭碗。

抢电路交换饭碗的技术将被称为包交换。包交换的网络没有给每个链接设立专用渠道,发送方和接收方将它们的消息拆分放入一个个称为"数据包"的小碎片中,再将这些碎片合并到数据的公共流中(有点儿像以光速移动的明信片)。

在这样的网络中,"你可能会说连接的是两个端点之间共同的幻觉,"苹果网络专家斯图尔特·切希尔解释道。"互联网上没有联系。

10
网 络

在互联网上谈论一个连接就像是在谈论美国邮件系统中的一个连接。你给人写信，每封信都是独立的，你可能会有信件往来，并且有一定的连续性，但美国邮政不需要知道这些……他们只是投递信件。"

高效利用带宽并不是在20世纪60年代推动对包交换研究的唯一动力，另一个原因是核战争。兰德公司的保罗·巴兰正试图解决网络鲁棒性问题，以便军方通信系统能够在核进攻中幸存下来，而核进攻可以毁坏大部分的网络。受20世纪50年代为迷宫导航而开发的算法的启发，巴兰提出了一种设计，在这个设计中，每一条信息都可以通过自己的方式抵达目的地，即使网络处于动态变化中，或者已成碎片。

这是电路交换及其专用、稳定连接的第二个缺点：非常稳定意味着通话中断就会一直中断。电路交换不够灵活或适应能力不够强，体现不出足够的鲁棒性。而且，在这里，包交换也可以提供这个时代所需要的东西。在电路交换网络中，如果其中的任何一个链接被中断，通话就会失败，这意味着当网络变得更大时，可靠性会呈指数级下降。另一方面，在包交换中，不断增长的网络的路径扩散成为它的一种优点：现在有更多的方法可以让数据流动起来，因此网络的可靠性随着它的变大成倍地增长。

尽管如此，正如范·雅各布森所言，即使发明了包交换技术，电话公司也不为所动。"所有的电信人员都很大声地说，那不是网络！"那只是利用我们网络的一种糟糕的方式！你用我们的电线，用我们创造的路径进行传输！但你又在上面放了很多胶水，因此你就无法有效地使用它。但是，从包交换的角度来看，电话线只是一种达到目的的方式，发送方和接收方实际上并不关心数据包是如何传递的。在不同数量的不同媒体上进行不确定操作的能力将是包交换的伟大美德。在20世纪60年代末和70年代早期的初期网络（如阿帕网络）之后，所有类型的网络都证明了这一概念的可行性，并开始在全美国范围内发展壮大，包交换不仅可以在铜线上进行，还可以通过卫星和无线电。2001年，挪威卑尔根市的一群计算机科学家甚至曾短暂地实施了一项名为"信鸽"的包交换网络，即写在纸上并包装起来，然后绑在鸽子的脚上。

当然，分组交换也不是没有一点儿问题。对于任何协议、人类或机器来说，首先要问的问题之一就是：你如何知道你的消息已经发送了？

信息确认

温顿·瑟夫和鲍勃·卡恩 任何传输都不是绝对可靠的。

"上帝创造了什么"并不只是在美国发出的第一条远程电报信息，它也是第二个：艾尔弗雷德·韦尔把这段引文又发回了在最高法院的莫尔斯，作为确认收到之前信息的一种方式。

现在，韦尔的回答可能会使莫尔斯和美国的立法者们都聚集在他周围，他相信莫尔斯的信息已经收到，当然，韦尔事先并不知道这会是什么样的信息。但是，怎样才能使韦尔知道他的确认已被接收了呢？

10
网　络

计算机科学家们知道这个概念是"拜占庭将军的问题"。想象一下有两个将军，站在一个山谷的两边，他们有共同的敌人，试图共同协调进攻。只有通过完美的同步，他们才能成功，因为单独攻击就意味着自取灭亡。更糟糕的是，两名将军之间如果要传送任何消息都必须通过敌人所在的阵地，这意味着任何信息都传送不出去。

第一个将军，例如他想建议发起攻击的时间，但他一人又不敢擅自进攻，除非他知道他的同伴也会一起出发。第二名将军收到命令并发回确认，但除非他知道第一个将军收到了确认，否则他也不敢发动攻击（因为第一个将军是不会独自去的）。第一个将军接受了确认，但仍不会进攻，因为他要等待第二位将军知道他收到了才行。遵循这一逻辑链需要一系列无穷无尽的信息，显然我们不需要这样做。沟通是一件只有在实践中才能奏效的令人愉快的事情，在理论上它是不可能的。

在大多数情况下，沟通失误的后果很少会如此可怕，对确定性的需求也很少会如此绝对。在传输控制协议中，失败通常只会导致重新传送，而不是死亡，因此对一个会话来说，这已经足够了，可以从所谓的"三重握手"开始。访问者说你好，服务器确认你好，并回复你好，访问者确认了这一点，如果服务器收到这第三条消息，则不需要进一步确认，他们就会开始正题。然而，即使在最初的连接完成之后，仍然存在风险，即一些后续包可能在传输过程中受损或丢失，或者出现故障。在邮件投递中，包裹的递送可以通过回执来确认。在网上，包裹递送可以通过所谓的确认包或确认字符来确认。这些对网络的运作至关重要。

算法之美
ALGORITHMS TO LIVE BY

确认字符工作的方式既简单又睿智。在三次握手的背后，每台机器都提供了一种序列号，而且每一个发送的数据包每次都会在发送的时候增加一个序列号，就像支票簿上的支票一样。例如，如果你的计算机启动与网络服务器的联系，它可能会向该服务器发送信号，例如数字 100。服务器发送的确认字符还将指定服务器自己的数据包的序列号（例如 5 000），同时还会说"101 号准备好了"。你机器的确认字符的序列号将是 101 号，并将"传送 5001 号"。（注意，这两个编号方案是完全独立的，每个序列的开头数通常是随机选择的。）

这种机制提供了一种精确的方法来确定数据包何时走错路。如果服务器期望得到 101 号，却得到了 102 号，那么它将发送一个确认字符到 102 号数据包，并仍然说"101 号准备好了"。如果它下一次收到的是 103 号，它会再说一次，"101 号准备好了"。重复三次这样冗余的操作后，它将会向你的机器发出信号：101 号不仅被延迟了，而已经无望地消失了，所以它会重新发送那个数据包。在这一点上，服务器（保留了 102 号数据包和 103 号数据包）将发送一个确认字符"104 号准备好了"用以表示已经恢复了序列。

实际上，所有这些确认都可以增加相当数量的流量。我们认为，大文件传输是单向的操作，但实际上接收方会向发送方发送数百条"控制消息"。2014 年下半年的一份报告显示，在高峰时段，近 10% 的上游互联网流量来自网飞公司（我们倾向于认为这几乎完全只向下游、向用户发送数据）。但是这样的视频产生了大量的确认字符。

在人类领域，对信息是否真正已被接受的焦虑，在对话中也同样普遍存在。演讲者可能会下意识地附加"你知道吗"在每句话的末

10
网　络

尾，对听众来说，这是起不到什么帮助作用的，只能源源不断地附和着点头，或说出一些无用的回复。我们甚至在面对面交流时也会这样做，但在打电话时，这却是唯一知道通话是否还在继续的方法。难怪在 21 世纪无线运营商的一次最成功的营销活动中，主打网络工程师关于质量控制的口号，这句话一次又一次地重复："你现在能听到我说的吗？"

当问题反复出现时，我们往往会留下一个问号。正如软件博客作者泰勒·特里特所说：

> 在分布式的计算机系统中，我们试图通过等待接收确认来保证消息的传递，但是所有的事情都可能出错。消息被丢失了吗？那个确认字符丢失了吗？接收器崩溃了，还是它们只是太慢了？是网络太慢，还是我太慢了？

他提醒我们，拜占庭将军所面临的问题"不是设计的复杂性，而是不可能的结果"。温顿·瑟夫注意到，早期网络研究的发现都是基于你可以建立一个可靠的网络的假设。另一方面，"互联网基于这样一个假设，即没有任何网络是绝对可靠的，你必须进行端到端的重新传输来恢复错误"。

具有讽刺意味的是，对此很少有例外，其中有一种例外就是对人类声音的传递。实时语音通信，如网络电话（Skype），它通常不使用传输控制协议，而传输控制协议是互联网其余部分的基础。正如研究人员在早期网络中发现的那样，使用可靠的、鲁棒性强的协议（带着所有的确认字符，以及对丢失的数据包进行重新传输）来传输人类的声音是有些多余的。人类自己可以提供鲁棒性。正如瑟夫解释的那样,"在传输声音的情况下,如果你丢失了一个数据包,你只会说'再说一次,我刚刚有些没听到'。"

出于这个原因,自动将背景噪声降低到无声状态的这项电话服务对用户造成了极大的伤害。背景静态是一种持续的保证,可以保证呼叫仍然是连接的,但很明显,通话中出现的任何沉默,都是通话的另一方刻意的选择。如果没有这项服务,人们就必须不断地面对电话已经掉线的可能性,并不断地确认它到底有没有掉线。这也是所有包交换协议的存在焦虑,事实上,任何一种根植于异步转变的媒介,无论是写信、发短信,还是尝试性的反复的在线约会,都是如此。每条信息都可能是最后一条,有人花时间去回应,而有人早就结束了对话,通常也没有什么区别。

那么我们该如何处理一个不可靠的人或电脑呢?

第一个问题是,我们应该认为多长时间的不响应可以构成故障。这在一定程度上要取决于网络的性质:我们会在电话打出后的几秒,电子邮件发出后的几天,以及信件发出后的几周就开始担心。发送方和接收方之间的往返时间越长,保持沉默的时间就越长,而且在发送者意识到存在问题之前,可能会有更多的信息"在飞行中"。在计算机网络设计中,让各方正确地调整他们对确认时间的期望,对系统正常运转至关重要。

当然,一旦我们意识到故障已出现,第二个问题就是我们应该怎么做。

10
网　络

指数退避算法：宽恕的算法

英国广播公司　　　　世界上最难翻译的词已经被确认为是"ilunga"一词，源自刚果民主共和国东南部的希鲁巴语。Ilunga 一词的意思是"一个人第一次愿意原谅任何虐待，第二次还容忍，但绝没有第三次"。

T. H. 帕尔默　　　　如果一开始你不成功，那就尝试，再尝试一次。

今天，我们希望我们的设备能够进行无线通信，例如，我们的键盘和鼠标可以与电脑相隔几米，通过无线的方式相互连接。但是无线网络的出现是出于必要，尤其是在一个没有电线用来这样做的地方——夏威夷。20 世纪 60 年代末和 70 年代初，诺曼·艾布拉姆森试图将位于檀香山的夏威夷大学的 7 个校区和分布在 4 个岛屿和数百英里外的许多研究机构联系在一起。他的想法是通过无线电实现包交换（而不是通过电话系统）将这些岛屿与一个个的发射器和接收器连接起来。这个系统后来被称为阿罗哈网络（ALOHAnet）。

阿罗哈网络必须克服的最大障碍是干扰。有时两个站点会在同一时间发出信号，这就无意中干扰了彼此的信号。（当然，这也是人类对话中的一个常见特征。）如果两个站点都只是立即重新传输，以送达它们的信息，它们就会冒着永远被困在干扰之中的危险。显然，阿罗哈网络协议需要告诉竞争信号如何给彼此空间，如何为彼此让路。

算法之美
ALGORITHMS TO LIVE BY

发送者需要做的第一件事就是所谓的"打破对称"。就像人行道上的行人所知道的那样,当迎面而来的人偏向左边时,自己就躲向右边,两人都向同一边,就什么也解决不了。类似地,当两个说话的人都停下来,做出让另一个人说的手势以示尊重,然后又在同一时间开始说话;或者当两辆车在十字路口相遇,两车都停下来让对方,然后又试着同时加速。这是一个普遍使用随机性的领域,事实上,如果没有它,网络设计是不可能实现的。

一个简单的解决办法就是让每个站点都抛硬币。正面,就再发送一次,反面,就等待一个回合,然后再发送。毫无疑问,其中肯定有一个很快就能轻松送达。当只有两个发送者时,这就能很顺利地运行了。但是如果有三个信号同时发送呢?或是 4 个?在这一点上,网络只有 1/4 的机会能获得一个单独的数据包(在此之后,你仍然会有三个相互冲突的站点,甚至可能会有更多的相互竞争的信号等待到达)。随着冲突数量的进一步增加,网络的吞吐量可能会如悬崖掉落般骤降。1970 年的一份关于阿罗哈网络的报告显示,在电波的平均利用率仅为 18.6% 的情况下,"这个频道变得不稳定……再传输的平均数量变得不可控了"。这样并不好。

那么,应该怎么做呢?有没有一种方法可以避免陷入这种命运?这一突破在每次连续失败最后都提高了平均延迟时间,具体来说,就是在试图再次传输之前将潜在的延迟加倍。因此,在最初的失败之后,发送者会在一个或两个回合之后随机地重新传输,在第二次失败之后,它会在 1~4 个回合之后再次尝试,第三次失败将意味着要再等待 1~8 个回合,以此类推。这种简练的方法使网络能够容纳各种潜在

10
网　络

的竞争信号。因为最大延迟长度（2，4，8，16……）呈现一种指数级的递增，因此它被称为**指数退避算法**。

从1971年开始，指数退避算法就成为阿罗哈网络成功运作的一个重要组成部分，20世纪80年代，它被应用于传输控制协议，并成为互联网的一个重要组成部分。几十年后的现在，它仍然是如此重要。正如一篇有影响力的论文所言，"对于一个嵌入在未知拓扑网络中的传输端点，以及一个未知的、不可知的并不断变化的相互竞争的会话的群体，只有一个有可能有用的方案——指数退避算法"。

但该算法的其他用途表明了一些更规范、更深奥的内容。除了避免冲突，指数退避已经成为处理几乎所有网络故障或不可靠性的默认方式。例如，当你的电脑试图到达一个看起来马上就要瘫痪的网站时，它会使用指数退避算法，一秒后再试一次，几秒后再试一次，直到成功。这对每一个人都有好处：它可以防止瘫痪的主机服务器在恢复之后不会因为过多访问而又被再次攻击，同时防止你自己的机器浪费大量的精力做无用功。但有趣的是，它也不会强迫（或允许）你的机器完全放弃。

指数退避算法也是网络安全的一个重要组成部分，当你登录一个账户时，密码连续错误，就会受到指数倍增长的锁定周期的惩罚。这可以防止黑客对账户进行"字典攻击"，你可以用可能的密码一个个尝试登陆，直到最终密码正确，登陆成功。与此同时，它也解决了另一个问题：无论电脑账户的真正所有者是多么健忘，在一些任意的中断之后，他不会被永远锁定。

在人类社会中，我们倾向于采取一种政策，给人们一些有限的机

算法之美
ALGORITHMS TO LIVE BY

会，然后完全放弃。三振出局，你出局了。这种模式在几乎任何需要宽恕、宽容或坚持的情况下都是默认的。简单地说，也许我们做错了。

我们的一个朋友最近在思考关于一个童伴的故事，她常因结束一段关系而陷入窘迫。要怎么做呢？决定一次又一次之后，她最后已经受够了，完全放弃了这段感情，这种行为似乎很武断且后果严重，不停地重新决定似乎过于天真，因为有可能会导致无穷无尽的失望和浪费时间。解决方案是：在邀请率上的指数退避。试着在一周内重新安排时间，然后是两周，然后是四周，然后是八周。"重发"率趋向于零，但你永远不需要完全放弃。

我们的另一个朋友在思考是否该为一个有毒瘾史的家庭成员提供住所和财政援助，她为此感到很痛苦。她不忍心放弃希望，希望他能幡然悔悟，又无法忍受自己再回头犹豫。但她也不能倾其所有满足他的一切要求——给他买衣服，为他做饭，为他重新开设银行账户，并每天早晨开车送他上班，在某个神秘和突然的时刻，他也许会拿着所有的钱消失，然后在几周后再打来一个电话，请求原谅及再次收留。这似乎是一个悖论，一个残酷而不可能的选择。

在这样的情况下，指数退避算法并不是灵丹妙药，但它确实能提供一种可能的方法。例如，需要一个指数增长的清醒时期，可以抑制再次违反家庭内的规则。这将使这位家庭成员要更加努力地证明自己是认真的回归，并且会保护主人免受循环往复的持续压力。也许最重要的是，主人永远不会告诉那位亲戚她已经放弃了他，要不他就无法挽救了。这提供了一种能够拥有有限的耐心和无限仁慈的方法。也许我们就不需要做选择了。

10
网　络

事实上，在美国，过去的十年见证了一场悄无声息的革命的开始，这场革命让司法系统本身就能处理好对毒品犯罪者的社会监控。这场革命是由一个名为"希望"的试点项目发起的，该项目采用了阿罗哈网络的指数避退原则。而这也是一个惊人的巧合，它也始于阿罗哈网络的诞生地——檀香山。

在向夏威夷第一巡回法院宣誓就职后不久，法官史蒂文·阿尔姆注意到了一个显著的模式。缓刑犯会多次违反他们的缓刑条款，巡回法官通常会使用他们的自由裁量权警告他们。但在某种程度上，也许在十几次或更多的违规之后，法官将决定严格执行，并将违反者判为有期徒刑。阿尔姆说："我想，尝试改变别人的行为是一种疯狂的方式。"所以阿尔姆提出了一种几乎完全相反的想法。他提出，取消在未来的很长一段时间里进行的违规听证会，而是希望项目进行不确定的裁判，有时还会判决巨大的惩罚，这都是建立在即时的、预先设定好的惩罚基础上的，这种惩罚开始只会让违反者入狱一天，然后在每次犯规后都逐渐增加入狱时间。美国司法部的一项为期 5 年的研究报告称，希望项目中的缓刑犯被逮捕或直接撤销缓刑的可能性是普通缓刑犯的一半，他们吸毒的可能性降低 72%。之后，有 17 个州效仿夏威夷的做法，推出了自己版本的希望项目。

流量控制和拥塞避免

计算机网络设计首先集中于研究如何在不可靠的链接上建立可靠的传输。这些努力被证明是非常成功的，紧接着便出现了第二个问题：要确保已经过载的网络如何能够避免灾难性的崩溃。传输控制协议刚一解决数据从 A 点传到 B 点的问题，之后就遇到了阻塞问题。

最重要的早期预警发生在 1986 年，连接劳伦斯伯克利实验室和加州大学伯克利分校的一条线路被一个足球场长度的地段隔开。（在伯克利，这个地段恰好是一个足球场。）有一天，这条线上的带宽突然从每秒 32 000 位下降到每秒 40 位。其中的受害者就包括劳伦斯伯克利实验室的范·雅各布森和加州大学伯克利分校的迈克尔·卡雷尔，"他们对这突如其来的带宽速度的剧烈下降现象很感兴趣，并着手调查它为什么会变得如此糟糕"。

与此同时，他们听到美国其他网络设计团队的抱怨，他们都遇到了同样的事。雅各布森开始研究其深层的代码。"协议中有什么错误吗？"他想，"这是在小规模的测试中进行的，然后突然之间它就崩溃了。"

电路交换和包交换之间最大的差异在于它们是如何处理拥塞的。在电路交换中，系统要么批准通道请求，要么如果请求不能被满足，就直接否定。这就是为什么，如果你在某个高峰时期尝试使用电话系统，可能会收到"特殊信息音"和"所有电路都很繁忙"的信息。

包交换是完全不同的。电话系统会变得忙碌，邮件系统会变慢。网络拥塞可以清楚地告诉发送者，还有多少其他的发送者，或者在某一时刻网络的拥挤程度，以及拥塞的量是如何不断变化的。因此，发送方和接收方不仅必须保持沟通，还必须进行元沟通：他们需要弄清楚数据发送的有多快。不知何故，组合的数据包流（没有明确的管理或协调）必须停止相互挡路，并迅速利用任何可用的新空间。

雅各布森和卡雷尔的调查结果是修订了一组流量控制和拥塞避免

10
网　络

算法，这是 40 年来对传输控制协议最大的修改之一。

传输控制协议拥塞控制的核心是一个被称为"和式增加积式减少"的算法，简称 AIMD。在 AIMD 启动之前，一个新的连接将会积极地提高传输速率：如果第一个包被成功地接收，它会再发送两个包，如果这两个包都通过了，那它就发送 4 个包，以此类推。但是一旦数据包的确认字符没有发回到发送方处，AIMD 算法就开始接管这个问题了。在 AIMD 算法下，任何完全接收到的数据包会让飞行中的包数不是增加一倍，而是仅仅增加一个，而丢失的数据包会导致传输速率减少一半（由此得名和式增加积式减少算法）。本质上，该算法的形式就像是某人在说，"多一点儿，多一点儿，多一点儿，噢，太多了，去掉一些，再多点儿，再多点儿……"我们发现，它会形成一种典型的带宽形状，即所谓的"传输控制协议的锯齿形"——稳定向上爬升，突然猛烈下降。

为何会如此猛烈不均匀的下降呢？正如雅各布森和卡雷尔所解释的，AIMD 的第一次启动是当一个连接在其最初的侵略性的启动阶段中，第一次出现了丢失数据包的问题时。因为在初始阶段，每次成功齐发之后传输速率都会加倍，一旦出现问题，速度就降低一半，这是完全合适的。一旦数据开始传输，如果它又开始降速，那很可能是因为一些新的连接在竞争网络。对此最保守的评估就是，假设你是唯一一个使用这个网络的人，现在有一个人占用了你一半的资源，也会导致速度减少一半。在这里，保守主义是必不可少的：只有当网络的用户速度减少到至少是超载时的速度，才能保证网络稳定。出于同样的原因，仅仅进行和式增加有助于稳定所有人正在做的事情，可以防止快速超载和恢复的周期循环。

虽然加法和乘法之间的严格区分是不太可能在自然界中发现的,但传输控制协议的锯齿确实在各种领域中找到了共鸣,在这些领域都是为了尽可能多地获取安全的信息。

例如,在2012年的一次偶然的合作中,斯坦福大学的生态学家黛博拉·戈登和计算机科学家巴拉吉·普拉布哈卡发现蚂蚁似乎比人类早几百万年就已经开发出了流量控制算法。就像计算机网络一样,蚁群在试图管理自己的"流量"时面临着分配问题,在这种情况下,蚂蚁的流动是为了在多变的条件下觅食,这可能会大大影响蚂蚁成功往返的速度。就像互联网上的计算机一样,蚂蚁必须在没有中央决策者的帮助下解决这个共同的问题,而不是去发展戈登所说的那种"没有层级的控制"。结果表明,蚂蚁的解决方案也很相似:这是一个反馈周期,成功的觅食者会促使更多觅食者离开巢穴,而没觅食成功的返回者则会导致觅食行为的减少。

其他动物也会引起传输控制协议的流控制,凭借其特有的锯齿。松鼠和鸽子在追逐人类的食物残渣时,每次都会向前一步,偶尔也会跳回来,然后又稳步向前。可能是人类通信本身反映了传输的协议:每一条短信或电子邮件的回复都鼓励再发一条,而每一条未返回的消息都能阻止这种过程。

更广泛地说,和式增加积式减少算法为生活中的许多方面提出了一种想法,在生活中的这些方面,我们努力在不确定和波动的条件下分配有限的资源。

讽刺性的"彼得原理"是由教育学教授劳伦斯·J.彼得在20世纪

10
网　络

60年代提出。彼得说："每个员工都倾向于提升自己的能力。"该想法是，在一个分等级的组织中，每个能熟练完成工作的人就有机会晋升到新的岗位，这个岗位可能要完成更复杂或更不同的挑战。"当员工最终进入一个他们表现不佳的角色时，他们的队伍就会停滞不前，他们会在职业生涯剩余的时间里继续担任这个角色。因此，这是有道理的，按照彼得原理的预测性推理，最终一个组织中的每一个职位都会被一个做得不好的人填补。在彼得原理被提出的50年之前，西班牙哲学家何塞·奥尔特加·伊·加塞特于1910年也发表了同样的观点。他写道："每一个公务员都应该被降职到更低的级别，因为他们会一直被提升，直到他们能力不足时。"

一些组织试图通过解雇停滞不前的员工来弥补彼得原理。所谓的凯威制是由著名的凯威斯恩和摩尔法律事务所设计的，该制度几乎只聘用应届毕业生，把他们安排在最底层，然后在接下来的几年里要么提拔他们，要么解雇他们。1980年，美国武装部队与国防部官员人事管理法案也实施了类似的"晋升或出局"政策。英国也同样追求他们所谓的"曼宁控制"，这曾引起很大争议。

在彼得原理的制度停滞和严格的"晋升或出局"系统之间，有没有其他的选择，有没有中间地带？和式增加积式减少算法就可以提供一种选择，因为它是明确用来处理不稳定环境的。计算机网络必须要管理好自己最大的传输能力和客户的传输速率，所有这些都可能是不可预测的波动。同样，在商业环境中，公司用有限的资金来支付其运营费用，而每个工人或供应商所能做的工作量以及所能承担的责任数量都是有限的。每个人的需求、能力和伙伴关系都是不断变化的。

传输控制协议的锯齿形的教训是，在一个不可预测和不断变化的环境中，把事情放到失败的角度去考虑有时确实是最好的（或者唯一的）充分利用所有资源的方法。重要的是要确保对失败的反应是尖锐和有弹性的。在和式增加积式减少算法下，每个没有崩溃的连接都应该是不断加速的，然后降速一半，之后又立即开始加速。尽管这几乎违背了当今企业文化的规范，但你可以想象一家公司，每年每一个员工要么在组织结构图上提升一步，要么直接离开。

正如劳伦斯·J.彼得自己所认为的，可怕的彼得原理出现在公司里，因为"等级生活的第一条戒律是等级制度必须被保留"。相反，传输控制协议则教授灵活性的好处。公司讲究的是"扁平平面"的层次结构和"垂直"层次结构，但他们可能会考虑使用动态的层次结构。在和式增加积式减少算法体系下，没有人会长期担心工作难以完成，也不会长期怨恨没有得到晋升。两者都是暂时且频繁的调节剂，而且系统尽管每时每刻都在发生变化，但都会在平衡状态附近徘徊。也许有一天，我们说的不是职业生涯的弧线，而是它的锯齿形。

反馈语：语言学的流量控制

通过研究网络的流量控制，我们可以清楚地发现，上游的确认字符数据包不仅能够认定和确认传输，还能影响整个相互作用的轮廓、速率和节奏。这为我们发出了一个提醒，也让我们了解到反馈对沟通的重要性。在传输控制协议中，正如我们所看到的，没有单向传输：缺少一致的反馈，发送方几乎会立即减速。

10
网　络

奇怪的是，人们逐渐意识到网络领域中反馈的关键作用的趋势，也同时出现在语言学领域。20世纪中叶，语言学被诺姆·乔姆斯基的理论所主导，该理论在研究语言时，将其置于最完美和最理想的状态进行考虑——完美流畅的、符合文法的、不间断的句子，仿佛所有的交流都是书面文字。但从20世纪六七十年代开始，大量对口语的实用角度的兴趣揭示了语言过程的复杂和微妙，包括话题转换、中断、根据听众的反应遣词造句等。这里出现的是一种表面上的单向沟通的愿景，实则是一种合作行为。正如语言学家维克托·英格维在1970年所写的那样，"事实上，拥有话语权的说话者和他的朋友同时都在说和听"。这是因为我所称的"反馈语"的存在，在这个过程中，拥有话语权的人会收到一些短的信息，比如"是"和"嗯"，而不会放弃话语权。

对人类"反馈语"的审视为语言学领域开辟了全新的视角，促使人们对交流的动力进行全面的重新评估，特别是听者的角色。在一项例证研究中，由维多利亚大学的珍妮特·巴维拉斯领导的一个小组调查了一件事，当一个人听另一个人的故事时如果注意力分散了会发生什么（不是指对听者理解的影响，而是说的故事会发生什么变化）。他们发现，在反馈不佳的情况下，这个故事就支离破碎了。

> 叙述者勉强将这个故事讲完……总体说得不太好，而且本应很有戏剧性的结尾说得尤为糟糕。他们说的故事结束得很突然，或者是不断改变的，或者他们绕着圈子反复地讲故事的结局，他们常常通过解释自己的表现不佳来为自己故事的不佳辩护。

我们都有过与别人交谈的经历,别人的眼睛有时会飘向他们的手机,也许这会让我们开始怀疑,我们平淡无奇的故事是否该受责备。事实上,现在很清楚,这里因果关系往往是相反的:一个糟糕的听众往往会毁掉一个故事。

对人类反馈语的确切功能和意义的了解仍是一个具有积极意义的研究领域。例如,2014年,加州大学圣克鲁兹分校的杰克逊·托林斯和让·福克斯·乔斯向我们展示了那些不起眼的语气词,如"嗯""是的""呃"和"噢",这些语气词促使我们说的话表现出独特、精确的角色,来规范信息从说话者到听者间的流动,包括详细的速度和水平。实际上,它们都与传输控制协议中的确认字符一样重要。托尔斯说:"实际上,有些人可能比其他人更糟,'不善于说故事的人'至少可以将责任部分推到他们的听众身上。"这一认识产生了意想不到的副作用,即在他讲课时可以减轻一些压力,当然包括关于这个研究结果的讲座。他开玩笑说:"每当我谈论这些反馈语的时候,我总是告诉听众,他们对我演讲的反馈可以改变我说的内容,所以他们要对我的表现负责。"

缓存膨胀:这就是延时,傻瓜

凯瑟琳·尼科尔斯和范·雅各布森

由于对排队的原因和意义的误解,开发有效的、活动的排队管理一直受阻。

2010年的夏天,和许多家长一样,吉姆·格蒂斯经常接到孩子们

10
网　络

的抱怨，说家庭无线网络运行缓慢。不过，与大多数家长不同的是，盖茨已经在惠普、阿尔卡特朗讯、万维网联盟和互联网工程专责小组工作。他在1999年是现在仍在使用的超文本传输协议规定的编辑。因此，就像大多数善于钻研的父亲可能都会研究这个问题，格蒂斯也对此进行了调查。

格蒂斯用网络术语向一屋子的谷歌工程师表达了一种迫切而明确的信念：

> 我碰巧正在这条从我家到麻省理工学院10毫秒长的小路上，复制或加密异地备份旧的X财团的档案。在复制文件的同时，网络性能监视报告延时平均超过1秒，以及有坏包丢失。我选了网络封包分析，还有一些非常奇怪的行为出现……这看起来不像我期望的传输控制协议（锯齿形）。它不应该那样发生。

用简单的英语来说，他看到了一些东西……非常奇怪的东西。俗话说："在科学中听到的最激动人心的一句话，就是预示着新发现的那句话，不是'有了！'而是'很有趣'。"刚开始，格蒂斯认为他的电缆调制解调器有问题。他的家人在互联网上所称的问题，就像他们自己的墙上插座里出现的交通堵塞。本该去往波士顿的数据包没有被卡在途中，他们被困在了家里。

但是当格蒂斯研究得越深，他就越为之担心。这个问题影响的并不仅仅是他家的路由器和调制解调器，而是所有家庭的路由器和调制解调器。问题不只是在网络上，而是在电脑本身、台式机、笔记本电脑、平板电脑和智能手机上，交织在Linux、Windows和OS X等操作系统上。它也不只是出现在终端用户的硬件上,它还触及了互联网本身的基础设施。格蒂斯与康卡斯特、威瑞森、思科和谷歌的核心人物一起共进午餐,其中还包括范·雅各布森和温顿·瑟夫,并开始慢慢将拼图拼出。

问题无处不在。问题就是缓冲膨胀。

缓冲区实际上是一个队列,它的作用是消除突发事件。如果你和另一个顾客差不多同时走进一家甜甜圈店,暂时过于忙碌的收银员并不会让你先离开这家商店,下次再来。当然,客户不会这样做,但管理者也不会:这样的政策肯定是没有充分利用收银员的作用。将客户放在队列中,可以确保存储的平均吞吐量接近其最大吞吐量。这是一件好事。

然而,这种良好的资源利用率带来了一种非常实际的代价——延迟。当汤姆带他的女儿去伯克利时,她的心全在一个巧克力香蕉可丽饼上,于是他们就排队等着去买。最终(20分钟后)汤姆走到队伍的最前面,点了单。但在付完钱之后,他们还要再等40分钟才能真正得到可丽饼。(就像吉姆·格蒂斯一样,汤姆很快发现自己有大量家庭投诉。)接受订单的时间比做可丽饼的时间要少,因此排队订购仅仅是问题的第一部分。但至少这个队伍是可见的,客户知道他们等的目的是什么。第二部分的等待,这里更长的队伍是看不见的。所以在这种情况下,如果可丽饼柜台在某一时刻切断了等待的队伍,并竖起了一个告示说,他们不再接受订单,那么这将是一个更愉快的结果。把顾客赶走可以让每个人都过得更好——无论是让可丽饼队伍更短,还是在别的地方。这样一来,可丽饼柜台本不会有一分钱的销售损

10
网　络

失,因为不管他们的顾客等待多久,他们一天只能卖出一定数量的可丽饼。

这正是吉姆·格蒂斯在他的家庭电缆调制解调器中观察到的现象。因为他上传了一个文件,电脑就向调制解调器发送可以处理的尽可能多的上游数据包。而调制解调器假装可以处理的量比实际能处理的量要多得多,在建立一个庞大的等待队列时,它没有拒绝任何一个数据包。因此,当格蒂斯试图在访问网页或查看电子邮件的同时下载某样东西时,他的确认字符数据包就会被卡在上传后,不得不在调制解调器上排队等待离开。因为他的确认字符会永远返回到网络和电子邮件服务器上,服务器会将它们自己的下游连接速度限制为类似爬行的速度。

这就像每次你说"啊哈"的时候,它就会被延迟10~20秒。说话者就会慢下来,以为你不理解他们,对此你无能为力。

当一个网络缓冲区被填满时,通常会发生"**尾部丢弃**":这是一种不礼貌的说法,即每一个在某一点之后到达的数据包都被简单地拒绝了,并且被有效地删除了。(一旦排队时间过长,新客户就会离开可丽饼柜台,这是人类环境下的一个"尾巴"的版本。)考虑到包交换的邮政隐喻,想象一个邮递公司每天早上会把所有运送卡车装不下的包裹都扔掉,这看起来有点儿奇怪。然而,正是这种"信息包的丢弃"让计算机注意到它的一个数据包没有被确认,这促使和式增加积式减少算法开始将带宽速度减半。数据包丢弃是互联网的主要反馈机制。巨大的缓冲区(不管你的厨房多么缺少人手你都接受所有订单,不管需要多长的等待时间,调制解调器都接收每一个到来的数据包)

307

这可以防止这种调控的发生。

从根本上说，缓冲区使用延迟，在网络中称为"延时"（latency），以最大限度提高吞吐量。也就是说，它们会导致数据包（或客户）的等待，以利用之后事情进展较缓慢的时期。但是一个永久运行的缓冲区会让你的两个世界都遇到最糟糕的遭遇：所有的延迟，以及没有一个给予。如果平均来说，你的清除速度可以跟得上数据爆炸出现的速度，那么清除数据爆炸是件好事，但是，如果你的平均工作量超过了你的平均工作效率，那么没有任何缓冲区可以创造奇迹。缓冲区越大，在你发出求救信号前，你就会落得越远。缓冲区的基本原理之一就是，对于数据包或用户来说，它们只在障碍都常规地被清除时才能正确工作。

几十年来，计算机内存都非常昂贵，根本没有理由用不必要的内存容量来构建调制解调器。因此，对于调制解调器来说，没有任何方法可以组建一个比它所能处理的能力更大的等待队列。但在某种程度上，由于计算机行业的规模经济极大地降低了内存的成本，现代制造商开始给他们的机器提供千兆字节的内存，因为这实际上是他们所能得到的最小的内存。结果，在调制解调器、路由器、笔记本电脑、智能手机以及互联网的主干网中，无处不在的设备缓冲区都变成几千倍大，在像吉姆·格蒂斯这样的人发出警报来做一些事情之前，他们已经变得太大了。

10
网 络

迟到不如永远不到

阿齐兹·安萨里 把你最基本的问题当作一个人来处理。有人喜欢你,但你不喜欢他们。这一度是一种尴尬的局面。你必须要进行一次谈话,这很奇怪。现在你该怎么办?有人喜欢你,你不喜欢他们怎么办?你只是假装很忙……直到永远。

《蛇宗三字经》 永远不到比迟到好。尽管永远得不到经常比现在的状况好。

歌手凯蒂·佩里在推特上的粉丝比她的家乡加州的人多了107%。她作为推特上最受关注的人,自2016年年初起,她的粉丝数量有8 120万。这意味着即使有99%的粉丝从来不给她发信息,或者即使那1%的人每年只给她发一次信息,她也会每天收到2 225条信息。注意,是每一天。

想象一下,如果佩里会按照收到的时间先后顺序来回复粉丝的每一条信息。如果她每天能回复100条信息,那么粉丝可能的等待时间很快就会用几十年来计算。可以想象,大多数粉丝会更喜欢立即得到一个简短的回复,而不是在10年或20年后确定能收到的回复。

请注意,当佩里在离开会场时遇到等她签名,说想听她说些话的歌迷时,她并不会遇到这个问题。佩里做了她能做的,继续前进,失去的机会就消失了。身体是自己的流量控制。我们不能同时存在于两

算法之美
ALGORITHMS TO LIVE BY

个地方。在一个拥挤的聚会上,我们不可避免地只能参与不到5%的谈话,也不能后期阅读或补上错过的内容。失去视网膜的光子不会排队等待日后重见光明。在现实生活中,数据包的损失几乎是失去所有。

我们用的"丢球"这个词,几乎完全是贬义的,意味着这个人懒惰、自满或者健忘。但是,战术性的丢球是在超负荷的情况下完成任务的关键部分。

对现代通信最普遍的批评是,我们"总是处于连接状态"。但问题并不是我们总是连接着的:我们并没有。问题是我们总是在缓冲中。这两者的区别是巨大的。

缓冲膨胀的感觉就像是需要在互联网上查看每一件东西,要阅读所有可能的书籍,或要看所有可能的节目。你错过了你最喜欢的连续剧的一集,然后看了一小时,一天,十年。你去度假,回到家看到一大堆信件。之前若有人敲你家的门,没人应答,他就走了。现在,当你回家时,他们已经在门外排队等待。

真是见鬼,电子邮件就是设计用来克服尾部丢弃的。正如其发明者雷·汤姆林森所说:

> 当时,没有什么好办法可以给人们留下信息。打电话应该可以,但必须有人来接电话。如果接电话的不是你想要的那个人,那就是行政助理或电话答录员之类的。这就是你要传递信息的机制,所以每一个人都在想,你可以在电脑上留言。

换句话说,我们要的是一个永远不会把发送者赶走的系统,无论

10
网　络

好坏，我们都有一个这样的系统。事实上，在过去的15年里，从电路转换到包交换的转变已经在整个社会中发挥了作用。我们过去常常向别人请求专用电路，现在，我们给他们发送数据包，并期待收到确认字符。我们过去常常拒绝，现在我们会推迟。

令人遗憾的是，与常理不同，我们读到的"缺乏懒惰"是缓冲区的主要特征：将平均吞吐量提高到峰值吞吐量。他们所做的就是防止懒惰。你可以在路上查看电子邮件，从度假途中，到卫生间，再到半夜。你永远不会感到无聊。这是缓冲区的喜忧参半的好处，正如广告所言。

休假电子邮件自动回复器明确告诉发送者等待他们的是延时，更好的选择可能是告诉发送者需尾部丢弃。它不会警告用户的排队时间可能超过平均水平，而只是拒绝接收所有传入的消息。而且，这并不需要局限于度假：你可以想象一个电子邮件程序，一旦收件箱达到100个条目，就会自动拒绝所有将接收到的信息。如果发来的是账单或其他类似的东西就是不明智的了，但对社交邀请却不失是一种较合理的做法。

现在，收件箱或语音信箱"已满"已经是过去的事了，这是20世纪晚期和21世纪初的一个明显的历史倒退。但是如果连接我们新奇的手机和电脑的网络拥有有效的无限存储空间，当事情发展太快或太激烈时还故意丢包，那么有理由认为尾部丢弃并不是有限内存空间的可悲后果，而是靠自身力量成为的一种有目的的策略。

对于网络缓冲膨胀，选择正在进行的这个复杂而愉快的故事涉及硬件和操作系统制造商付出的大量努力，以对网络队列进行根本性的改变。此外，还有一个针对传输控制协议的新反向通道的建议，这是多年来首次出现的此类修改：显式拥塞通知（简称ECN）。让互联网从缓冲膨胀中完全解脱出来将可能会带来所有这些变化，这也需要多年的耐心。"这是一个长期的困境。"格蒂斯说。

但是对于膨胀缓冲后的未来，还是有很多东西值得期待。由于缓冲固有的延时，因此它对大多数交互过程都是有害的。例如，当我们通过网络电话进行通话时，我们通常更倾向于偶尔发出一些静态信号，以清晰地记录我们的来电者在3秒前说过的话。对于游戏玩家来说，即使是50毫秒的延迟也可能是杀别人和被杀的区别。事实上，游戏对延时非常敏感，所有重要的游戏比赛都是人与人之间线上进行的，玩家们坐飞机聚集到一个地方，之后每人通过网络进行比赛，他们进入一个单独的游戏房间。对于任何其他的同步问题，情况也是如此。"如果你想和你的朋友们一起演奏音乐，即使是在你的大城市地区，你也要关心几十毫秒的时间，"格蒂斯说，想象着一大堆新的应用程序和业务，这些都可能会利用那些潜在的低延时的势能，"我从这整个经历中总结出的一个结论是，工程师应该把时间当作重点项来对待。"

苹果公司的斯图尔特·切希尔表示，对于网络工程师来说，现在是时候要将延时看成是头等重要的大事了。让他感到震惊的是，那些宣称拥有"快速"互联网连接的公司只涉及高带宽，而不是低延时。通过类比，他注意到波音737和波音747都以每小时500英里的速度飞行，前者能容纳120名乘客，而后者则是前者的三倍。那么"你会说波音747比波音737'快'三倍吗？当然不会，"切希尔说。容量

10
网　络

有时确实很重要：对于传输大文件，带宽是关键。（如果你有大量的货物要搬的话，一艘集装箱船可能会超过一架 747 飞机的数千次的飞行。）然而，对于人际间的应用来说，一个快速的周转时间往往更重要，我们真正需要的是更多的协和式飞机。事实上，将延时降低是目前网络研究的前沿领域之一，看看它以后会给我们带来什么，这将会是一件很有趣的事。

与此同时，还有其他的战役要进行。格蒂斯把他的注意力移开了一秒，从框架中往外看。"这对你不起作用吗？我现在正在和别人说话，等我完成后再处理。我们这里结束了，呃，不，5 千兆赫频道正在工作，2.4 千兆赫频道已经崩溃。这是臭名昭著的错误代码。我将重新启动路由器。"这似乎是一个道别的恰当时机，并将我们的带宽释放到公共空间，让无数的流量增加。

11

博弈论
别人的想法

史蒂夫·乔布斯　　我是一个乐观主义者,我相信人类是高尚和可敬的,而且他们中的一些人真的很聪明……我对群体中的人有一些比较悲观的看法。

投资者将股票卖给另一个人,一个人相信它会下跌,一个人认为它会上涨;我想我知道你的想法,但不知道你认为我在想什么;一个经济泡沫破裂;未来的爱人提供一份礼物,这份礼物既不是表示"我想要做的不只是朋友",也不是"我不想超过朋友关系";一桌食客争论谁应该请谁以及为什么;有人试图帮忙却无意中有所冒犯;有人努力装酷却引来旁人窃笑;某人试图从人群中脱出,却失望地发现,人们也都跟着他出来了。"我爱你",一个情人对另一个情人说,"我也爱你",另一个人回答说,两人都想知道对方到底是想说什么。

计算机科学对此有什么要说的呢?

学生们被教导要把文学情节设想为属于以下几个类别中的一个:人与自然、人与自己、人与人、人与社会。到目前为止,在本书中,我们主要考虑了前两类的案例,也就是说,计算机科学一直以来都是我们对世界基本结构和处理信息的有限能力所产生的问题的指南。最优停止问题源于时间的不可逆性和不可废止性,从时间有限的供给中探索或利用困境。松弛和随机性是在解决旅行计划和疫苗等挑战中遇到的不可避免的复杂性问题的关键和必要策略。

在这一章中,我们转移了焦点,并考虑剩下的两种类别,即人与人,和人与社会:实际上,我们所提出的问题也互相影响。我们对这一领域的最好的指导来自一个称为博弈论的数学分支,这个经典理论对20世纪产生了巨大的影响。在过去的几十年里,博弈论和计算机科学之间的交叉作用已经产生了算法博弈论,这一理论从20世纪初开始就已经产生了影响。

递归

《公主新娘》

现在,一个聪明的人会把毒药放进自己的杯子里,因为他知道只有傻瓜才会伸手去拿他所得到的东西。我不是傻瓜,所以我不能在你面前选酒。但你一定知道我不是一个很愚蠢的人(你会相信吗),所以我显然不能先选酒。

可以说,20世纪最具影响力的经济学家约翰·梅纳德·凯恩斯曾经说过:"成功的投资是预见他人的预期。"例如,股票以60美元出售,买方肯定相信他日后可以以70美元的价格卖掉——卖给那些相信可以以80美元的价格出售的人,再卖给那些相信可以以90美元的

11
博弈论

价格出售的人,再卖给那些相信可以以100美元的价格出售的人。这样一来,股票的价值并不是人们所认为的价值,而是人们所认为的人们认为它的价值。事实上,这还远远不够。正如凯恩斯所说,在美丽与受欢迎之间做出了重要的区分:

> 专业投资就好比是那些报纸竞争中的竞争对手必须从100张照片里挑出6个最漂亮的面孔,该奖项被授予最接近整体平均偏好的竞争对手。这样每个竞争对手都要选择,不是选那些他自己认为最漂亮的面孔,而是那些他认为最有可能吸引其他竞争对手注意的面孔,他们都要从相同的观点看问题。这不是要去选择那些最漂亮的人,甚至也不是普通审美认为是最漂亮的人。我们已经达到了第三阶段,我们考虑的是去预测普通审美所预测的普通审美。我相信还有人是在实践第四,第五,或更高的阶段。

计算机科学阐明了这种推理的基本限制,即所谓的"停机问题"。正如阿兰·图灵在1936年所证明的,计算机程序永远无法确定另一个程序是否会永远计算下去,除非通过模拟这个程序的运行,才有可能脱离最终的结局。(因此,程序员永远不会有自动的工具来判定他们的软件是否会被冻结。)这是所有计算机科学中最基本的结果之一,许多证据都就此止步。[1] 简单地说,任何一个系统(无论是机器还是头脑)都模拟了像它自己这样复杂的工作方式,发现它的资源被

---

[1] 的确,它是所有现代计算机的起源,停机问题,正是该问题促使图灵通过我们现在所说的图灵机来正式定义计算的。

完全利用，很明显或多或少都有一些。计算机科学家们有一个术语来形容进入镜厅后无穷无尽的旅程，就是思想模拟正在模拟思想的思想——"递归"。

"在扑克游戏中，你从不会玩你自己手里的牌，"詹姆斯·邦德在《皇家赌场》中说，"你玩的是你对面的那个人的牌。"事实上，你真正玩的是一个理论上的无限递归。你知道自己手里的牌，并且知道你的对手所拥有的牌，然后你相信你的对手知道你所拥有的牌，你相信你的对手也知道你知道他有的牌……"我不知道这是不是一个真正的博弈论术语，"世界排名第一的扑克玩家丹·史密斯说道，"但是扑克玩家称它为'水平'。第一级水平是'我知道'。第二级是'你知道我知道'。第三级是，'我知道你知道我知道'。有些情况下，你会说，'哇，这是一个愚蠢的虚张声势的方法，但如果他知道这是一个愚蠢的方法，那他就不会叫我的牌，那么这就是一个聪明的虚张声势的方法'。这些事情经常发生。"

其中最令人难忘的一次虚张声势是，当汤姆·德万在玩德州扑克时，下注金额已达到479 500美元时，当时他的牌绝对是最糟糕的2-7，那时他就直接告诉他的对手萨米·乔治，他不弃牌。"你的牌肯定不是2-7，"乔治回答说，"你的牌肯定不是2-7。"因此乔治弃牌，然后德万（是的，的确是2-7）就赢了所有奖金。

在扑克游戏中，递归是一种危险的游戏。当然，你不希望在你的对手后一步被抓住，但也有必要不要在他们前面走得太远。"有一条规则是，你真的只希望比对手高一个水平，"扑克职业选手凡妮莎·鲁索解释说："如果你水平比对手高太多，你就会认为他们掌握了实际

11
博弈论

上没有掌握的信息,(而且)他们无法从你的行动中收集到你想要的信息。"有时,扑克专业人士会故意引诱对手进入一个错综复杂的递归,同时玩得过于教条。这被称为引诱他们进入"一场对抗自己的水平之战"。

(引诱对手进行无结果的递归也可以成为其他游戏的有效策略。这是人机对抗历史上最精彩、最奇异、最引人入胜的一场:2008年,美国大师中村光和著名的计算机象棋程序雷布卡展开了一场快棋对决。在这一游戏中,每一方只有3分钟来走棋,要么就自动输掉游戏,这样的时间优势当然是在电脑的一边——电脑每一秒都能评估数以百万计的数位,甚至走棋都不需要调动任何肌肉。但是中村光很快就将棋势拥塞,重复走着毫无意义的棋。与此同时,电脑浪费了宝贵的时间,徒劳地寻找那些根本不存在的变化,并且固执地试图预测中村光未来所有可能的动作,而中村光他自己似乎只是在下一盘类似于玩弄自己拇指的棋。当电脑几乎耗尽它的时间,开始挣扎,以免超时的时候,中村光终于打开了这个走位,然后彻底翻盘。)

鉴于递归的危险,扑克专业人士又是如何从中跳出的呢?他们使用博弈论。"有时候,你可以想出一些理由来利用游戏,但很多时候,你只是在进行低级游戏,无非只是噪声而已,"丹·史密斯解释道,"在大多数情况下,我真的很努力想要拥有一个基本级的理论进行理解。刚开始,我总是要知道或想知道纳什是什么。"那么纳什是什么呢?"

算法之美
ALGORITHMS TO LIVE BY

达到均衡

里克·阿斯特利　　你知道规则，我也知道……我们了解这个游戏，我们将要玩这个游戏。

　　博弈论覆盖非常广泛的合作和竞争场景，但这一领域开始于那些类似于单挑扑克的领域：这是一种双人比赛，一个玩家的收益就是另一个玩家的损失。数学家分析这些游戏的目的是寻找所谓的均衡：即，这是一套双方都能遵循的策略，因为他们的对手都不愿意改变自己的游戏。它被称为均衡，因为它是稳定的，没有任何一个玩家的进一步的想法可以让他们做出不同的选择。考虑到你的策略，我对我的策略很满意，考虑到我的策略，你对我的策略也很满意。

　　例如，在石头剪刀布游戏中，均衡告诉我们，完全随机选择一个相同的手势，每一个大约有 1/3 的机会，这令人毫无兴奋可言。使这个平衡保持稳定的是，一旦双方都采用这一 1/3–1/3–1/3 的策略，那么除了坚持下去也没有什么更好的方法了。（比方说，如果我们试着出更多的石头，我们的对手很快就会注意到，然后就开始出更多布，这将会使我们出更多的剪刀，以此类推，直到我们双方都回到 1/3–1/3–1/3 的均衡状态。）

　　博弈论有一个开创性的结果，数学家约翰·纳什在 1951 年证明了每一个双人游戏至少有一种均衡。这一重大发现使纳什获得了 1994 年的诺贝尔经济学奖（并由此产生了关于纳什的名为"美丽心灵"的书和电影）。这种均衡现在被称为"纳什均衡"，即丹·史密斯一直试

11
博弈论

图追踪的"纳什"。

从表面上看,纳什均衡总是存在于两个玩家的游戏中,这似乎让我们稍稍从那些描述扑克和许多其他熟悉比赛的镜像递归中解脱出来。当我们感觉自己掉进了递归的兔子洞时,我们总是有办法跳出对手的脑袋,寻找均衡,直接进入最佳策略,设想这是一场理性的游戏。在石头剪刀布里,仔细观察对手的脸,看看他们可能会出什么,这也许是不值得的,如果你知道长远来看,随便乱出才是一个不可战胜的策略。

更通俗地说,纳什均衡可以帮助人们预测任何一套规则或激励制度的长期稳定结果。因此,它是预测和制定经济政策以及总体社会政策的宝贵工具。正如诺贝尔奖得主经济学家罗杰·迈尔森所说,纳什均衡"对经济学和社会科学产生了根本性和普遍的影响,与生物科学中DNA(脱氧核糖核酸)双螺旋结构的发现具有可比性。"

然而,计算机科学把这个故事复杂化了。广义而言,数学研究的对象是真理;计算机科学研究的对象是复杂性。正如我们所看到的,如果一个问题是难以解决的,那么要找到问题的解决办法就是不够的。

在博弈论环境中,知道均衡存在并不会告诉我们它是什么,或者如何实现它。正如加州大学伯克利分校的计算机科学家克里斯托斯·帕帕迪米特里欧所写,博弈论"预测了代理人的均衡行为,又通常不考虑到这样一种状态实现的方式,而这正是计算机科学家最应该关心的问题。斯坦福大学的蒂姆·拉夫加登也认为纳什提出的证明均衡永远存在的证据不充分。"好吧,"他说,"但我们是计算机科学家,对吧?"给我们一些可以用的东西。不要只告诉我它在那里,告诉我怎么找到它。因此,博弈论最初的领域是基于算法的博弈论,也就是说,对游戏理论上的理想策略的研究成为机器(和人)如何为游戏制定策略的研究。

事实证明,问太多关于纳什均衡的问题会让你很快陷入计算麻烦。到 20 世纪末,确定一款游戏是否超过一种均衡,或者有一种能给玩家带来一定回报的均衡,或者一种需要采取特定行动的均衡,都被证明是棘手的问题。然后,2005—2008 年,帕帕迪米特里欧和他的同事证明,仅仅找到纳什均衡都很棘手。

像石头剪刀布这样简单的游戏,随意一瞥就可以看到其中的均衡,但是我们现在很清楚,在现实世界的复杂性游戏中,我们不能想当然地认为参与者能够发现或者达到游戏的均衡。反过来,这意味着游戏的设计者不能用均衡来预测玩家的行为。这一发人深省的结果产生了深远的影响:作为一种模拟和预测市场行为的方式,纳什均衡在经济理论中保有一个神圣的地位,但这一地位可能不是应得的。正如帕帕迪米特里欧解释的那样,"如果一个均衡的概念不能被有效地计算,那它作为对理性主体行为的预测的可信度就会失去大半"。麻省理工学院的斯科特·阿伦森对此表示赞同。"在我看来,"他说,"如果纳什均衡成立的定理被认为与自由市场和政府干预之间的争论有关,那么发现这些均衡的确难以处理的定理就也应该被认为是相关的。"纳什均衡的预测能力只有当参与者真正找到均衡时才体现其重要性。引用亿贝网(eBay)前研究主管卡迈勒·杰恩的话:"你的笔记本电脑都无法找到的东西,市场也无法找到。"

11
博弈论

占优策略，无论好坏

即使当我们达到平衡时，仅仅因为它是稳定的并不会使它变好。这似乎自相矛盾，但是均衡策略，是没有参与者愿意改变策略的领域，并不一定是为参与者带来最好结果的策略。没有什么比博弈论中最著名、最具煽动性、更有争议的双人游戏"囚徒的困境"更能说明问题了。

囚徒的困境玩法如下。想象一下，你和一个密谋者在抢劫了一家银行后被逮捕，并被关押在不同的牢房里。现在你必须决定是否要与对方"合作"，是保持沉默，不承认任何事情，还是通过向警方告发对方来"背叛"你的伙伴关系。你们知道，如果你们彼此合作，保持沉默，州政府就没有足够的证据来定你们任何一个人的罪，所以你们都可以重获自由，然后两个人分那笔赃款——每人50万美元。如果其中一方叛变并告发对方，而另一方什么没招供，那名告密者就将得到全部的100万美元，而保持沉默的人则会被判为唯一的犯罪嫌疑人，并被判10年徒刑。如果你们双方都互相告发，那么你们就会分担刑期：每人5年。问题就在这里。

不管你的同谋做了什么，你最好的选择永远是叛变。

如果你的帮凶出卖了你，那么反过来，如果你也出卖他们，你将会减少5年的刑期——你将会与同伙共同分担刑期（5年），而不是你自己独自服刑（10年）。如果你的同伙保持沉默，告发他们可以使你得到100万美元——你就不必将赃款拿出一半了。无论如何，不管你的同谋如何决定，对你来说告发总比合作更好。相反的做法则会让你变得更糟,不管怎样。

事实上,这使叛变不仅仅成为均衡策略,还是所谓的占优策略。一个占优策略避免了递归,因为它是对你对手所有可能策略的最佳反应,所以你甚至不需要麻烦自己了解他们的想法。占优策略是强有力的。

但现在我们已经到了这个矛盾的地方。如果每个人都做理性的事情,并遵循占优策略,那么故事就会结束,你们都要服刑 5 年——这与自由和每人 50 万美元相比,每个人的处境都要糟糕得多。怎么会这样呢?

这已成为传统博弈论的主要见解之一:一组游戏玩家的均衡,所有人都玩得很理性,这对那些玩家来说可能不是最好的结果。

与计算机科学原理相一致的算法博弈论,已经接受了这一观点,并对其进行量化,创造了一种叫作"调和率"的度量。调和率衡量合作(集中设计或协调的解决方案)和竞争(每个参与者都各自试图最大化利于自己的结果)之间的差距。在像囚徒的困境这样的游戏中,这个调和率实际上是无限的:增加赃款金额和延长刑期可以使可能的结果之间的差距任意扩大,即使占优策略保持不变。如果参与者不协调的话,那事情的痛苦程度就无止境了。但在其他游戏中,正如算法博弈理论家会发现的那样,调和率并不那么糟糕。

例如,想想交通。无论是每日试图在各种交通堵塞中通过的个人通勤者,还是在互联网上移动传输控制协议数据包的路由器,系统中的每一个人仅仅想要对他们个人来说最容易的选择。司机只是想走最快的路线,不管路线是什么,而路由器只是想在它们的包里随意地移

11
博弈论

动,但是在这两种情况下,这可能导致在关键路径上过度拥挤,使大家都堵塞。但这有多大的伤害啊?令人惊讶的是,蒂姆·拉夫加登和康奈尔大学的伊娃·塔多斯在2002年证明了"自私路由"方法的调和率仅仅是4/3。也就是说,完全公开只比组织严密的完美的协调差33%。

拉夫加登和塔多斯的研究成果对城市规划和网络基础设施都产生了深刻的影响。例如,自私路由的低调和率可以解释为什么因特网的运作和没有任何中央集权管理单个数据包的路由运行效果一样。即使这样的协调是有可能的,但也不会增加太多。

当涉及人类的交通时,低调和率会在两方面各有利弊。好的方面是,缺乏集中的协调只会使得你的通勤状况变糟33%。另一方面,如果你希望自动驾驶的汽车能为我们带来未来交通的理想状况,那么如果你了解到,现今的自私、不愿协调的司机其实已经相当接近最佳状态时,可能会令你十分沮丧。的确,自动驾驶汽车应该减少交通事故的数量,并且能够使汽车更紧密地往前行驶,实现这两方面都能加快交通速度。但从拥塞的角度来看,调和率只有4/3,而完美的协调意味着完全协调的通勤只能是现在的3/4。这有点儿像詹姆斯·卡贝尔的名言:"乐观主义者宣称,我们生活在有可能是最好的世界里,而悲观主义者则担心这是真的。"交通拥堵永远是一个问题,要由规划者和总需求来解决,而不是由个别司机、人类或计算机、自私或合作的决定来解决。

量化混乱的价格调和率给了这个领域一种具体而严谨的方法来评估分散系统的利弊,这在很多领域都有广泛的影响,在那些领域里,人们发现自己参与到玩游戏的过程中(不管他们是否意识到)。"低调和率意味着，无论好坏，系统本身就会像它被精心管理的那样良好。另一方面，高调和率意味着在谨慎地协调的情况下，事情有可能会最终变好，但如果没有某种形式的干预，我们就会陷入灾难。囚犯困境的游戏显然是属于后者。不幸的是，许多这个世界必须玩的最关键的游戏也都是这样的。

公地悲剧

1968年，生态学家加勒特·哈丁借鉴了囚徒的困境的想法，并设想将其规模扩大到包括一个农业村的所有成员。哈丁邀请他的读者去描绘公共草坪的"公有地"——每个人都可以来此放牧，但容量有限。从理论上讲，所有的村民放牧的动物数量都应该是自己家的牲畜吃完草后还能给其他人留一些草。然而，实际上，多放牧一些动物的好处要比直接给你的好处多一点儿，而伤害似乎很小，不会有什么后果。然而，如果每一个人都遵循这样的逻辑，大家只会得到少于他们本应得到的公有地，这是一个可怕的均衡结果：一个完全毁坏的草坪，这样一来，所有人的牲畜都没有草吃。

哈丁称之为"公地悲剧"，这已经成为经济学家、政治学家及环境运动对诸如污染和气候变化等大规模生态危机的主要视角之一。"当我还是个孩子的时候，有一种叫作含铅汽油的东西，"卡内基梅隆大学的计算机科学家、博弈论学家艾弗瑞姆·布卢姆说，"含铅的价格便宜10美分，但它污染了环境……考虑到其他人都在做的事情，如果你给自己的车加含铅汽油，那么你个人（健康）到底有多糟糕？并没

11
博弈论

有多糟。这就是囚徒的困境。"在企业和国家层面上也是如此。最近的报纸头条简洁地指出："稳定的气候要求将大多数的化石燃料留在地下，但它们归谁呢？"每个公司（在某种程度上，每个国家）为了竞争优势都比它们的同行更不顾后果。然而，如果它们的行为更加鲁莽，就会导致地球被蹂躏，最终一切都是徒劳：相对于它们开始的阶段，任何人都没有经济上的优势。

这种游戏的逻辑是如此的普遍，以至于我们甚至不用去看那些错误行径都能知道它在胡作非为。我们也可以很容易地以一种纯净的良心结束这种可怕的平衡。又怎样进行呢？看看你公司的假期政策。在美国，人们的工作时间是世界上最长的，正如《经济学人》杂志所言："工作价值越高，休闲的价值就越低。"很少有法律规定雇主所应提供的休假时间，甚至美国员工有休假时间，他们也不用。最近的一项研究表明，普通员工只享受了赋予他们的一半的假期，而惊人的是，15%的员工则完全没有假期。

此时此刻，旧金山湾区（我们中的两人所居住的地方）正试图以一种激进的思维方式来解决这一令人遗憾的事态，关于假期政策这一转变的出发点很好，却注定会彻底失败。这个前提听起来极为天真：既没有为每个员工设定固定的天数，还浪费人力时间来确保没有人超过他们的工作极限，为什么不直接赋予你的员工自由呢？为什么不让他们享受无限的假期呢？到目前为止，坊间传闻都是喜忧参半，但从博弈论的角度来看，这种做法真是一场噩梦。理论上，所有员工都希望尽可能多地休假。但他们也都想比其他人少休一点儿，好让人觉得他们更忠诚、更专注、更乐于奉献（因此更有可能升职）。每个人都在寻找一个基线,而所需的休假只需比该基线稍微少一点儿。这个游戏的纳什均衡是零。作为 Travis CI 软件公司的首席执行官,马赛厄斯·迈耶写道:"人们休假前会犹豫,因为他们不想让自己看起来像休假最多的人。这是一场彻底的比赛。"

这是公地悲剧在充分发挥作用。在公司之间和在公司内部一样糟糕。想象一下在一个小镇上有两个商店店主。他们中的每一个人都可以选择每周开放 7 天,或者每周只开放 6 天,然后周日休息,与朋友和家人一起放松一下。如果他们都休息一天,他们就会保持现有的市场份额,减少压力。然而,如果一个店主决定每周开业 7 天,他就会吸引更多的顾客,让顾客远离竞争对手,这样就可能威胁对方的生计。纳什均衡,再一次让每个人都要一直工作。

这一实际问题在 2014 年的节日季成为美国的一个闪光点,因为零售商不愿将市场份额拱手让给那些在感恩节后的购物狂潮中领先的竞争对手,因此陷入一种糟糕的均衡状态。《国际商业时报》报道称:"商店开业比以往任何时候都要早。"梅西百货公司决定提前两小时开业,塔吉特百货也一样。凯马特百货在感恩节的早上 6 点开门营业,不间断营业 42 个小时。

那么,作为玩家,当我们发现自己处于这样的情况下——要么是两者间的囚徒的困境,要么是多者间的公地悲剧,我们能做什么呢?从某种意义上说,什么也不能做。这些糟糕的均衡所带来的稳定,也就是使它们达到平衡的东西,就变成了诅咒。总的来说,我们不能从内部改变占优策略。但这并不意味着坏的均衡是不能解决的。这仅仅意味着解决方案必须来自其他地方。

11
博弈论

机制设计：改变游戏

艾斯提　　　　　　　不要憎恨玩家，应憎恨游戏。

《教父》　　　　　　永远不要与任何对抗家庭的人站在同一立场上。

囚徒的困境世代以来一直是有关人类合作本质的争论和争议的焦点，但伦敦大学的博弈论理论家肯·宾默尔认为，至少部分争议是错误的。正如他所言，"囚徒的困境抓住了人类合作的重要性，这是完全错误的。相反，它代表了一种情况，在这种情况下，骰子是与合作的出现相冲突的"。

好吧，如果游戏规则促使一个坏策略产生，也许我们不应该尝试改变策略。也许我们应该试着改变游戏规则。

这就把我们带到一个叫作"机制设计"的博弈论分支。当给定一套规则时，博弈论会出现什么样的行为，机制设计（有时被称为"逆向博弈理论"）在另一个方向上会问：什么规则会带给我们想要看到的行为？如果博弈论的启示（比如一种均衡策略对每个玩家都是合理的，但对每一个人都是不利的）被证明是违反直觉的，那么机制设计的启示就更是如此了。

让我们把你和你的银行抢劫同伙再带回到监狱里去，再体验一下囚徒的困境，但增加一个关键性的补充：教父。现在你和你的同伴都是犯罪集团的成员，而教父已经成功了，很明显，任何的告密者都可能葬身大海。这种游戏回报的改变会限制你可以采取的行动的效果，但具有讽刺意味的是，你和你的同伴最终都会有好结果。由于叛变现在变得不那么有吸引力（委婉地说），两名囚徒都被诱导进行合作，而且双方都将会很高兴地走出监狱并获得50万美元的财富。当然，要减去教父名义上的那一部分。

这里存在的反直觉和强大的东西是，我们可以使每一个结果都恶化——一方面是死亡，另一方面是税收，但通过改变均衡，可以使每个人的生活都变得更好。

对于小镇的店主来说，口头休战并在周日放假是不确定的：一旦店主需要一些额外的现金，他就有可能会违反这一协议，促使其他人也开始工作，这样就不会失去市场份额。这将使他们回到糟糕的均衡状态，对双方都是最糟糕的——他们已经筋疲力尽了，没有任何竞争优势。但他们也可以通过签署一份具有法律约束力的合同来履行自己的责任，例如周日一家商店的营业额另一家也能共享。通过恶化令人不满意的均衡，可以创造出一个新的、更好的平衡。

另一方面，对游戏收益的改变并不会改变平衡，通常会产生比预期小得多的效果。印象笔记软件公司的首席执行官菲尔·利宾因为一项关于其员工休假的政策登上了头条新闻。这听起来像是一个合理的方法，可以让更多的员工去度假，但从博弈论的角度来看，这实际上是错误的。例如，增加囚徒的困境中的现金，并没有抓住要点：这种变化并不能改变坏的平衡。

这是否意味着利宾需要为每个员工的假期都提供数万美元呢？并不是。机制设计告诉我们，利宾能得到他想要的快乐员工，而不是胡萝卜，他可以在不花一分钱的情况下获得更好的均衡。例如，他可以

11
博弈论

简单地规定一个最低限度的假期。如果他不能改变比赛，他仍然可以改变底线。机制设计为设计人员提供了强有力的论据，不管他是一名首席执行官，一份规定所有各方的合同，或是一个通过绞喉来迫使他人拒绝做证的教父。

联盟委员会委员也是这样一种设计师。想象一下，如果没有这样的比赛，美国职业篮球联赛将会多么可悲，球队在赛季开始和结束之间的任何时间都可以随意得分：在一个周日的凌晨3点，在圣诞节的中午，凡是你能说得出的时间。你会看到的憔悴的、死尸般的玩家，极度缺乏睡眠，用化学刺激剂强制提神，几乎失去了他们的思想。战争就是这样的。另一方面，即使华尔街，无情而冷酷的资本家在"不夜城"以微秒进行交易，每天下午4点整都要"停火"，这样股票经纪人就可以每晚在可预测的时间里睡觉，不会遭到竞争对手推出的无眠的平衡的偷袭。从这个意义上来讲，股市与其说是一场战争，不如说是一项体育运动。

扩大这一逻辑，将为政府提供有力的支持论据。事实上，许多政府有规定最低假期和限制营业时间的法律。虽然美国是唯一一个没有政府强制要求带薪假期的发达国家，但马萨诸塞州、缅因州和罗德岛州有州一级的禁止感恩节商业行为的规定。

像这样的法律往往起源于殖民时代，最初是宗教性质的。事实上，宗教本身提供了一种非常直接的方式来改变这种游戏的结构。特别是如"纪念安息日"这样的宗教法，无论是由一个强大的上帝，还是由一个宗教团体的更近似的成员来执行都巧妙地解决了商店店主所面临的问题。同时，将神圣的力量添加到对其他反社会行为的禁令中，例如谋杀、通奸和盗窃，同样也是解决社会群体中的一些博弈理论问题的方法。在这方面，上帝的表现甚至比政府更好，因为全知全能视角提供了一个特别有力的保证，即若采取不好的行动将会产生可怕的后果。事实证明，教父并不是像上帝的父亲。

宗教似乎是计算机科学家很少谈论的事情，事实上，《计算机科学家很少谈论的事情》一书的主题既为此。但是，通过减少人们所拥有的选择的数量，宗教所施加的行为约束不仅会使某些决策变得不那么具有挑战性，还可以产生更好的结果。

机制设计的演变

《道德情操论》　　　　　　无论人多么自私，在他的天性中，显然有一些原则，使他对别人的财富感兴趣，别人的快乐对自己来说是必要的，尽管他并没有从中得到任何东西，除了看到他高兴而已。

布莱斯·帕斯卡　　　　　　心有它的理由，这是理性所不懂的。

加利福尼亚州的红杉是地球上最古老、最壮观的生物。从博弈论的角度来看，这是一个悲剧。它们这么高的唯一原因是，它们想要比其他所有东西都高，以至于过度扩张的危害甚至比被遮蔽的危害更严重。正如理查德·道金斯所说：

11
博弈论

　　树冠可以被看作是一种空中草地，就像一个长满草的大草原，但是在高跷上生长。树冠以与大草原相同的速度收集太阳能。但很大一部分能量是"浪费"，直接助长了高跷的生长，而只是将这空中阁楼的"草地"变得更高，如果是平放在地上，那它收获同样光子的成本就低得多。

　　如果森林只能在某种程度上同意"休战"，那么生态系统就可以享受单纯的光合作用，没有木材生长的竞赛浪费了一切。但正如我们所看到的，在这些场景中，好的结果往往只出现在游戏之外的权威背景下——有人从上到下改变了收益。似乎在自然界中，没有办法在个体间建立良好的平衡。

　　另一方面，如果合作真的能在某些游戏中带来更好的结果，那么我们就该期待具有合作意识的物种在进化上占优势。但是如果只有在群体层面上具有理性，而不是个人层面，合作又会从何而来？也许它必须来自某些人无法完全控制的东西。例如，情感。

　　考虑下面两个看似无关的场景：（1）一个男人买了一个吸尘器，几周内就坏了，他花10分钟在网上留下一个报复性的评论。（2）一个在便利店购物的女人注意到有人偷了一个老人的钱包并向外逃，她把小偷抓住，并把钱包拿回来。

　　虽然后者似乎很有英雄气概，而前者仅仅是愤怒，但两个小插曲的共同之处（尽管是完全不同的方式）都是不自觉的自我感觉。不满意的消费者并不是想要把吸尘器换掉，也不是想要退钱，他是在经过一种非常间接的惩罚之后（从理性的、博弈论的意义上说）除了写评

算法之美
ALGORITHMS TO LIVE BY

论以外，还会得到一点儿报复的满足感。在便利店，这位英勇的女人作为非执法人员私自执法，并可能会丧失巨大的个人代价，她可能会受伤甚至死亡，就是为了帮一个素不相识的人追回钱，可能只有40美元。即使她想帮忙，她也可以从她自己的口袋里掏出两张20美元给他，而不必冒着去医院的风险。从这个意义上讲，两个主角都是不理性的。但另一方面，他们的行为对他们所处的社会有好处：我们都想生活在一个没有扒窃，没有卖劣质产品的商家的世界里。

也许我们每个人，单独地，都能更好地成为这样的人：我们能以自己最大的兴趣做出独立的、有计划的决定，而不愿在成本上浪费时间，更不用为了40美元损失一颗牙齿。但是，我们所有人在这样一个社会里都会生活得更好，在这样的社会里，这种叛逆的立场是常见的。

那么，在这些人缺乏外部权威的情况下，是什么使他们行动起来、摆脱自私的均衡呢？愤怒是一方面原因。无论是由劣质的生意还是盗贼的刺激，愤怒都可以压倒理性。在这些情况下，可能是进化之手完成了它原本属于游戏之外的权威去完成的事情。

自然界中充满了被劫持来为另一个物种的目标服务的个体的例子。例如，柳叶刀肝吸虫（学名：矛形双腔吸虫）是一种寄生虫，它能让蚂蚁爬到草叶的顶端，这样它们就会被羊吃掉，而羊是柳叶吸虫的首选宿主。同样，寄生的刚地弓形虫可以使老鼠永久地失去对猫的恐惧，结果也类似。

情感，对于痛苦的、报复性的消费者和便利商店的英雄来说，是我们自己的物种控制了一分钟。"道德是个体的群居本能。"尼采写

11
博弈论

道。稍微解释一下，我们可能会认为情感是物种的机制设计。正是因为感觉是不自觉的，它们才会不需要外部执行的合同。复仇几乎从来都不适合真正寻求它的人，然而，如果有人会以"非理性"的态度来回应，那就更有可能得到公平的对待。正如康奈尔大学经济学家罗伯特·弗兰克所说："如果人们期望我们对盗窃我们财产的行为做出非理性的反应，我们几乎不需要这样做，因为偷窃是不符合他们的利益的。"在这里，比起被物质利益所引导，预先倾向于做出不理智的反应要好得多。

（如果你认为文明的现代人类有法律合同和法律规则而不是惩罚，回忆一下，比起受害者希望从物质条件中恢复，起诉或检举某人需要付出更多的努力，并获得更多的痛苦。诉讼是在发达社会中自我毁灭的报复手段，而不是替代。）

至于愤怒，则是为了同情、内疚和爱。

囚徒的困境也有很多关于婚姻的启示，尽管这听起来很奇怪。回到本书第1章，在我们讨论最优停止问题时，如秘书问题，我们观察了约会和找房子两类情况作为我们必须承诺未来要做出选择，但现在还未知的情况。然而，在爱情和住房方面，即使在我们做出最佳停止决定之后，我们仍然会遇到更多的选择，所以为什么不准备跳槽呢？当然，知道另一方（无论是配偶还是房东）准备跳槽，就会阻止许多长期投资（一起生儿育女，或者费力地搬家），从而使这些协议变得有价值。

在这两种情况下，所谓的承诺问题至少可以部分通过合同来解决。但是博弈论认为，在约会中，法律的自愿约束力与持久的伙伴关

算法之美
ALGORITHMS TO LIVE BY

系相比,与爱情本身的不自主的关系更不相关。正如罗伯特·弗兰克所言:"人们担心自己之所以会离开一段关系,是因为其日后可能会变得理性,但如果一开始不是理性评价将他们联系在一起的话,那这种担心基本都会被抹去。"他解释道:

> 是的,人们寻找他们关心的客观特征。每个人都想要一个善良、聪明、有趣和健康的另一半,也许还要外表上有吸引力,有很好的赚钱能力,很多很多的特点,但那是第一关……在你花了足够的时间和他在一起之后,并不是那些标准才让你们想在一起的。事实是,就是那个人,这对你来说是有价值的,所以你并不需要这份合同,因为你需要的是一种让你不想分开的感觉,即使在客观的情况下,可能还会有一个更好的选项供你选择。

换句话说:爱情就像有组织的犯罪。它改变了婚姻游戏的结构,使均衡成为最适合每个人的结果。剧作家萧伯纳曾写道:"如果囚徒很快乐,为什么要把他锁起来?"如果他不是,为什么要假装他是?博弈论对这个特殊的谜题有一个微妙的答案。幸福就是锁。

关于爱情的博弈论观点将进一步说明:婚姻是一种囚徒的困境,你可以选择与你在一起的人。这似乎是一个小小的改变,但它可能对你所玩的游戏的结构有很大的影响。如果你知道,出于某种原因,如你不在身边,你犯罪的同伴会很痛苦(即使100万美元也无法治愈),你会没那么担心他们会"叛变",会让你在"监狱"里终其一生。

因此,对爱情的理性论证是双重的:依恋的情感不仅可以让你不会在递归的思维中不停考虑你另一半的意图,而且通过改变回报,实际上能使你的伴侣得到更好的结果。更重要的是，在爱情中不自觉的跌倒会让你成为一个更有魅力的伴侣。你心碎的能力，在情绪里沉溺，都是让你成为一个可靠共犯的品质。

信息瀑布：泡沫的悲剧理性

马克·吐温　　无论何时，你发现自己站在大多数人的一边，那就是时候停下来反思一下了。

注意别人的行为是一个好主意，部分原因是这样做可以把别人世界里的信息添加到你自己的世界里。一家很受欢迎的餐厅很可能是不错的，上座率只有一半的音乐厅可能不是一个好信号，如果有人在你说话的时候突然把目光投向你看不见的东西上，那么你转过头去也不是个坏主意。

但另一方面，向别人学习并不总是显得特别理性。潮流和时尚是追随他人行为的结果，而没有基于世界的根本客观事实。更糟糕的是，人们认为其他人的行为是有用的导向，这可能会导致类似的群体以及随之而来的经济灾难。如果每个人都在投资房地产，那买房子似乎就是个好主意。毕竟，这样一来，价格只会上涨。不是吗？

2007—2009年抵押贷款危机的一个有趣的方面是，所有参与的人似乎都觉得，他们只是在做他们应该做的事情，却受到了不公平的惩罚。这一代美国人从小就相信房子是不保险的投资，他们看到周围的人都在买房子，尽管（或正因为）物价飞涨，但当这些价格最终开始下跌时，他们遍体鳞伤。与此同时，银行家们认为，他们受到了不公平的指责，他们认为他们只是做了他们一直在做的事情——提供机会，他们的客户可以接受或拒绝这些机会。在突然的市场崩盘之后，人们总是会把责任归咎于他人。这里，博弈论提供了一个发人深省的视角：即使没有人犯错，这样的灾难也会发生。

　　正确认识金融泡沫的机制，始于对拍卖的理解。虽然拍卖可能看起来像是经济的小角落（苏富比和佳士得拍卖行的价值百万美元的油画，或者是亿贝网上的豆豆娃和其他收藏品），但它们实际上为经济提供了很大一部分动力。例如，谷歌90%的收入来自广告销售，这些广告都是通过拍卖方式出售的。与此同时，政府利用拍卖来出售电信频谱（如手机传输频率）的所有权，筹集了数百亿美元的收入。事实上，许多全球市场，从家庭到书籍再到郁金香，都是通过各种各样的拍卖来运作的。

　　最简单的拍卖形式之一是，每个参与者都暗自写下他们的投标价，而出价最高的人则以他们所写的价格赢得这个拍品。这就是所谓的"密封竞价的最高价拍卖"，从算法的博弈论角度来看，有一个大问题，实际上，有好几个问题。首先，某种程度上来说，赢家总是溢价：如果你给一个拍卖品估价25美元，我估价10美元，我们都以真正的估值出价（25美元和10美元），那么你最终会以25美元买下该拍品，但其实你只需比10美元高一点点的出价就可以买到它。这个问题反过来又引出了另一个问题，即为了合理地竞标，为了不多付不必要的钱，你需要预测拍卖中其他买家的估价，并据此"掩饰"你的报价。这已经够糟糕的了，但是其他买家也不会出他们真正的估价，

11
博弈论

因为他们会根据你的预测来掩盖他们的真实出价！这样一来，我们又回到了递归的问题上了。

另一种经典拍卖形式是"荷兰式拍卖"或"减价拍卖"，在有人愿意购买之前，它会逐渐降低拍卖品的价格。这个名字参考了荷兰阿尔斯梅尔市的花卉拍卖，这是世界上最大的花卉拍卖市场，在荷兰每天都举行，但荷兰式拍卖比最初看起来更普遍。一家商店将其未售出的商品降价出售，房东以最高的价格将公寓挂牌出售，他们认为市场将会承受，这两者都有一个基本特点：就是卖家可能开始时很乐观，并推动价格不断下跌，直到找到买家。降价拍卖与最高价拍卖的相似点在于，你更有可能以接近你的最高价位来赢得拍品（也就是当价格跌至25美元时，你将随时准备投标）。因此，你将希望通过一些复杂的战略价格来遮蔽你的报价。你是要以25美元拍下，还是一直等待更低的价格？你所节省的每一美元都有可能完全失去。

荷兰式或减价拍卖的相反就是所谓的"英式拍卖"或"升价拍卖"，这是最常见的拍卖。在英式拍卖上，竞拍者交替地提高价格，直到他们中的一个退出。这似乎提供了更接近我们想要的东西：在这里，如果给一件拍品估价25美元，而我为它估价为10美元，你就会直接以超过10美元的价格赢得它，而不必一直拍到25美元或者消失在战略性的兔子洞里。

然而，荷兰式拍卖和英式拍卖的复杂性都比密封拍卖要高。它们不仅涉及每个投标人个人所拥有的信息，也包括投标行为的公众流向。（在荷兰式拍卖中，没有出价也透露出信息，这表明其他竞标者都没有以目前的价格水平进行估价。）在适当的情况下，这种私人和公共数据的混合可能会被证明是有害的。

想象一下，竞标者对他们自己所估计的拍卖价值表示怀疑，比方说，在某些海域开采石油的权利。伦敦大学的博弈论学者肯·宾默尔指出："每一块地区的石油储量都是相同的，但买家对其石油储量的估计将取决于他们不同的地质勘测。"这样的勘测不仅昂贵，而且不可靠。"在这种情况下，你很自然地会仔细观察你对手的出价，用公众信息来增加你自己所拥有的贫乏的个人信息。"

但这一公共信息可能并没有看上去那么有意义。你实际上不了解其他投标者的信念，而只知道他们的行为。他们的行为完全有可能是基于你自己的行为，就像你的行为也受其他人的影响一样。很容易想象一群人一起走在悬崖上，因为"其他人"好像都表现得很正常，但实际上每个人都有疑虑，只是因为他们对团队中其他人的明显的信任而压制了这种疑虑。

就像公地悲剧一样，这次的失败并不一定是参与者的过错。经济学家苏希尔·比赫昌达尼、戴维·赫舒拉发和伊沃·韦尔奇的一篇极具影响力的论文证明，在正确的环境下，一群行为完全理性、完全正确的行为者，仍然可以成为有效的无限错误信息的牺牲品。这被称为"信息瀑布"。

继续看石油开采权的问题，想象有10家公司可能会竞标某一地区的开采权。其中一家公司的地质调查显示，该地区富含石油，另一家的调查结果是不确定的，其他8家的调查显示，该地区是贫瘠的。当然，作为竞争对手，这些公司之间并没有互相分享他们的调查结果，而是只能互相观察其他公司的行为。当拍卖开始后，第一家公司，也

11
博弈论

就是报告认为该地很有前景的公司,提出了很高的初始报价。第二家公司,受到了鼓励,便开始对自己的模糊调查转持乐观态度,于是出价更高。第三家公司的调查结果本不是很理想,但现在已经不相信这个结果了,他们认为那两家公司得出的是独立调查的结果,因此这两项调查表明这是一个金矿,因此他们提出了一个新的高报价。第四家公司的调查结果也乏善可陈,但现在它甚至更倾向于忽视这一点,因为看起来他们的三个竞争对手都认为这是一个宝藏。所以他们也出价了。"共识"是来自现实的。于是,瀑布就形成了。

没有一个竞拍者的行为不理智,最终结果却是灾难的。正如赫舒拉发所说:"一旦一个人决定盲目追随他的前人,不依赖自己的信息信号,他的行为会对所有后来的决策者毫无意义。"现在,公共信息池不再增长。公共信息的福利……已经停止。"

要了解当信息瀑布发生时真实世界会变成什么样,投标人除了用一个人的行为来估计一个拍卖品的价值,几乎没有其他任何办法,没有比皮特·A. 劳伦斯的发展生物学文本《苍蝇的成长》更好的了,该书于 2011 年 4 月在亚马逊的第三方市场上以 23 698 655.93 美元(外加 3.99 美元)的价格出售。这本(不可否认受人尊敬的)书是如何做到销售额超过 2 300 万美元以及为什么会这样呢?结果显示,有两家卖家将其价格计算为相互之间的对方价格的恒比:一家总是将自己的价格设置为竞争对手的 0.998 3 倍,而竞争对手则自动将自己的价格设定为对方的 1.270 59 倍。显然,这两家卖家都不认为要对最终的数字设定任何限制,最终这个过程完全失去控制。

有可能类似的机制是在神秘和有争议的 2010 年 5 月 6 日股票市

场的"闪电崩盘"中出现的,当时,在几分钟内,几个看似随机的公司的标准普尔500指数价格升至每股100 000美元以上,而其他的锐减到每股0.01美元。近1万亿美元的价值瞬间化为乌有。正如美国全国广播公司财经频道的吉姆·克莱默所报道的:"那……它不可能发生。这不是真正的价格。哦,快去买宝洁!就去买宝洁公司,他们这个季度报告不错,就去买吧……我是说,这是荒唐——这是个好机会。"克莱默的怀疑体现的是他的个人信息与公众信息的矛盾。在这种情况下,他似乎是世界上唯一愿意付49美元的股票价格的人,而市场显然是在40美元以下,但他并不在乎,因为他已经看到了季度报告,他对他所知道的十分确定。

投资者被分为两大阵营:"基础"投资者,他们交易的是他们所认为的公司的价值,还有一类是随交易市场波动的"技术"投资者。高速算法交易的兴起打破了这两种策略之间的平衡,人们经常抱怨说,电脑无法固定到真实世界的商品价值(不管是将一本书的价格定在数千万美元还是以一美分定价蓝筹股)使市场的非理性更加恶化。但是,尽管这种批评通常在电脑上出现,但人们也会做同样的事情,因为任何数量的投资泡沫都可以证明。同样,错误往往不在球员身上,而是比赛本身。

信息瀑布提供了一个理性的理论,不仅是泡沫,而且更普遍的是潮流和羊群行为。他们提供了一种解释,说明任何市场在没有非理性、恶意或渎职的情况下,如何轻松出现飙升和崩溃。有好几个因素。首先,要警惕那些公众信息似乎超过私人信息的情况,在这些情况下,你更了解人们在做什么,而不是他们为什么这么做,你更关心

11
博弈论

的是你的判断是否符合共识，而不是符合事实。当你大多数时候都在找别人来设定路线的时候，他们很可能也在盯着你看。第二，记住行动不是信仰，当我们误解别人的想法时，就会产生瀑布反应。我们应该特别谨慎考虑是否要推翻我们自己的怀疑，如果我们这样做，我们可能会想要找到一些方法来传播这些疑虑，即使我们已经向前迈进，其他人也无法将我们头脑中的不情愿与我们行动中隐含的热情区分开来。最后，我们应该从囚徒的困境中得到教训，有时一个游戏有无比糟糕的规则。一旦我们陷入其中，我们可能什么也做不了，但是信息瀑布理论可能会帮助我们在一开始就避免这样的游戏。

如果你是那种总是做你认为是正确的事情的人，不管别人怎么想，那就鼓起勇气吧。但坏消息是，你将会比人群跟随者们更经常犯错。而好消息是，坚持你的信念会产生积极的外部效应，让人们从你的行为中做出准确的判断。也许会有那么一次，你把整群人从灾难中拯救出来。

你自己的计算

计算机科学在博弈论中的应用表明，进行战略规划的义务本身就是我们相互竞争所付出的一部分代价，通常是一大部分。而且，正如递归的困难所表明的那样，没有什么比我们需要进入对方头脑的代价更高。在这里，算法游戏理论为我们提供了一种重新思考机制设计的方法：不仅要考虑到游戏的结果，还要考虑玩家需要的计算工作量。

例如，我们已经看到，看似无伤大雅的拍卖机制可能会遇到各种各样的问题：过度思考、过度支付、失控的信息瀑布。但情况并非完全没有希望。事实上，有一种拍卖设计，尤其切除了精神递归的负担，就像一把热刀子切过黄油那样轻松。这被称为维克瑞拍卖。

以诺贝尔经济学奖得主威廉·维克瑞命名的维克瑞拍卖，就像最高价拍卖一样，是一种"密封投标"拍卖过程。也就是说，每个竞拍者都秘密地写下一个数字，出价最高的人会赢。然而，在维克瑞拍卖中，最终获胜者支付的并不是他们自己的出价，而是第二高的出价人的出价。也就是说，如果你出价 25 美元，我出价 10 美元，你以我的价格赢了这个项目：你只需要支付 10 美元。

对于博弈理论家来说，维克瑞拍卖有很多吸引人的地方。特别是对于一个算法博弈理论家来说，这其中有一种特性尤其突出：鼓励参与者诚实。事实上，没有比直接以你估的"真正价值"（你认为这个拍品值多少）来竞标更好的策略了。出价高于你的真实价值显然是愚蠢的，因为你可能会以比你认为的价值更高的价格买下此拍品。出价低于你的真实价值（即遮蔽你的出价）可能有无故失手的风险，因为这不会给你节省什么钱——如果你赢了，你只会支付第二高的出价，不管你的出价有多高。这使维克瑞拍卖的机制设计者称之为"战略证据"或只是"真实的"。在维克瑞拍卖会上，诚实是最好的政策。

更好的是，不管其他竞拍者是否诚实，诚实仍然是最好的政策。在"囚徒的困境"中，我们发现背叛是"占优"策略——无论你的同伴是叛变还是合作，这都是最好的选择。另一方面，在维克瑞拍卖上，诚实也是主要的策略。这是机械设计师的必杀技。你不需要制定策略或递归。

11
博弈论

现在,与最高价拍卖相比,维克瑞拍卖似乎会让卖家损失一些钱,但这并不一定是真的。在第一次最高价拍卖会上,每一个出价者都在掩盖他们的出价以避免出价过高。在第二高价的维克瑞拍卖中,从某种意义上说,这没有必要,拍卖本身就是对他们的出价进行了遮蔽。事实上,一种叫作"收入等价"的博弈论原理是这样的:随着时间的推移,最高价拍卖中的平均预期售价将会与维克瑞拍卖中的价格完全一致。因此,维克瑞均衡表示相同的竞拍者以同样的价格赢得一个拍品,而没有任何竞拍者的任何策略。正如蒂姆·拉夫加登对他在斯坦福的学生说的,维克瑞拍卖"棒极了"。

对于希伯来大学的算法博弈理论家诺姆·尼恩来说,这种"棒极了"有一种近乎空想的氛围。"你想要得到一些不值得说谎的社会规则,然后人们就不会撒谎了,对吧?"这是最基本的想法。从我的观点来看,维克瑞拍卖的神奇之处就在于,你不会期望在一般情况下有可能会这样做,对吧?特别是在拍卖会这样的场合,我当然想少花钱,你又怎么能得到,然后维克瑞拍卖出现了,这就是这样做的方法。我觉得这真是太棒了。

事实上,这其中的启示远远超出了拍卖的范畴。在一项名为"显示原则"的里程碑式的发现中,诺贝尔奖得主罗杰·迈尔森证明,任何需要有策略地掩盖真相的游戏,都可以转化为一种只需要简单诚实的游戏。迈尔森当时的同事保罗·米格罗姆表示:"这种结果,当你从不同的角度看待它时,一方面,它是绝对令人震惊和惊异的,另一方面,它也是微不足道的。"这真是太棒了,太棒了:这就是你怎么知道你在看你所能看到的最好的东西。

算法之美
ALGORITHMS TO LIVE BY

表面看来，显示原则似乎难以接受，但它的证据实际上是相当直观的。想象一下，你有一位经纪人或律师，他会为你玩这个游戏。如果你信任他代表你的利益，你会简单地告诉他你想要什么，并让他们处理所有的战略偏见和递归策略。在维克瑞拍卖中，游戏本身也执行了这个功能。而显示原则只是扩展了这个想法：你会对你的代理人讲真话，而代理人为你玩的任何游戏，都将成为诚实至上的游戏，如果你想你代理人的行为纳入游戏规则本身的话。正如尼森所说，"最基本的是，如果你不希望你的客户对你进行优化，你最好对他们进行优化。"这就证明了……如果我设计了一个已经为你优化的算法，你就无能为力了。

在过去的20年里，算法博弈理论为许多实际应用做出了巨大的贡献：它帮助我们理解互联网上的数据分组路由，改进联邦通信委员会的频谱拍卖，分配宝贵的（如果是看不见的）公共产品，并增强与医院的医学系学生配对的匹配算法。这很可能只是一个更大转变的开始。"我们只是刚刚开始，"尼森说，"即使在理论上，我们也刚刚开始理解它。"

法国的存在主义哲学家让·保罗·萨特曾写道："他人即地狱。"他并不是说别人天生就有恶意或会令人不愉快，而是说他们把我们的想法和信念复杂化了：

> 当我们思考自己，当我们试图了解自己的时候……我们使用别人已经具备的知识。我们用别人所采取的方式来评价自己，并给予我们判断自己的能力。无论我自己感觉如何，别人的判断总

11
博弈论

是会进入我的感觉。我觉得别人的判断进入了我的内心……但这并不意味着一个人无法与其他人建立关系。它只是为我们每个人带来了所有其他人的资本重要性。

也许，考虑到我们在这一章里所看到的，我们可能会努力修改萨特的观点。与他人互动并不一定是一场噩梦，尽管在一场错误的游戏中它肯定是噩梦。正如凯恩斯所观察到的，声望是复杂的、棘手的，是一个递归的镜厅。但是，美丽在旁观者眼里，也许跟当局者所看到的并不相同。因为其他人的策略而采用一种不需要假设、预测、实践和改变过程的策略，是减少戈尔迪递归之结的方法之一。有时，这种策略并不仅仅是简单的，也是最优的。

如果改变策略没有帮助，你可以尝试改变游戏。如果无法改变，你至少可以控制你选择玩的游戏。通往地狱的道路是由棘手的递归、糟糕的平衡和信息瀑布铺成的。寻找那些诚实充当占优策略的游戏。然后，就是做你自己。

结 语
计算善意

梅里尔·弗勒德 我坚信人类最重要的事情是社会性格，而我们现在所要求的具有智力功能的机器，将给人类带来时间和动力学习如何更好地生活在一起。

任何受制于空间和时间限制的动态系统都是与一组基础的、不可避免的核心问题相背离的。这些问题本质上是计算性的，这使计算机不仅成为我们的工具，也成为我们的伙伴。其中我们可以得出三个简单的智慧道理。

首先，在某些案例中，计算机科学家和数学家已经确定了很好的算法方法，这些算法可以简单地转移到人类问题上。37% 的规则，是最近最少使用算法处理满溢缓存的标准，以及作为探索指南的置信上限都是这方面的例子。

其次，即使你没有得到你想要的结果，但知道你正在使用最优算也是一种解脱。37% 规则在 63% 的可能里会失败。用最近最少使用算法的标准来维护你的缓存并不保证你总能找到你想要的东西。事实上，也不会有特别的洞察力。用置信上限的方法来探索或利用权衡并不意味着你不会遗憾后悔，只是那些遗憾会随着你的生活慢慢积累起来。即使是最好的策略有时也会产生不好的结果，这就是计算机科学家要小心区分"过程"和"结果"的原因。"如果你遵循了最好的流程，那么你就已经尽了最大的努力，如果结果不顺心，你也不应该责备自己。"

结果会成为头条新闻（的确，是它们使我们生活的世界变成现在的样子），所以我们容易对结果念念不忘。但是过程是我们所能控制的。正如伯特兰·罗素所言："看来我们必须考虑到客观公正的概率。"客观正确的行为可能是最幸运的。我将把这定义为最明智的行为。"我们可以希望变得幸运，但我们应该努力做到明智。"我们将其称之为计算克制。

最后，我们可以在容许和不容许直接解决方案的问题之间划出一条清晰的界限。如果你被困在一个棘手的问题中，请记住，运用启发法、近似值和随机的策略可以帮助你找到可行的解决方案。在我们对计算机科学家的采访中，曾反复出现的一个主题是：有时"足够好"真的已经足够好了。更重要的是，意识到复杂性可以帮助我们选择问题：如果我们能够控制我们面对的情况，我们应该选择那些可以处理的问题。

但我们选择的不只是我们给自己安排的问题。我们也会选择我们给彼此安排的问题，无论是我们设计城市的方式还是我们问问题的方式。这就创造了横跨计算机科学和伦理学的惊人桥梁——以我们称之为计算性善意原则的形式。

结　语
计算善意

※—※—※

在给本书安排采访时，我们中的两个人观察了一个悖论。平均而言，我们的面试者更有可能前来的预约时间是，比如"太平洋标准时间下周二下午1~2点"，而不是"在这一周任何方便的时间"。一开始，这似乎是荒谬的，就像那个著名的研究，平均而言，人们会捐更多的钱来拯救一只企鹅的生命，而不是8 000只企鹅，或者人们报告称，更担心死于恐怖主义行为，而不是其他原因（也包括恐怖主义）。在采访问题中，人们似乎更喜欢受到约束的问题，即使这些约束要求严格，而不是完全开放的。对于他们来说，适应我们的偏好和约束似乎比根据他们自己的方式来计算出更好的选择要困难得多。计算机科学家们会在这里点头，并指出"验证"和"搜索"之间的复杂性差距，这就像你能听出一首听过的好歌曲和在现场写一首好歌曲之间的差距一样大。

尽管听起来很奇怪，但计算机科学隐含的原理之一便是，计算并不是好事：任何一种好的算法的指令都是把思考的劳动最小化。当我们与他人互动时，我们会向他们展示计算问题（不只是明确的要求和需求，而是隐含的挑战），例如在解释我们的意图、我们的信念和我们的喜好时。因此，对这些问题的计算性理解可以揭示人类相互作用的本质。我们可以通过构造问题来对其他人进行"计算性善意"，从而使深层的计算问题更容易。这很重要，因为许多问题，尤其是社会问题，就像我们所看到的那样，本质上是难以解决的。

考虑一下这个极为常见的情景。一群朋友站在一起，想决定要去哪里吃晚饭。他们每个人都有一些明显的偏好，尽管可能是弱的。但他们中没有人愿意明确表达这些偏好，因此他们用猜测和半暗示的方法来礼貌地应对社会危险源。

他们很可能会达成一项令所有人满意的决议，但是这个过程很容易出错。例如，大学毕业后的夏天，布莱恩和两个朋友去西班牙旅行。他们在飞行途中商定了旅行路线，有一点很清楚，他们没有时间去看之前研究和计划过的斗牛表演。三个人都试图安慰另外两人，就在这时，他们突然发现，事实上他们中没有一个人想要看斗牛。每一个人都只是在游戏中采用了他们所认为的其他人的热情程度，从而产生了其他人积极采取的热情程度。

同样，看似无害的语言比如"哦，我无所谓"或者"你今晚想做什么"实则含有黑暗的计算弱点，你应该三思。它表面上是善意的，却有两件令人震惊的事情。首先，它传递了认知责任："这里有个问题，你要处理它。"其次，不要说出你的喜好，它会邀请其他人来模拟或想象它们。正如我们所看到的，对他人头脑的模拟是思维（或机器）所能面对的最大的计算挑战之一。

在这种情况下，计算善意和传统礼仪有分歧。礼貌地克制你的喜好会将推测性计算问题推给组内的其他人来解决。相反，礼貌地表达你的喜好（"我个人倾向于 x。你认为是什么？"）有助于承担将团队带到问题解决办法上的认知负荷。

或者，你可以试着将你给别人选择的数量减少，而不是最大化，比如说，提供2~3家餐馆的选择，而不是10家。如果团队中的每个人都消除了他们最不喜欢的选项，那就会使任务变得更容易。如果你

结　语
计算善意

邀请某人出去吃午饭或安排会议，提出一个或两个他们可以接受或拒绝的具体建议，这会是一个好的起点。

这些行为都不一定是"有礼貌"的，但它们都能明显地降低交互作用的计算成本。

※—※—※

计算善意不仅是行为的原则，它也是一个设计原则。2003年，滑铁卢大学的计算机科学家杰弗里·夏利特研究了一个问题：如果在美国投入流通，多大的硬币面额能最大限度地减少硬币流通所需要的硬币数量。令人高兴的是，答案竟然是18分的面额，但夏利特在某种程度上没有通过计算性的考虑来制定政策建议。

目前，想要进行变化是非常简单的：对于任何给定的数量，只要尽可能多地使用25美分的硬币，然后尽可能多地使用10美分的硬币，以此类推，面额不断下降。例如，54美分是2个25美分，加4个1美分。有了18美分，这个简单的算法就不再是最佳的了：54美分最好是由3个18美分组成（没有25美分的硬币）。事实上，夏利特观察到，笨拙的面额会把改变的过程变成某种"至少和……旅行推销员问题同样困难的东西"。这个问题跟收银员关系密切。夏利特发现，如果将计算的易用性考虑在内，那么美国货币最好的供应量是只使用2美分或3美分的硬币。这不像18美分硬币这一结果那样令人兴奋，但长期看来几乎一样好，而且在计算上更具有善意。

更深层次的一点是，设计上的微妙变化可以从根本上改变对人类用户造成的认知问题。例如，建筑师和城市规划者对他们如何构建我

算法之美
ALGORITHMS TO LIVE BY

们的环境有一些选择,这意味着他们可以选择如何构建我们必须解决的计算问题。

下面来考虑一个大型停车场,里面有各种不同的车道,这种车道经常出现在体育场馆和购物中心。你可以在一个车道上开车,看一个地点,然后决定让它去(希望是)前方一个更好的地方,但是,你没能找到这样的好运气,到达目的地之后沿着隔壁车道继续走。在开了一段路之后,你必须决定另一个停车位是否足够好,或者你将在第三条车道上搜索很远。

这里的算法视角不仅对司机有用,对建筑师也有用。将这些毛躁、混乱的决策问题与从目的地出发的单一线性路径做对比。在这种情况下,一个人简单地采用第一个可用的空间——没有博弈理论,没有分析,没有看完就跳走的规则。一些停车场就是这样的结构,从地面螺旋上升。它们的计算负载为零:人们简单地向前推进,直到第一个车位出现,然后接受它。无论对这种建设有什么其他可能的因素,我们都可以肯定地说,它对司机来说是一种认知上的人性化。

设计的主要目标之一应该是保护人们避免不必要的紧张、摩擦和精神劳动。(这不仅是一个抽象的问题,当商场的停车成为压力的来源时,购物者可能会花更少的钱,这样商场的回报就更少。)城市规划者和建筑师经常权衡不同的设计,考虑如何利用有限的空间、材料和金钱等资源。但是他们很少考虑他们的设计对使用者的计算资源增加负担的方式。认识到我们日常生活的算法基础(在这种情况下,是最优停止算法)不仅能让司机在特定的情况下做出最好的决定,而且还能鼓励规划者更仔细地考虑他们最开始迫使司机进入的问题。

结　语
计算善意

还有一些其他例子，是在计算上更仁慈的设计。例如，考虑下餐厅座位政策问题。一些餐厅有一个"开放式座位"的政策，等待的顾客在那里徘徊，直到一张桌子被空出来，而第一个坐下来的人就会在这张桌子上用餐。其他人会记下你的名字，让你在酒吧喝一杯，当桌子准备好时再通知你。这些对稀缺共享资源管理的方法反映了计算机科学在"旋转"和"阻塞"之间的区别。当处理线程请求资源而无法获取时，计算机可以允许线程"自旋"——继续对资源进行永久检查，"它准备好了吗？"循环，或者它可以"阻塞"：停止那个线程，转换其他对象，然后在资源空闲的时候再回来。对于计算机科学家来说，这是一个实际的权衡：权衡在自旋中丢失的时间和在上下文切换中失去的时间。但在餐馆中，并非所有被交易的资源都是他们自己的。"旋转"的方式更快地填补了空桌子，但同时被损坏的中央处理器就是他们顾客的思想，被困在乏味且耗时间的警觉中。

作为一个类似示例，考虑一下公交站所带来的计算问题。如果有一个实时显示器提示说，下一辆车"10分钟后到达"，那么你就可以决定是否继续等待，而不是将公共汽车还没来的事实作为推论证据，一刻接一刻，然后不得不重新决定再决定。此外，你可以不再斜眼向下看路（旋转），在这10分钟你可以目视前方。（对于那些不能预测下一辆公交车到达时间的城市来说，我们看到了贝叶斯法则甚至能让人知道最后一辆公共汽车什么时候离开的，这也是有用的代替。）这种计算善意的微妙举动，如果没有办法提供更多的话，也可以像对票价的补贴一样，对乘车有很大的帮助：可以把它当作一种认知补贴。

算法之美
ALGORITHMS TO LIVE BY

※—※—※

如果我们能善待他人，我们也可以善待自己。不只是计算善意，也包含更多的宽容，所有我们讨论过的算法和想法都将有助于解决这个问题。

理性决策的直观标准是仔细考虑所有可用的选项，并选择最好的选项。乍一看，电脑就像是这种方法的典范，只要它能得到完美的答案，就会不断地进行复杂的计算。但正如我们所见，这是一幅过时的图片，表明计算机做了些什么：这是一个简单的问题所能提供的奢侈品。在困难的情况下，最好的算法都是关于在最少的时间内做最合理的事情，这绝不是要仔细考虑每一个因素，并把每一次计算都算到最后。生活实在是太复杂了。

几乎在我们所考虑的每一个领域，我们越了解现实的因素（包括当面试求职者时，是否有不完整的信息，当试图解决探索或利用困境时，如何处理一个变化的世界，或者当我们试图把事情做好时，让某些任务依赖别人），就越有可能最终找到完美的解决方案，这需要不合理的长时间。事实上，人们几乎总是面临计算机科学面对的难题。在这些困难的情况下，有效的算法可以做出假设，倾向于更简单的解决方案体，将错误的成本与延迟成本进行权衡并开始冒险。

这些不是我们在不理性时做出的让步，它们是保持理性的手段。